高等院校
会计学新形态 系列教材
ACCOUNTING

U0733452

基础会计

微课版 | 第 2 版

张胜强 马东山 / 编著

BASIC

ACCOUNTING

人民邮电出版社

北 京

图书在版编目（CIP）数据

基础会计：微课版 / 张胜强，马东山编著. -- 2版
. -- 北京：人民邮电出版社，2024.8
高等院校会计学新形态系列教材
ISBN 978-7-115-64486-2

Ⅰ．①基… Ⅱ．①张… ②马… Ⅲ．①会计学－高等
学校－教材 Ⅳ．①F230

中国国家版本馆CIP数据核字(2024)第104066号

内 容 提 要

本书以《会计法》及会计准则为法律法规依据，坚持按由浅入深、循序渐进的原则阐述会计的基本理论、基础知识和基本方法。本书共十一章，主要内容包括绪论、会计要素与会计等式、会计核算基础、账户与复式记账、企业主要经济业务的核算、会计凭证、会计账簿、账项调整与财产清查、财务报表、会计核算程序、会计工作组织。本书每章都设有学习目标和引导案例，有助于读者理解和掌握核心内容和知识点，提高学习的导向性；每章配有习题，有利于读者巩固相关知识点。

本书配有PPT课件、教学大纲、电子教案、课后习题答案、模拟试卷及答案等教学资源，用书老师可在人邮教育社区免费下载使用。

本书可作为高等院校会计学、财务管理及经济管理类专业的教材，还可作为会计人员和经济管理人员的参考书。

◆ 编　著　张胜强　马东山
　　责任编辑　王　迎
　　责任印制　胡　南

◆ 人民邮电出版社出版发行　　北京市丰台区成寿寺路 11 号
　　邮编　100164　电子邮件　315@ptpress.com.cn
　　网址　https://www.ptpress.com.cn
　　北京天宇星印刷厂印刷

◆ 开本：787×1092　1/16
　　印张：12.75　　　　　　　　　　2024 年 8 月第 2 版
　　字数：358 千字　　　　　　　　2024 年 8 月北京第 1 次印刷

定价：49.80 元

读者服务热线：(010)81055256　印装质量热线：(010)81055316
反盗版热线：(010)81055315
广告经营许可证：京东市监广登字 20170147 号

前　言

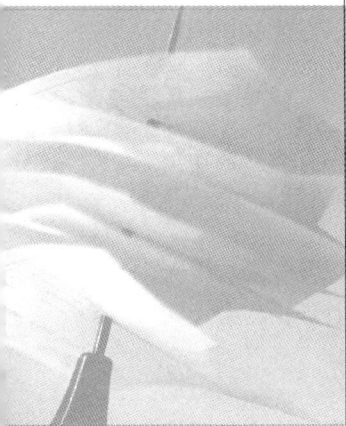

党的二十大报告指出"高质量发展是全面建设社会主义现代化国家的首要任务"，经济高质量发展取得新突破已成为首要任务，推动经济高质量发展是实现中国式现代化的重要内容之一。经济越发展，会计越重要。经济高质量发展对会计提出了更高要求。会计作为一种"通用的商业语言"，在中国式现代化建设中发挥着越来越重要的作用。现代会计已成为社会经济制度、健全资本市场功能、市场资源配置方式、企业内部控制和管理不可或缺的组成部分。社会经济领域发生的重大变化，都在影响着会计的发展，与时俱进是会计学科发展的动力和源泉。在此背景下，本书跟随新时代的步伐进行修订。

本书秉承初心，以会计的基本理论、基础知识和基本方法为阐述主线；精选引导案例，将基础会计知识与当前会计实务有机结合起来，以会计准则和税法等为依据进行相关会计业务的处理；融入与会计职业道德规范有关的案例，引导读者树立正确的职业观和价值观，提高职业素养和道德水平。

本书根据会计理论与实务及会计教学的发展，对第一版进行全面的内容修改与完善。本书共十一章，主要内容如下。

第一章，绪论。主要阐述会计的演进及其含义、会计的职能与作用、会计目标与会计信息使用者、会计方法、会计学科与会计职业等相关内容。

第二章，会计要素与会计等式。主要阐述会计对象、会计要素、会计等式。

第三章，会计核算基础。主要阐述会计基本假设、权责发生制与收付实现制、会计信息质量要求、会计确认与计量。

第四章，账户与复式记账。主要阐述会计科目与账户、复式记账、总分类账户与明细分类账户。

第五章，企业主要经济业务的核算。主要阐述制造业企业设置的账户和运用借贷记账法对主要经济业务进行相关会计处理。

第六章，会计凭证。主要阐述会计凭证的含义和种类、会计凭证的填制与审核等基本知识。

第七章，会计账簿。主要阐述会计账簿的含义和种类、会计账簿的设置与登记、会计账簿的使用规则、对账和结账、会计账簿的管理等基础知识。

第八章，账项调整与财产清查。主要阐述账项调整、财产盘存制度和财产清查的方法。

第九章，财务报表。主要阐述财务报表的编制要求以及资产负债表、利润表和现金流量表的编制方法。

第十章，会计核算程序。主要阐述会计核算程序的种类、特点、操作步骤。

第十一章，会计工作组织。主要阐述会计机构设置、会计人员职责和权限以及职业道德、会计规范。

为了使读者更好地学习会计学的相关知识，本书以传授会计基础理论、基本知识为目标，通过循序渐进的形式由浅入深地讲解了会计核算方法。本书的特色如下。

1. 精练性

本书坚持由浅入深、循序渐进的原则，章节编排合理、内容紧凑、言简意赅，旨在帮助读者理解和掌握基础会计的基本理论、基础知识和基本方法，提升学习效率和应用能力。

2. 时代性

本书按照以经济高质量发展推动中国式现代化对会计提出的新要求，以及党的二十大报告提出的"健全资本市场功能""促进各类监督贯通协调"，力求反映会计理论与会计实务发展的新成果，体现会计知识的时代性。

3. 实用性

本书各章学习目标明确，配有源于真实场景的引导案例、微课、习题等，读者能够将理论与实践相结合、将学习与练习相结合，有利于提升读者的应用能力和学习效果。

4. 价值导向

本书以"价值塑造、知识传授和能力培养"为育人体系，落实"立德树人"根本任务。每章引导案例中蕴含着诸如社会责任、公正、公平、法治、诚信、职业道德、制度自信、科学精神等素养元素，使读者在学习会计知识的同时，接受素养教育的熏陶。

本书由辽宁大学张胜强、马东山共同编写，并由张胜强对全书进行统稿和审核。具体分工为：第一章～第五章、第十一章由张胜强编写，第六章～第十章由马东山编写。

由于编者学术水平有限，书中难免存在表达欠妥之处，因此，编者由衷希望广大读者朋友和专家学者能够拨冗提出宝贵的修改建议，修改建议可直接反馈至编者的电子邮箱：zhangshengqiang@lnu.edu.cn。

编者

目 录

学习目标

本章旨在阐述会计的基本概念，包括会计的演进及其含义、会计的职能与作用、会计目标与会计信息使用者、会计方法、会计学科与会计职业。具体学习目标如下。

（1）了解会计的产生和发展的历史

（2）掌握会计的含义、职能和会计目标

（3）掌握会计的核算方法和内容

（4）了解会计的方法体系、会计的学科体系及会计职业

（5）增强受托责任意识、培育经世济民和报效祖国的情怀

引导案例

曹德旺

2024年2月3日《中国企业报》发布了"2023年度中国企业ESG人物"。福耀集团公司董事局主席、福耀科技大学的发起及捐赠人曹德旺先生凭借其环境（E）、社会（S）和公司治理（G）实践，持续深化企业可持续发展的卓越表现，入选了年度人物。曹德旺的个人经历、创业历程、成功经验和管理理念，是一部企业家的传奇。曹德旺先生，还是一位对会计情有独钟之人，他通过自学，精通会计知识。

曹德旺在央视《开讲啦》节目中对青年人说，企业应健全会计制度，将账簿信息记录完整，会计要为国家提供纳税信息，为债权人（银行）提供企业财务状况信息，为股东提供资金使用情况和经营成果信息，为企业内部管理者提供管理决策信息。实践中，曹德旺下车间调研，获取工序数量、生产流程、成品率、人员职责等各项生产指标信息，要求企业制定严格的产品成本和费用预算，进行分析与考核。有人问曹德旺，如何能精通会计，他回答"靠读书"。

思考：当你进入大学，你想学好会计知识吗？你是如何看待会计的呢？

第一节 会计的演进及其含义

会计是人类社会发展到一定阶段的产物，是为适应社会生产的发展和经济管理的需要而产生和发展起来的。会计是现代经济生活中广泛使用的一个词语，泛指会计工作、会计人员、会计信息以及会计学科等。

一、会计的演进

生产是人类社会基本的实践活动。在漫长的进化过程中，人类要生存，社会要发展，必须依靠生产活动来创造衣、食、住、行所需的物质资料。如果生产的物质资料在扣除消耗以后还有剩余，

人类便可能扩大生产规模，创造更多的物质资料，社会也才可能向前发展。因此，人类在从事物质资料的生产活动过程中，必然要关心生产成果与生产消耗之间的关系，即使在原始社会也不例外。为了合理安排生产，了解生产消耗和生产成果，人们在生产过程中自然而然地开始对耗费和成果进行计量、记录与比较，从而产生了融合于生产活动中的会计。

会计作为一项经济管理活动有着悠久的历史。最初会计只是生产职能的附带部分，随着生产活动的发展、生产规模的扩大，生产过程日益复杂，计量与记录行为逐渐扩展，会计便从生产职能中分离出来，成为特殊的、专门的和独立的工作。

早期会计与现代会计相比是极其简单的，只是局限于对财务收支进行实物数量的计量和记录。随着生产的日益发展和生产社会化，会计也经历了一个由简单到复杂、由低级到高级的发展过程。会计从早期实物数量的简单记录和计算，逐步发展成为以货币作为主要计量单位来综合地反映监督经济活动的过程。经过长期的社会实践以及吸收先进的科学技术成果，会计的技术和方法也逐渐完善起来。

从会计发展历史及其方法与技术的发展与会计职业性质演变的角度，会计的发展阶段可以分为古代会计、近代会计和现代会计三个发展阶段。

1. 古代会计

古代会计主要是指从会计产生到复式簿记形成的这段时间。这个时期会计已经产生，会计从生产职能中分离出来，成为特殊的、专门的和独立的工作。但此时不论是会计理论还是会计方法等，都很不成熟。

我国会计有着悠久的历史。早在西周时期"会计"一词就已经产生，并且有为王朝服务的会计（如司会）。当时，会计的含义是"零星算之为计，总合算之为会"，司会采取"月计岁会"的核算方法，从而达到正确考核王朝财政经济收支的目的。到了宋朝，出现了"四柱清册"，即旧管（期初结存）、新收（本期增加）、开除（本期减少）、实在（期末结存），"四柱"之间的结算关系为"旧管+新收=开除+实在"。这些虽然都是朝廷的官厅会计核算方法，但传入民间为商人所沿用后，成为我国传统的中式簿记方法。

与中国官厅会计不同，欧洲的会计在产生时就是生产过程的一个组成部分。14世纪，欧洲一些城市的商业、高利贷业和金融业发展迅速，便开始采用复式簿记方法记录经济业务。中国和欧洲国家会计从不同的起点、以不同的方式产生。总体来看，欧洲的古代会计要比中国落后，但就会计在生产中的经济意义而言，欧洲的会计则要比中国的官厅会计领先。

2. 近代会计

近代会计是从复式簿记运用到20世纪40年代末财务会计方法体系的基本成熟这段时间。复式簿记运用之后，会计开始向近代会计阶段迈进。这一阶段的特点，一是由于经济的发展和货币作为一般等价物的出现，使货币成为会计计量的主要方式；二是会计记录采用了复式记账，形成了严密、完整的账户体系。

在会计由古代会计阶段向近代会计阶段跨进的过程中，有两个里程碑式的历史事件。

第一个事件是借贷记账法的正式形成。1494年，意大利数学家卢卡·帕乔利出版了《算术、几何、比与比例概要》，系统介绍了复式记账方法，并在理论上给予了一定程度的阐述，标志着借贷记账法的正式形成。该书奠定了以复式簿记为基础的会计方法体系基础，开创了近代会计的历史。

第二个事件是会计服务职业化的正式形成。1602年荷兰政府为荷兰东印度公司颁发了特许状，允许其垄断荷兰国家的远洋贸易经营权21年。东印度公司成为世界第一个发行股票的公司。股份公司的诞生意味着财产所有权与经营管理权的分离。财产所有者为了监督经营管理者受托责任的履行，开始尝试聘请专业会计人士来从事这一工作，于是产生了以第三方身份从事会计工作的会计师。17世纪中叶，英格兰出现了萌芽状态的注册会计师职业。到了19世纪，随着产业革命的发生和股份公司的出现，对会计提出了新的要求，如会计的服务对象、会计的内容、会计的外部监督等，这也对会计师的职业技术与职业道德水平提出了更高的要求。1853年，苏格兰成立了世界上第一个会计师团体组织——爱丁堡会计师公会。苏格兰爱丁堡会计师公会的成立，标志着会计服务职业化的正式形成。

3. 现代会计

现代会计是20世纪50年代以后的会计发展阶段。20世纪50年代之后经济与科技的迅速发展，使会计的理论与实务不断发展和变革。

1946年电子计算机问世，在社会各方面得到广泛应用。计算机亦被引入了会计领域，使会计工作的技术手段发生了质的飞跃。大数据、云计算、区块链、人工智能等新技术的应用，使会计信息的收集、分类、处理、反馈等操作实现了自动化、电子化，提高了会计信息的准确性和会计工作效率，增强了会计信息的功能。

在会计理论与方法上，随着社会经济的发展和经济学、管理学等学科理论的不断发展，会计也在不断发展与变革。市场环境的变化对企业的生存与发展形成了新的挑战，要求企业建立科学的管理方法与体制，导致了企业管理当局对会计信息的特殊需求，使管理会计作为一个独立于财务会计的领域开始出现。财务会计主要是通过编报财务报告来满足企业外部信息使用者（如企业投资者、债权人等）的信息需求，其需要遵循严格的会计准则约束。而管理会计则主要是为企业内部管理者的特定决策提供相关信息，由于企业内部不同经营决策的具体环境、目标、内容等存在较大差异，因而其所需会计信息也不相同，在会计程序与方法的使用、会计信息披露方式、政府管制程度等方面与财务会计存在重大的差异。现代管理会计的出现，是近代会计发展为现代会计的重要标志。

在会计领域上，出现了物价变动会计、环境会计、人力资源会计、智能会计等新的会计领域，使会计理论与会计实务更加广泛、更加深入地伴随着市场经济的高度发展，会计的方法也逐渐完备。

二、会计的含义

会计产生于生产实践，并伴随生产实践的发展而发展。最初会计的工作内容就是记账与算账，就是对经济活动进行记录和计算，客观地反映生产经营过程的实际情况。在会计的产生和发展的过程中，其内容不断丰富，作用不断扩大，形式不断完善，现代会计的工作内容已不仅局限于记账与算账，还包括参与企业预测、决策、控制、考核、分析等。由于认识会计本质的视角不同，人们会对会计做出不同的定义。会计界对会计的定义主要有两种代表性观点。

1-1 会计的含义

（1）信息系统论。信息系统论认为，会计是为提高经济效益而建立的一个以提供财务信息为主的经济信息系统。信息系统论将整个会计活动分解为确认、计量、记录和报告等环节。

（2）管理活动论。管理活动论认为，会计是经济管理活动的重要组成部分，是对经济活动采用专门方法进行反映与监督的一种管理活动。

在对会计本质的认识方面，管理活动论认为会计是以货币为主要计量单位，运用一系列专门方法对经济活动过程进行连续、系统、全面、综合地反映和监督的一种管理活动。其定义包括以下4个要点。

（1）以货币作为主要计量单位。企业在生产经营过程中为取得收入会发生各种耗费，收入与耗费表现为各种物质内容。会计可以采用货币量度、实物量度、时间量度3种计量尺度反映经济活动，但只有货币计量尺度才能把收入与耗费综合地表现为统一的货币量，才能通过价值形式来综合反映经济活动的过程和结果，从而做出各种有意义的比较。会计核算以货币作为统一计量尺度，但并不排斥实物计量尺度和劳动计量尺度。有关实物收发业务和劳动耗费业务的核算，仍需分别用实物计量尺度及劳动计量尺度进行计量和记录。

（2）运用专门方法。会计从生产经营活动中独立出来有其客观必然性。会计对企业予以管理，是以特殊的方式和方法实现的，如设置账户、复式记账、填制和审核会计凭证、登记账簿、成本计算、财产清查、编制财务报表等，包括财务数据的选择、分析、计量、分类、记录、调整、统计以及在报表上反映等。

（3）对经济活动进行连续、系统、全面、综合的反映和监督。所谓连续，是指要按经济业务发生的时间顺序不间断地进行记录；所谓系统，是指要依据科学的方法对财务信息进行分类、汇总、整理，以保证提供的会计数据资料能够成为一个有序的整体；所谓全面，是指毫无遗漏地对全部经济业务进行反映和监督；所谓综合，是指不是仅从某个角度、某个方面来核算和监督企业的经营过程和经营成果，而是用各项价值指标反映企业的全部经营过程和经营成果。

（4）企业管理活动的组成部分。会计作为企业管理活动的组成部分，不仅为企业决策者提供经济信息，为企业的计划、控制和决策过程服务，还为企业外部利益相关者（如投资者、债权人、政府和社会公众等）提供对企业做出投资或其他决策有用的信息。

第二节 会计的职能与作用

会计是一种经济管理工作，其本质在于提供关于一个单位经济活动的财务信息，以便进行反映和监督。会计的基本职能是核算和监督，它在企业的经营管理和国家治理中发挥着不可或缺的作用。

一、会计的职能

会计的职能就是会计在经济管理过程中所具有的功能。它是客观的，不以人的主观意志为转移。会计核算和会计监督是会计的两大基本职能。

1. 会计核算职能

会计核算职能，亦称会计反映职能，是指会计以货币为主要计量单位，对特定主体的经济活动进行确认、计量和报告，向信息使用者提供决策有用信息的功能。会计核算职能贯穿经济活动的全过程，是会计最基本的职能。会计核算主要是把经济活动内容转化为财务信息。企业在经营过程中会发生各种交易或事项，会计通过确认、计量、记录和报告等环节，把企业的经营活动和成果反映出来。

（1）会计确认。会计确认是指将某交易或事项作为会计要素正式加以记录和列入财务报表的过程。会计确认是指明确某一经济业务或事项涉及哪些会计要素。某一经济业务或事项一旦被确认，就要同时以文字和数据加以记录。

（2）会计计量。会计计量是指用货币或其他量度单位计量各交易或事项及其结果的过程。对企业经济活动中涉及的各种交易或事项，以货币为计量单位，按照规定的计量属性确定其价值。

（3）会计记录。会计记录是指对经过会计确认、计量的交易或事项，采用一定的方法，将发生的交易或事项归类汇总，并在账簿中加以记录。

（4）会计报告。会计报告是指把已确认、计量、记录的会计要素数据编制成财务报表，向信息使用者提供财务状况、经营成果和现金流量等信息。即将账簿中的数据资料进行加工整理和综合汇总，采用表格的形式，将会计数据提供给信息使用者。根据需要可对一些数据予以必要的文字说明。

会计在对经济活动进行确认、计量、记录和报告的过程中，体现出会计核算的以下特点：一是提供的信息是以货币为主要计量单位反映的；二是提供的信息具有连续性、系统性和全面性；三是提供的信息是对已经发生的交易或事项的如实反映。

2. 会计监督职能

会计监督职能是指会计人员在进行会计核算的同时，对企业经济活动的合法性、合理性进行审查的功能。会计监督利用会计信息对企业经济活动实施控制，以提高企业的经济效益，达到预期的经营目标。会计监督职能具有以下特征。

（1）会计监督是一种经常性的监督，监督的核心是保证会计资料真实可靠。

（2）会计监督是以法律、法规和制度为依据的监督。会计监督的依据是国家的财经政策、法令、制度和企业的合同、计划、定额管理制度等。在经济信息处理的过程中，根据各种政策、法令、制度等审核会计资料，是会计监督的主要表现形式。会计监督贯穿经济活动的全过程，包括事前监督、事中监督和事后监督。事前监督是对将要发生的经济活动进行会计监督，事中监督是对正在发生的经济活动进行会计监督，事后监督是对已经发生的经济活动进行会计监督。

（3）会计监督包括对经济活动的效益性监督。一般来说，合规合法的事往往同时产生效益。但也存在另外一种情况，即合规合法的事未必合理，合理的事又未必合算。在这种情况下，就要在合规合法的基础上，再检查是否合理合算，以监督经济活动的效益性。

党的二十大报告指出"以党内监督为主导，促进各类监督贯通协调，让权力在阳光下运行"。会计监督已纳入国家治理体系。伴随着中国式现代化建设进程，会计监督职能发挥着越来越重要的作用，国家机关、企业、事业单位和其他组织对监督职能的认识不断扩展和深化。

会计核算和会计监督这两项职能的关系十分密切，两者相辅相成。会计核算是会计监督的基础，没有会计核算提供的资料就无法实施会计监督。只有进行正确的会计核算，会计监督才有真实可靠的依据。会计监督则是会计核算的继续，如果只有会计核算而不进行会计监督，就不能发挥会计应有的作用。只有严格地进行会计监督，会计核算所提供的数据资料才能在经营管理中发挥更大的作用。

随着社会经济的发展和经济管理客观需要的变化，会计职能的内容不断丰富，现代会计除具有核算与监督两项基本职能外，还具有预测经济前景、参与经营决策和评价经营业绩等扩展职能。

二、会计的作用

会计作为企业的一种管理活动，要按照国家规定的财经法规、会计准则和会计制度进行会计核算，提供以财务信息为主的经济信息，有助于企业内部和外部利益相关方进行经营决策，提高经济效益。具体来说，会计的作用包括以下内容。

1. 会计对企业内部决策的作用

（1）有助于企业内部治理的完善。内部治理作为一种企业内部的、直接的利益主体及其关系的制度安排，其作用在于协调企业股东、董事会、监事会和经理层等利益主体之间的关系。会计在企业内部治理中发挥着决策支持、内部控制、透明度与信任建设、风险管理和监督等重要作用。没有会计的核算、监督和评价，企业内部治理就成了无源之水、无本之木。

（2）有助于企业经营管理水平的提升。会计通过提供会计信息，参与预算制定和执行，优化内部控制，加强风险管理，为企业制定科学、合理的经营决策提供依据，提升企业经营管理水平，推动企业的长期发展。

（3）有助于企业进行考核与分配。通过确认、计量、记录和报告，会计为企业提供财务信息。企业是否实现了公司战略、达到了经营目标，受托人是否履行了受托责任，员工的绩效考评、报酬支付等，都需要依据企业财务信息进行评价。这些财务信息是企业进行考核和分配的基础，确保了考核和分配的公正性和客观性。

2. 会计对企业外部利益相关方的作用

（1）有助于健全和完善资本市场的功能。党的二十大报告指出，要"健全资本市场功能，提高直接融资比重"。高质量的会计信息是资本市场公开、公平和公正的基础，有助于提升资本市场的透明度和公平性，减少信息不对称的现象，增强投资者对企业的信任，提升投资者对资本市场的信心，使投资者更有意愿参与资本市场投资，使企业能够获得规模大、融资成本低、结构合理的资金。高质量会计信息为提升直接融资比重提供了有力支持。

（2）有助于国家治理体系的完善。由于会计的专业性、严密性、系统性，对发生的经济业务的真实性、合法性和合理性进行检查，能够在事前、事中和事后发挥监督作用，使会计监督成为国家治理体系中不可替代的重要组成部分。

（3）有助于国家制定宏观经济政策。国家有关部门如财政、税务、审计、统计、监管等部门，通过汇总和分析企业上报的财务报表，验证各项宏观经济政策对企业的影响，以便及时调整政策，优化资源配置，促进企业发展，保证国家经济的健康运行。

（4）有助于投资者做出正确决策。投资者根据企业提供的会计信息，能够了解企业的资产结构、偿债能力、运营效率以及盈利状况，用于评估企业的价值、成长潜力和盈利能力以及投资回报情况等，以判断是否值得对企业投资、投资多少，是否追加投资或减少投资。

（5）有助于投资者监督企业管理层的行为。通过评估企业提供的财务报表，投资者可以评估管理层的责任履行情况。根据受托责任履行情况，投资者通过"用手投票"和"用脚投票"方式，对管理层进行监督和评价，促使其更好地履行职责。

（6）有助于债权人判断企业的偿债能力。会计提供了关于企业财务状况、经营成果和现金流量的信息，债权人可以通过分析这些信息，了解企业偿债能力、现金流量的稳定性和可靠性，评估企业的短期和长期偿债能力，从而判断借款给企业是否安全。

第三节　会计目标与会计信息使用者

一、会计目标

会计的目标是会计所要达到的目的和要求。就财务会计而言，会计目标主要是指财务报告目标。财务报告目标是财务报告概念框架的逻辑起点，是财务会计理论研究中的一个重要课题。关于会计目标的观点有受托责任观和决策有用观两种认识。

1. 受托责任观

受托责任观是伴随着现代公司制的产生而产生的。现代公司制下企业所有权与经营权相分离，企业管理层是受委托经营管理企业的。委托人（投资者、债权人等）将财产资源的经营管理权授予受托人（企业管理层），受托人接受委托付后应承担托付的责任，这种责任就是受托责任。委托人关注的是财产资源的保值与增值等。受托人管理财产资源，并承担有效地利用财产资源以使其保值增值和向委托人报告受托责任履行情况的责任和义务。

受托责任观认为，会计的目标应当如实反映和报告财产资源受托人的受托经济责任及其履行情况。因此受托人对企业及其各项资产负有受托责任，即管理层所经营管理的企业的资产基本上均由投资者投入的资本或者向债权人借入的资金形成，企业管理层有责任妥善保管并合理有效地运用这

1-2　会计目标

些资产。企业投资者和债权人等也需要了解企业管理层保管、使用资产的情况，以便评价企业管理层的受托责任履行情况和经营业绩，并决定是否需要调整投资或者信贷政策，是否需要更换管理层等。因此，在受托责任观下，将反映受托责任的履行情况作为会计的主要目标。

将反映受托责任的履行情况作为会计目标，企业就要客观地向委托人反映企业的经营业绩，反映受托人可以控制的经济活动，因而，会计信息应当是历史的，即企业已经发生的实际业务；会计信息应当建立在切实可靠的基础之上；会计信息应当偏向于稳健。这些要求，可以约束管理层的随意行为，降低信息不对称的程度，发挥会计在公司治理中的作用。

2. 决策有用观

决策有用观是在资本市场日渐发达的历史背景下形成的。在资本市场上，投资者进行投资决策需要可靠且相关的财务与非财务信息。财务信息的提供要借助于会计信息系统，财务信息的生产和报告必须满足信息使用者决策的需要。

决策有用观认为，财务会计的目标是向信息使用者提供与决策相关的信息。据此目标，会计所提供的信息应当如实反映企业拥有或者控制的经济资源、对经济资源的要求权，以及经济资源及其要求权的变化情况，如实反映企业的各项收入、费用及其变动情况，如实反映企业经济活动的现金流量情况等，从而有助于现在的或者潜在的投资者正确合理地评价企业的资产质量、偿债能力、盈利能力和营运效率等，有助于投资者根据相关财务信息做出理性投资决策，有助于投资者评估与投资有关的未来现金流量的金额、时间和风险等。因此，在决策有用观下，将向信息使用者提供决策有用的信息作为会计的主要目标。

在决策有用观下，企业就要提供投资者更为关心的公允价值信息而不能仅列报历史成本信息。因为公允价值信息能够更加及时地反映企业的资产价值和负债水平，更加接近现实地评价企业的价值。

会计目标的形成和发展与会计所处的社会经济环境有着密切的联系。它存在于一定的社会经济环境之中，并随着社会经济环境的变化而发展变化。受托责任观和决策有用观并不矛盾，其会计目标均在于提供有用的会计信息，提供的会计信息既可以反映企业管理层受托责任履行情况，也可以满足信息使用者做出决策的需要。反映受托责任的履行情况和有助于做出决策可以看成财务会计的两个相互补充的具体目标。各个国家或组织财务会计报告目标的区别主要是两者的侧重点不同。

《企业会计准则——基本准则》（2014）将会计目标定义为"向财务会计报告使用者提供与企业财务状况、经营成果和现金流量等有关的会计信息，反映企业管理层受托责任履行情况，有助于财务会计报告使用者作出经济决策"。会计目标要求满足投资者等信息使用者决策的需要，体现了决策有用观；会计目标还要求如实反映企业管理层受托责任的履行情况，体现了受托责任观。

二、会计信息使用者

会计发展的动力主要来自两个方面：一是社会经济环境的变化，二是会计信息使用者信息需要的变化。前者要求会计不断地将新的、变化了的经济业务反映出来，以体现和强化会计反映的基本功能；后者则要求会计努力满足信息使用者不断变化的信息需要，以提高会计信息在使用者经济决策中的作用，保持其旺盛的生命力。

1. 外部使用者

（1）股东或投资者。企业的股东非常关心企业的经营，他们需要评价过去，预测未来。企业财务报告是满足这些需求的重要手段，尤其是在所有权与经营权分离的情况下，企业管理当局与企业外部股东所掌握的企业信息是不对称的，财务报告是企业外部股东获取信息的重要来源。股东或潜在的投资者借助财务报告反映的财务状况、经营成果以及现金流量等信息进行决策。

（2）债权人。债权人将资金使用权让渡给企业（债务人），对企业的偿债能力以及未来的持续发展能力、信誉等相关信息非常关注。债权人需要借助会计信息及其他信息来评价和判断企业能否履行偿还本金和支付利息的义务，为其贷款决策提供依据。

（3）政府部门及其有关部门。政府作为宏观经济的管理者与决策者，其宏观管理职能是由各政府职能部门共同实施的，许多政府部门需要包括会计信息在内的诸多信息。财政部门需要掌握企业会计法规执行情况的信息；税务部门需要有关企业利润、申报依法纳税等信息；证券管理部门关注企业是否遵循公司法、证券管理法规以及会计准则等信息；国家统计部门要求企业提供财务报告，获得基础性统计信息；等等。

（4）社会公众。社会公众也关心企业的生产经营活动，需要了解企业对社会与对所在地经济做出的贡献，如增加就业、履行社会责任、提供社区服务等信息。

除上述这些主要外部信息使用者外，还有其他外部利益相关者也关注企业的会计信息，如供应商与客户、竞争者和财务分析师等。

2．内部使用者

会计信息不仅面向企业外部信息使用者，也服务于企业内部各层级的管理者，如作为评价手段，会计信息可反映某些部门（如销售部门）管理者的业绩，特别是部门预算执行情况。尽管不同层级的管理者对会计信息的关注点不同，具体使用目标也不同，但其宗旨是一致的，即利用会计信息实现企业的总体战略和任务。

第四节 会计方法

会计方法是指从事会计工作所使用的各种技术手段，也是实现会计目标的手段。这些会计方法既相互独立，又相互联系、相互配合，共同构成统一的方法体系。

一、会计的方法体系

会计要实现核算和监督职能，要为信息使用者提供会计信息，要参与企业的经营管理和决策，必须借助于专门的方法。会计方法是会计实践的经验总结，并随着会计职能的扩展、科学技术的进步和管理要求的提高，逐步发展和完善。会计形成了一套较为科学的方法体系，包括会计核算方法、会计分析方法和会计检查方法。

会计核算方法是对企业交易或事项进行完整、连续、系统的反映和监督所运用的专门方法。

会计分析方法主要是利用会计核算资料，考核并说明企业经营管理活动的效果，以改善经营管理、提高经济效益所运用的专门方法。

会计检查方法是根据会计核算资料，检查企业的经营活动和经营成果是否合法、合理，会计核算资料是否真实、正确所运用的专门方法。

上述三种方法相互依存、紧密联系，形成了一个完整的会计方法体系。其中，会计核算方法是基础，它为会计分析和会计检查提供客观依据；会计分析方法是会计核算方法的延伸和发展；会计检查方法是会计核算方法的必要补充，通过检查为会计核算资料的真实性、可靠性提供保证。

在会计方法体系中，会计核算方法是其基本组成内容。本书作为会计的基础教材，只介绍会计核算方法。

二、会计核算方法

会计核算方法是完成会计核算任务的手段，具有较强的技术性和可操作性。会计核算方法由设置账户、复式记账、填制和审核会计凭证、登记账簿、成本计算、财产清查和编制财务报表等具体方法组成。

1-3 会计核算方法

1. 设置账户

设置账户是对会计对象的具体内容进行分类核算和监督的一种专门方法。企业在经营过程中发生的交易或事项繁多，因此需要根据具体内容，对其进行科学地分类，规定分类核算的项目。通过设置账户，企业可以分类、连续地记录各项交易或事项，提供管理所需要的各种信息。

2. 复式记账

复式记账是对每项交易或事项以相等的金额，在两个或两个以上相互联系的账户中同时进行登记的一种专门方法。在企业的经济活动中，任何一项交易或事项的发生，都会引起至少两个方面的资金的增减变化。采用复式记账，就要在有关的账户中全面地、相互联系地进行记录，这样便于了解各项交易或事项的内容和资金增减变化的来龙去脉，从而对企业经济活动进行必要的分析。

3. 填制和审核会计凭证

填制和审核会计凭证是保证交易或事项合法合理，保证账簿记录完整、正确而采用的一种专门方法。会计凭证是用来记录企业已经完成的交易或事项、明确经济责任的一种书面证明，是登记账簿的依据。企业发生的所有交易或事项，都应取得或填制会计凭证，经过审核后据以记账。填制和审核会计凭证，可以提供既真实可靠，又合法合理的原始数据，从而保证会计信息的质量。

4. 登记账簿

登记账簿是在账簿中全面、连续、系统地记录各项交易或事项的一种专门方法。账簿是用来全面、连续、系统地记录各项交易或事项的簿记，也是储存会计资料的重要载体。账簿具有一定的格式，它根据审核无误的会计凭证、采用复式记账的方法，按照交易或事项发生的时间顺序和类别进行登记，经过定期对账和结账，为编制财务报表提供依据。

5. 成本计算

成本计算是对企业生产经营过程中发生的耗费按照成本计算对象进行归集和分配，以确定各成本计算对象的总成本和单位成本的一种专门方法。通过成本计算，企业可以确定材料的采购成本、产品的生产成本和产品的销售成本，从而准确掌握企业成本构成，考核企业成本计划的完成情况，促使企业加强经济核算，节约费用支出，提高经济效益。

6. 财产清查

财产清查是通过实地盘点、账目核对和查询等方法，查明各项财产物资的实有数额，确定账实是否相符的一种专门方法。通过财产清查，企业可以发现账实不符，查明原因后，调整账簿记录，做到账实一致。通过财产清查，企业还可以查明各项财产物资的保管和使用情况，促使企业加强管理，保证企业财产物资的安全完整和合理使用。

7. 编制财务报表

编制财务报表是根据账簿记录，定期对外反映企业财务状况、经营成果和现金流量的一种专门方法。财务报表是财务报告的核心内容，主要根据账簿记录的内容，经过加工整理而形成。财务报表所提供的一系列核算指标，是考核和分析企业财务计划和预算执行情况以及编制下期财务计划和预算的重要依据。通过编制和报送财务报表，及时为政府有关部门、企业的投资者和债权人以及企

业内部管理者提供反映企业财务状况、经营成果和现金流量的基本信息，以满足有关各方进行相关决策的需要。

上述会计核算方法相互联系、缺一不可，形成了会计核算完整的方法体系。会计核算方法之间的基本关系是：对日常发生的交易或事项，填制和审核会计凭证，按照规定的会计科目设置账户，运用复式记账的方法在账簿中进行登记；对于经营过程中发生的各项费用，根据账簿的记录，进行成本计算；通过财产清查加以核实，在保证账实相符的基础上编制财务报表。会计的七种核算方法，按照确认→计量→记录→报告这样一个程序而形成会计信息系统。会计核算的基本程序与方法之间关系如图1-1所示。

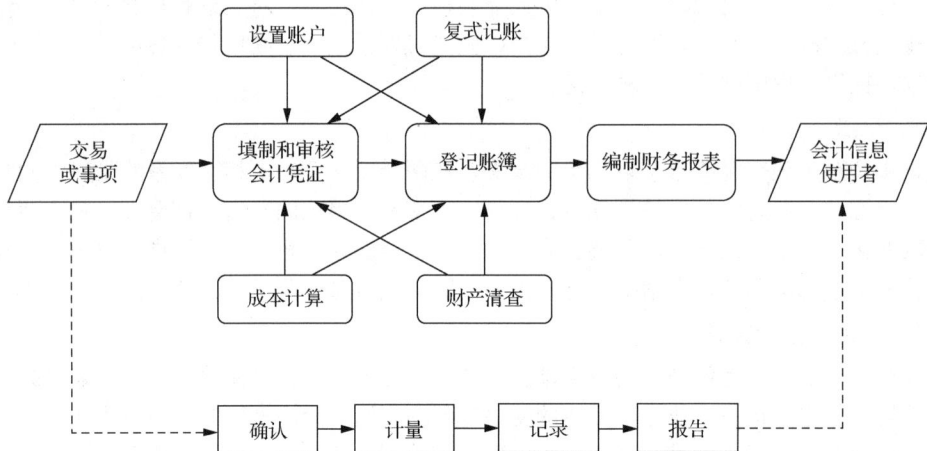

图 1-1　会计核算的程序与方法之间关系

图 1-1 描绘了会计核算的程序与方法之间的关系，仅是一种抽象。在会计实务中，它们不能截然分开，需要进行交互应用。

第五节　会计学科与会计职业

经过长期的发展，会计内容越来越丰富，会计工作领域更加宽广，会计已经形成了内容完整的学科体系与范围广泛的职业体系。

一、会计学科

会计学科也称会计学，是人们对会计实践进行科学总结而形成的知识体系，属于研究会计理论、会计方法，并有效地管理经济活动的一门管理科学。会计在发展过程中，形成了较为完整的学科体系及其学科分支。对于会计的学科分支，可以从不同的角度进行划分。

1. 按会计主体性质划分

按会计主体性质划分，会计可分为营利组织会计、非营利组织会计和行政事业单位会计。

营利组织是指以营利为目的，依法注册登记的经济组织，主要是指各类形式的企业，包括独资企业、合伙企业和公司制企业。营利组织会计也称企业会计，以企业作为会计主体，以资产、负债、所有者权益、收入、费用、利润作为会计要素，通过核算提供与企业财务状况、经营成果与现金流量等有关的会计信息。企业会计遵循《企业会计准则》或《小企业会计准则》。

非营利组织是指不以营利为目的的组织，主要是指依照国家法律、行政法规登记的社会团体、基金会、民办非企业单位等，所涉及的领域包括艺术、慈善、教育、学术、环保等。非营利组织会计中，非营利组织作为会计主体，以资产、负债、净资产、收入、费用作为会计要素，通过核算提供与非营利组织财务状况、运行情况与现金流量等有关的会计信息。非营利组织会计遵循《民间非营利组织会计制度》。

行政事业单位主要是指与政府财政部门直接或者间接发生预算拨款关系的国家机关、军队、政党组织、社会团体、事业单位和其他单位。行政事业单位会计以行政事业单位为会计主体，以资产、负债、净资产、收入、费用（或支出）作为会计要素，通过核算提供与政府预算执行情况有关的，综合反映政府会计主体预算收支的年度执行结果的信息。行政事业单位会计遵循《政府会计准则》《事业单位会计准则》。

2. 按研究的内容划分

会计学按其研究内容的不同分为基础会计、财务会计、成本会计、管理会计和审计等分支。基础会计主要阐述会计的基础知识以及基本方法和技术，研究会计学的基本问题，包括会计的职能、作用、会计假设、会计要素、会计凭证、账簿及财务报表等。它所研究的是各门会计学分支共同的基本问题。

财务会计是基础会计的延伸。财务会计主要阐述资产、负债、所有者权益、收入、费用和利润等具体处理方法与技术。财务会计根据会计准则，按照一系列既定的步骤，对企业的生产经营活动进行反映与监督，向财务报表使用者提供财务状况、经营成果和现金流量等财务信息。另外，财务会计还研究实务中出现的一些特殊问题。随着市场经济的发展、企业改革和会计改革的不断深入，财务会计核算范围不断拓宽，会计实务越来越复杂，企业合并、外币折算、租赁经营、期货交易、分支机构业务、破产清算业务和物价变动等作为特殊会计事项也被纳入了财务会计的研究领域。

成本会计以企业为对象，主要阐述成本计算、成本控制、成本预测、成本分析、成本决策和成本考核的理论和方法，研究成本管理以及通过成本管理提高企业经济效益的途径。它主要包括实际成本的计算、成本预测的方法和成本计划的编制、成本决策、成本分析、成本控制以及目标成本的计算等。

管理会计是会计学科与管理学科有机结合的一门综合性很强的学科。它在财务会计的基础上，着重分析历史资料，对企业经营活动的"现在"和"未来"进行有效控制和科学规划，研究如何提供和利用有关信息，为管理当局的最优决策服务。它主要包括预测分析、决策分析、全面预算、成本控制和责任会计等方面。由于管理会计是在成本会计的基础上发展起来的，管理会计中的标准成本、预算控制和差异分析等本身就是成本会计的组成部分，所以在会计业内多数人认同将成本会计与管理会计的内容合并，称为"成本管理会计"。

审计主要研究对经济活动的合法性、合规性、合理性以及效益性进行检查、监督的基本理论和方法，主要包括财务审计、经济效益审计和内部审计等。财务审计属于外部审计，是由国家审计机关或具有注册会计师资格的人员对企事业单位所从事的审计，具有较强的独立性和客观性，侧重点是会计信息的真实性和有效性。经济效益审计是主要针对改善管理、提高经济效益所进行的审计。内部审计的重点在于评价企业内部控制制度的执行情况、内部责任及其履行情况。

二、会计职业

随着经济的发展，对会计职业的需求不断增加，会计的专业工作领域也变得宽广。会计职业是指会计的专业工作领域，主要包括以下四个方面。

一是在企业、行政事业单位从事会计工作。这类职业工作内容主要是对企业或组织已发生的经济业务，运用填制和审核会计凭证、登记账簿、成本计算、财产清查、编制财务报表等方法进行核算工作，并开展成本控制、税务筹划、预算编制及执行分析等会计管理工作。

二是在会计师事务所从事注册会计师审计和会计咨询工作。这类职业工作内容包括财务报表审计，内部控制审计，企业合并、分立或清算事宜中的审计，等等，属于一种独立的外部审计工作。注册会计师执业需要加入会计师事务所，注册会计师提供的审计业务与管理咨询业务必须分开进行，以保证审计业务的独立性。

三是在各级政府或者监管部门从事会计管理工作。这类职业工作主要是进行会计准则和会计规范的制定与组织实施、对会计工作质量进行监督与控制等。

四是在学校等教育研究机构从事会计教学及研究工作。这类职业工作主要包括各高等院校、高职院校、中职学校和研究机构对会计人才的培养和会计的理论研究及应用工作。

本章习题

一、单项选择题

1. 会计所使用的主要计量尺度是（　　　）。
    A. 实物计量尺度　　　　　　　　B. 劳动计量尺度
    C. 货币计量尺度　　　　　　　　D. 实物计量尺度和货币计量尺度

2. 会计的基本职能是（　　　）。
    A. 核算和管理　　B. 控制和监督　　C. 核算和监督　　D. 核算和分析

3. 1494年意大利数学家卢卡·帕乔利的著作《算术、几何、比与比例概要》，专门介绍了（　　），成为会计发展史上的一个里程碑。
    A. 四柱结算法　　B. 复式簿记方法　　C. 货币计量法　　D. 价值管理法

4. "四柱清册"之间的结算关系为（　　　）。
    A. 旧管+新收=开除+实在　　　　B. 旧管+新收=开除−实在
    C. 旧管−新收=开除−实在　　　　D. 旧管+新收+开除=实在

5. 会计是以（　　　）为主要计量单位，对经济活动过程进行连续、系统、全面、综合地反映和监督的一种管理活动。
    A. 货币　　　　　B. 劳动　　　　　C. 实务　　　　　D. 时间

6. 下列属于公司外部会计信息使用者的是（　　　）。
    A. 公司董事会　　　　　　　　　B. 公司监事会
    C. 公司经营管理层　　　　　　　D. 公司股东

7. 下列说法正确的是（　　　）。
    A. 财务会计主要服务于企业的内部会计信息使用者
    B. 财务会计不受公认会计准则的约束
    C. 财务会计以通用的财务报表为主要方式来披露会计信息
    D. 财务会计根据管理与决策的需要来确定报告形式

8. 会计是为提高经济效益而建立的一个以提供（　　　）为主的经济信息系统。
    A. 市场信息　　B. 财务信息　　C. 技术信息　　　D. 统计信息

9. 下列不属于会计核算专门方法的是（　　　）。
    A. 检查和分析　　B. 成本计算　　C. 登记账簿　　D. 财产清查

10. 会计划分为营利组织会计、非营利组织会计和行政事业单位会计，是依据（　　　）划分的。
    A. 会计主体性质　　　　　　　　B. 会计研究内容
    C. 会计职业　　　　　　　　　　D. 会计信息使用者

二、多项选择题

1. 会计定义可以从不同的角度来进行考察与认识，会计是（　　）。
    A. 一项管理活动
    B. 一个信息系统
    C. 一个以提供财务信息为主的经济信息系统
    D. 只以货币作为计量单位的经济信息系统

2. 会计的特点是（　　）。
    A. 以货币为主要计量尺度
    B. 企业管理活动的组成部分
    C. 对经济活动的管理具有全面性、连续性和系统性
    D. 以一套完整的专门方法为手段

3. 会计除核算和监督的基本职能外，还具有（　　）等职能。
    A. 会计决策
    B. 会计考核
    C. 会计分析
    D. 会计预测

4. 属于会计信息的外部使用者的有（　　）。
    A. 企业的投资者
    B. 企业的管理人员
    C. 企业的债权人
    D. 企业普通员工

5. 会计应向会计信息使用者提供与一个企业的财务状况、经营成果和现金流量等有关的会计信息，目标是（　　）。
    A. 反映管理层受托责任履行情况
    B. 反映企业经营情况
    C. 有助于会计信息的使用者做出经济决策
    D. 有助于管理层进行管理

6. 财务会计的基本特征包括（　　）。
    A. 侧重以会计信息的外部使用者为主要服务对象
    B. 侧重以会计信息的内部使用者为主要服务对象
    C. 着重反映过去并对企业已经发生的经济活动进行核算与监督
    D. 遵循法定的或公认的会计准则

7. 管理会计的基本特征包括（　　）。
    A. 侧重以会计信息的外部使用者为主要服务对象
    B. 侧重以会计信息的内部使用者为主要服务对象
    C. 采用灵活多样的方式方法生成与提供多种形式的会计信息
    D. 着重反映未来并直接对企业将要进行的经济活动做出预测、决策与规划

8. 财产清查一般通过（　　）等方法，查明各项财产物资的实有数。
    A. 实地盘点
    B. 账目核对
    C. 函证查询
    D. 财产核算

9. 下列关于复式记账表述正确的有（　　）。
    A. 在两个或两个以上账户以相等金额同时进行登记
    B. 在两个或两个以上相互关联的账户以相等金额同时登记
    C. 能够了解交易或事项资金增减变化的来龙去脉
    D. 是会计核算方法的组成部分

10. 会计凭证是（　　　）。

    A. 明确经济责任的书面证明　　　　B. 设置账户的依据

    C. 编制财务报表的依据　　　　　　D. 登记账簿的依据

三、简答题

1. 可以从哪些方面对会计含义加以理解？

2. 什么是会计核算职能？其特点是什么？

3. 什么是会计监督职能？其特点是什么？

4. 会计目标是什么？代表性的两种观点是什么？

5. 会计的信息使用者有哪些？

6. 会计核算有哪些专门方法？它们之间的关系如何？

会计要素与会计等式 | 第二章

学习目标

本章旨在阐述会计要素和会计等式，内容包括会计对象、会计要素、会计等式。具体学习目标如下。

（1）了解会计对象及企业的经济活动

（2）掌握会计要素的定义、特征、确认条件

（3）掌握基本会计等式及扩展会计等式

（4）掌握交易或事项对会计等式的影响

（5）理解会计等式蕴含的社会责任和道德义务

引导案例

比亚迪

也许你拥有或乘坐过比亚迪新能源汽车。你知道吗？比亚迪是全球新能源汽车的先行者和领导者，它的新能源汽车业务在产业化、市场化的基础上，正逐步迈入规模化、全球化的高质量发展的新阶段。如果你想分享比亚迪发展的红利，可以投资购买比亚迪的股票，成为这家公司的股东。

比亚迪成立于1995年2月，是一家致力于"用技术创新，满足人们对美好生活的向往"的高新技术企业，业务布局涵盖汽车、电子、新能源和轨道交通等领域，是香港联合交易所和深圳证券交易所的上市公司。比亚迪是个好的投资标的吗？没有人能肯定地预测比亚迪的财务前景。在深圳证券交易所网站或比亚迪的网站上可以看到比亚迪的财务报告，能够获得其财务状况、经营成果及现金流量等财务信息。表2-1是从比亚迪财务报告中摘录的主要财务数据。

表2-1　　　　　　　　　　　　　　比亚迪主要财务数据

单位：亿元

项目	2023年度（或年末）	2022年度（或年末）
营业收入	6 023.15	4 240.61
营业成本	4 805.58	3 518.16
净利润	313.44	177.13
资产总额	6 795.48	4 938.61
负债总额	5 290.86	3 724.71
所有者权益总额	1 504.62	1 213.90

根据比亚迪财务数据可以得出，与2022年度相比较，2023年度营业收入增长了1 782.54亿元，净利润则从177.13亿元增长到313.44亿元；2023年末的资产总额从4 938.61亿元增长到6 795.48亿元；2023年末资产总额6 795.48亿元，来源于负债5 290.86亿元以及所有者权益1 504.62亿元。比亚迪的财务报告会披露资产、负债、所有者权益、收入、费用和利润等详尽信息，这些信息对预测比亚迪

的财务前景、决定是否购买它的股票是有帮助的。这些会计信息被称作"商业语言"。

思考：你能读懂这些财务信息吗？要读懂这些"商业语言"需要掌握的"词汇"和"语法"有哪些呢？

第一节 | 会计对象

会计对象是会计所要核算和监督的内容，凡是特定主体能够以货币表现的经济活动，都是会计核算和监督的内容，以货币表现的经济活动通常又称为价值运动或资金运动。经济活动的本质是一种资金的流动，所以会计对象又可抽象为资金运动。企业是以营利为目的的组织，为获得盈利而进行各种经济活动，这些经济活动一般可以归为筹资活动、投资活动和经营活动。

一、筹资活动

筹资活动是企业为了筹集所需资金而发生的业务活动。筹资活动可以分为权益筹资和债务筹资两种类型。权益筹资是企业通过发行股票或投入资本等方式向投资者筹集资金，这些资金成为企业的所有者权益。债务筹资是企业通过向银行或其他金融机构借款或发行债券等方式筹集资金，这些资金成为企业的负债。筹资活动的目的是为企业提供足够的资金支持，以满足其经营和发展的需要。

二、投资活动

投资活动是企业将筹措的资金用于获利项目而发生的业务活动。投资活动分直接（对内）投资和间接（对外）投资。直接投资是指直接从事企业的生产经营活动，包括建造厂房、购买设备、建造生产线、建设销售渠道等；间接投资主要是指通过购买其他企业的股份、债券等有价证券所进行的投资。前者是资金投入企业，通过生产经营活动取得一定利润，后者是以资金购买企业发行的股票和公司债券，间接参与企业的利润分配。

三、经营活动

经营活动是指企业除投资活动和筹资活动以外发生的业务活动。企业筹集资金后为获得盈利就要运用资金开展经营活动。制造业企业运用资金采购物资，进行产品生产，将产品销售给消费者以获得盈利；商品流通企业运用资金向其他企业购买商品，再将商品销售给消费者以获得盈利；服务企业运用资金向消费者提供服务以获得盈利。

企业随着生产经营活动的进行以及盈利的取得，需要向国家缴纳各种税金，向债权人偿付债务及支付利息，向投资者分配利润或者投资者按规定撤回投资，使部分资金退出企业。

企业的筹资活动、投资活动和经营活动之间相互联系，构成一个完整的经济活动循环。企业成立初始主要依赖投资者提供的资金，待企业进入正常的生产经营活动以后，又会形成源源不断的利润推动企业持续发展。企业生产经营资金运动如图2-1所示。

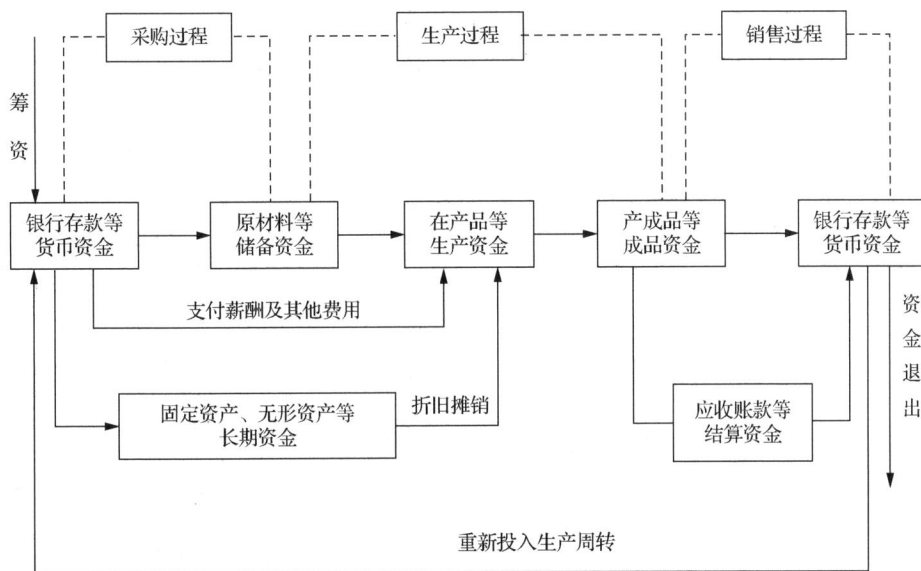

图 2-1　企业生产经营资金运动

第二节

会计要素

会计要素是对会计对象进行的基本分类，是对会计核算与监督内容的具体化。《企业会计准则》将会计要素分为资产、负债、所有者权益、收入、费用和利润六类。前三类会计要素是反映企业财务状况的静态会计要素，构成资产负债表；后三类会计要素是反映企业经营成果的动态会计要素，构成利润表。

一、资产

资产是指企业过去的交易或者事项形成的，由企业拥有或者控制的，预期会给企业带来经济利益的资源。资产具有以下基本特征。

（1）资产是由过去的交易或事项形成的。企业的资产必须是现实的资产，是过去已经发生的交易或事项所产生的结果，预期在未来发生的交易或事项不形成资产。

（2）资产是企业拥有或者控制的。一般来说，一项资源要作为企业的资产予以确认，企业应该拥有此项资源的所有权。对于一项资源，企业虽没有取得所有权，但在一定时期内能够实际控制，按照实质重于形式的原则，也应当确认为企业的资产，如融资租入的固定资产。

（3）资产预期会给企业带来经济利益。预期会给企业带来经济利益，即未来经济利益，是指直接或间接地增加流入企业的现金或现金等价物的潜力。如果企业已取得的某项资产，不能带来未来经济利益，或者作为经济资源的服务能力已消耗殆尽，就不应列作资产。例如，库存已失效或已毁损的存货，它们已经不能给企业带来未来经济利益，就不应该再作为资产。

将一项资源确认为资产，除需要符合资产的定义外，同时还应满足与该资源有关的经济利益很可能流入企业，且该资源的成本或者价值能够可靠地计量等条件。

资产按其流动性进行划分，可分为流动资产和非流动资产。资产的流动性是指资产的变现能力。

1. 流动资产

流动资产是指可以在一年（含一年）或者超过一年的一个营业周期内变现或耗用的资产，包括库存现金、银行存款、交易性金融资产、应收及预付款项和存货等。

（1）交易性金融资产，是指企业为了近期内出售而持有的金融资产，包括企业以赚取差价为目的从二级市场购入的股票、债券和基金等。

（2）应收及预付款项，是指企业在日常生产经营过程中发生的各项债权，包括应收款项（应收票据、应收账款及其他应收款等）和预付账款等。

（3）存货，是指企业在日常生产经营过程中持有以备出售的产成品或商品、处在生产过程中的在产品、在生产过程或提供劳务过程中耗用的材料或物料等，包括库存商品、半成品、在产品及各类材料等。

2. 非流动资产

非流动资产是指流动资产以外的资产，包括长期股权投资、固定资产和无形资产等。

（1）长期股权投资，是指企业对被投资单位实施控制或有重大影响的权益性投资，以及对合营企业的权益性投资，包括对子公司的投资和对合营企业的投资等。

（2）固定资产，是指同时具有下列特征的有形资产：①为生产商品、提供劳务、出租或经营管理而持有；②使用寿命超过一个会计年度。固定资产包括房屋、建筑物、机器、机械与运输工具以及其他与生产经营有关的设备、器具和工具等。

（3）无形资产，是指企业拥有或者控制的没有实物形态的可辨认的非货币性资产，包括专利权、非专利技术、商标权、著作权和土地使用权等。

二、负债

负债是指企业过去的交易或者事项形成的，预期会导致经济利益流出企业的现时义务。负债具有以下基本特征。

（1）负债是过去的交易或事项产生的。也就是说，导致负债的交易或事项必须已经发生，如接受银行贷款会产生偿还贷款的义务，购买货物会产生应付账款。只有已经发生的交易或事项，会计上才有可能确认为负债。未来的交易或事项由于尚未发生，缺乏客观性，因此，会计上不确认为负债，如企业的业务计划。

（2）负债是企业承担的现时义务。负债必须是现在仍然存在的债务，且需要在将来偿还的义务。若过去的交易或事项产生的负债，过去已经偿还，现在已经不存在了，就不再是企业的负债。

（3）现时义务的履行预期会导致经济利益流出企业。负债是企业目前尚未偿还的经济负担，负债不能无条件地取消，负债必须于将来以货币资金、非货币资产或提供劳务的方式来清偿，或者以新的负债代替原有负债。因此，现时义务的履行将会导致经济利益流出企业。

将一项义务确认为负债，除需要符合负债的定义外，同时还应满足与该义务有关的经济利益很可能流出企业，且未来流出的经济利益的金额能够可靠地计量等条件。

负债按其流动性可以分为流动负债和非流动负债。负债的流动性是指负债的偿还期。

1. 流动负债

流动负债是指将在一年（含一年）或者超过一年的一个营业周期内偿还的债务，包括短期借款、应付及预收款项等。

（1）短期借款，是指企业向银行或其他金融机构等借入的期限在一年以内的各种借款。

（2）应付及预收款项，是指企业在日常生产经营过程中产生的各种债务，包括应付款项（应付票据、应付账款、应付职工薪酬、应交税费、应付股利和其他应付款等）和预收账款。

2. 非流动负债

非流动负债是指偿还期在一年以上（不含一年）或者超过一年的一个营业周期以上的债务，包括长期借款、应付债券和长期应付款等。

（1）长期借款，是指企业向银行或其他金融机构等借入的期限在一年以上的各种借款。

（2）应付债券，是指企业为筹集长期使用资金而实际发行的长期债券。

（3）长期应付款，是指企业除长期借款和应付债券以外的其他各种长期应付款。

三、所有者权益

所有者权益是指企业资产扣除负债后由所有者享有的剩余权益，在数量上为资产减去负债后的余额。所有者权益亦称为股东权益。所有者权益具有以下基本特征。

（1）所有者权益在企业经营期内可供企业长期、持续地使用，企业不必向投资人返还资本金。

（2）企业清算时，只有在清偿所有的负债后，所有者权益才返还给所有者。

（3）所有者凭借所有者权益能够参与利润的分配。

企业的所有者权益的来源包括所有者投入资本、直接计入所有者权益的利得和损失、留存收益等。

（1）所有者投入资本，是指投资者按照企业章程或合同的约定，实际投入企业的资本。

（2）直接计入所有者权益的利得和损失，是指不应计入当期损益、会导致所有者权益发生增减变动的、与投资者投入资本或者向所有者分配利润无关的利得或损失。利得，是指由企业非日常活动所形成的、会导致所有者权益增加的、与所有者投入资本无关的经济利益的流入；损失，是指由企业非日常活动所发生的、会导致所有者权益减少的、与向所有者分配利润无关的经济利益的流出。

（3）留存收益，是指企业经营活动形成的利润在向所有者分配后留归企业的部分或待以后再分配的部分。留存收益一般包括盈余公积和未分配利润。

四、收入

收入是指在日常活动中形成的，会导致所有者权益增加的，与所有者投入资本无关的经济利益的总流入。收入具有以下特点。

（1）收入是从企业的日常活动中产生的，而不是从偶发的交易或事项中产生的。例如，制造业企业的收入是从其销售商品、提供工业性劳务等日常活动中产生的，而不是从处置固定资产等非日常活动中产生的。

（2）收入的取得，会引起资产的增加，如增加银行存款、应收账款等；收入的取得，也可能引起负债的减少，如减少预收账款；或两者兼而有之，如实现销售时，取得的收入一部分冲减预收的货款，一部分收取现金。

（3）收入的增加能导致企业所有者权益的增加。收入与相关的成本费用相配比后，若收入大于成本费用，则可以增加所有者权益。

（4）收入只包括本企业经济利益的总流入。收入不包括为第三方或者客户代收的款项。代收的款项，一方面增加企业的资产，另一方面增加企业的负债。因此，代收的款项不增加企业的所有者权益，也不属于本企业的经济利益，不能作为本企业的收入。

收入只有在经济利益很可能流入企业，从而导致企业资产增加或者负债减少，且经济利益的流入额能够可靠计量时才能予以确认。

按照企业所从事日常活动的性质，收入包括销售商品收入、提供劳务收入和让渡资产使用权收入。按照日常活动在企业所处的地位，收入可分为主营业务收入和其他业务收入。

但并非所有资产的增加或负债的减少都会形成企业的收入，如投资人追加投资、从银行取得借款与偿还银行借款等。营业收入产生于企业持续的、正常的生产经营活动，其实质是净资产的增加。

五、费用

费用是指企业在日常活动中发生的，会导致所有者权益减少的，与向所有者分配利润无关的经济利益的总流出。费用具有以下基本特征。

（1）费用产生于过去的交易或事项。

（2）费用的发生，通常会引起资产的减少，如生产中消耗的原材料；费用的发生，也会引起负债的增加，如应支付的职工薪酬；或两者兼而有之，如销售费用中，一部分用现金支付，另一部分尚未支付形成应付账款。费用本质上是企业的一种资产流出。

（3）费用的发生最终会减少企业的所有者权益。通常来说，资金的流入会增加企业的所有者权益；相反，资金的流出会减少企业的所有者权益，即形成企业的费用。但是，企业在生产经营过程中，有的支出不应归入企业的费用。例如，企业以银行存款偿还一项债务，只是一项资产和一项负债等额减少，对所有者权益并没有影响，因此该项支出不构成费用。又如，企业向投资者分配股利，这一资金的流出虽然减少了企业所有者权益，但属于最终利润分配，也不应作为费用。

费用只有在经济利益很可能流出企业，从而导致企业资产减少或者负债增加，且经济利益的流出金额能够可靠计量时才能予以确认。

费用按照性质和用途不同划分为直接费用、间接费用和期间费用三种。

（1）直接费用，是指直接为生产商品或提供劳务等发生的费用，包括直接材料、直接人工和其他直接费用。这些费用于发生时直接计入产品或劳务成本。

（2）间接费用，即制造费用，是指为生产商品或提供劳务而发生的不能直接计入产品成本的费用。这部分费用需要按一定的标准分配计入产品或劳务成本。

（3）期间费用，是指不应计入产品或劳务成本的费用。期间费用于发生时直接计入当期损益，从当期收入中得到补偿。期间费用包括行政管理部门为组织和管理生产经营所发生的管理费用、为筹集生产经营所需资金所发生的财务费用，以及为销售商品而发生的销售费用。

六、利润

利润是指企业在一定会计期间的经营成果。利润包括收入减去费用后的净额、直接计入当期损益的利得和损失。

在一个会计期间，不考虑利得和损失，若企业收入超过费用，则表示企业获得利润；反之，则表示企业发生亏损。

上述六大类会计要素完整地反映了企业会计对象的具体内容。

第三节 会计等式

会计要素之间是相互联系和相互依存的，表明各会计要素之间的基本关系等式称为会计等式。

一、会计等式的内容

1. 反映财务状况的会计要素之间的基本关系

任何一个企业要独立地开展经营活动，必须拥有一定数额的资产。这些资产可以是库存现金、银行存款、存货、房屋和机器设备等有形资产，也可以是应收账款、无形资产等无形的经济权利。

2-1 会计等式

资产必有其相应的来源。企业的资产主要来源于债权人和投资者两个渠道。首先，企业所拥有的资产，其中一部分是投资者用投资的方式向企业提供的，这是企业资产的主要来源；其次，企业所拥有的资产，另一部分是在经营中以承担债务的方式取得的，如短期借款、应付账款、应付职工薪酬、应交税费、长期借款和应付债券等。

就企业来说，投资者和债权人既然将他们拥有的资产提供给企业使用，对企业的资产就自然享有一种可以主张的权利，即对企业的资产具有求偿权，包括在一定时期收回投资及获取投资报酬的权利等。这种权利在会计中统称为权益。其中，属于债权人的权利称为债权人权益，也称负债；属于投资者的权利称为所有者权益，也称资本。

负债和所有者权益虽然都同属于权益，但二者有所不同。前者须由企业承担并定期偿还，后者则除非企业停止经营，否则无须偿还。

综上所述，一个企业所拥有的资产与权益是同一项资源的两个不同方面，是从两个不同角度去观察和分析企业所拥有或控制的资源。有一定数额的资产，就有一定数额的权益；有一定数额的权益，也必然有一定数额的资产。资产与权益是相互依存的。企业所拥有的每一种资产都是债权人或投资者提供的，因此，从数量上看，一个企业所拥有的资产与权益的总额必然相等。在资产负债表上，资产的金额总计等于权益的金额总计。这种平衡关系用公式表示如下。

资产＝权益

由于权益可以分为负债和所有者权益两部分，故上式可以写为如下公式。

资产＝负债＋所有者权益

上述等式称为基本会计等式，它表达了资产、负债和所有者权益三项会计要素之间的基本关系，表明企业在某一特定时点所拥有的资产及债权人和投资者对企业资产要求权的基本状况。这一会计等式是设置账户、复式记账和编制财务报表的理论依据。

在会计等式中，资产表明企业所拥有或控制的资源，负债和所有者权益表明谁提供了这些资源。企业在某一时点的财务状况，通过这一等式表现出来。它有利于信息使用者了解企业所拥有的资源及其承担的责任，以满足财务报表使用者对信息的需要。

将会计等式中的数额平衡关系列在一定格式的报表中，这种格式的报表称为"资产负债表"。资产负债表（简表）如表 2-2 所示。

表 2-2   资产负债表（简表）

编制单位：××公司   2×25 年 12 月 31 日   单位：元

资产	金额	负债和所有者权益	金额
库存现金	500	短期借款	50 000
银行存款	23 000	应付职工薪酬	10 000
应收账款	6 500	应付账款	30 000
原材料	100 000	实收资本	100 000
固定资产	90 000	留存收益	30 000
合计	220 000	合计	220 000

从表 2-2 中可以清楚地看到，一个企业在一定日期的财务状况，以及资产、负债和所有者权益之间的数额相等关系。

必须指出，表 2-2 左右两边所列的项目很简单。在实际工作中，企业使用的资产负债表，不仅在格式上比较繁杂，而且资产、负债和所有者权益具体项目也很多。此外，资产负债表不但是企业管理当局制定决策所依据的重要会计信息，而且也是企业的投资者和债权人等非常关心的主要报表之一。

2. 反映经营成果的会计要素之间的基本关系

反映经营成果的会计要素包括收入、费用和利润。

企业运用债权人和投资者提供的资产，从事生产经营活动而获得收入，并支付一定的费用。将一定期间实现的收入与支付的费用比较后，企业就能确定该期间的经营成果。收入大于费用，表示企业获得利润；收入小于费用，则意味着企业产生亏损。收入、费用和利润之间的关系，用公式表示如下。

收入−费用=利润（或亏损）

上述公式是反映经营成果的会计要素之间的恒等式。这一会计等式表明了经营成果与相应期间的收入和费用的关系。

3. 反映财务状况与经营成果的会计要素之间的基本关系

2-2 拓展会计等式

企业的经营成果最终会影响企业的财务状况。一般来讲，收入能使资产增加或负债减少，同时，所有者权益也相应增加；费用能使资产减少或负债增加，同时，所有者权益也相应减少。对于因收入、费用而发生的所有者权益的增减变化，应先在收入、费用两大会计要素中进行记载，然后在特定的结账日，将收入与费用比较的结果（即利润），最终转化为所有者权益。因此，收入、费用与资产、负债及所有者权益的关系，又可以用下列公式表示。

资产=负债+所有者权益+（收入−费用）

或　资产+费用=负债+所有者权益+收入

或　资产=负债+所有者权益+利润

这是会计等式的一种转化形式，会计期末结账后，利润归入所有者权益项目，则会计等式又恢复到基本等式，即：

资产=负债+所有者权益

上述会计等式充分说明了企业经营成果对资产、负债和所有者权益的影响，也说明了企业利润归所有者所有，企业的亏损则由所有者负担。上述等式把企业财务状况与经营成果联系起来，揭示了会计六要素之间的联系。

二、交易或事项对会计等式的影响

企业在经营活动中会发生各种各样的交易或事项，如购买材料、购买设备、支付职工薪酬、销售产品取得货款和向银行借款等，从而引起各个会计要素发生增减变动。这些引起资产、负债和所有者权益发生增减变动的经济事项称为交易或事项，或会计事项，或经济业务。随着交易或事项的发生，资产和权益也将发生增减变动，但不论怎样变化，都不会破坏会计等式的平衡关系。

企业在生产经营过程中发生的交易或事项尽管多种多样，但是从它们引起会计等式中有关会计要素的增减变动来看，不外乎 4 种类型。

（1）一项资产增加，一项权益增加，会计等式左右两方等额增加，并保持平衡。

（2）一项资产减少，一项权益减少，会计等式左右两方等额减少，并保持平衡。

（3）一项资产增加，另一项资产减少，会计等式左右两方总额不变，仍保持平衡。

（4）一项权益增加，另一项权益减少，会计等式左右两方总额不变，仍保持平衡。

以上 4 种类型交易或事项所引起的资产、权益变化关系如图 2-2 所示。

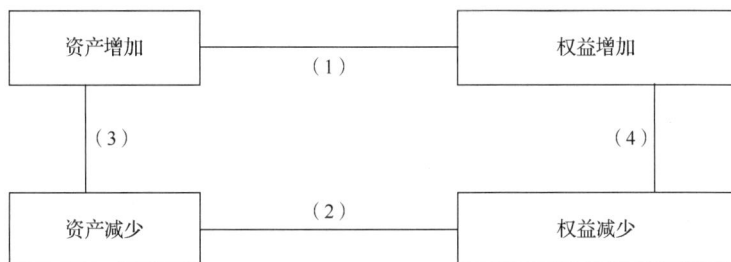

图 2-2　资产、权益变化关系

把上述 4 种类型的个别项目展开，可得到 9 种类型，如表 2-3 所示。

表 2-3　　　　　　　　　　　　　　企业发生的交易或事项的类型

序号	资产	负债	所有者权益
1	增加	增加	
2	增加		增加
3	减少	减少	
4	减少		减少
5	增加、减少		
6		增加、减少	
7			增加、减少
8		增加	减少
9		减少	增加

下面举例说明表 2-3 中的 9 种类型。

（1）企业从其他单位购入材料 8 000 元，货款尚未支付。

这项经济业务，一方面使企业的资产科目"原材料"增加 8 000 元，另一方面使企业的负债科目"应付账款"增加 8 000 元。由于资产和权益总额同时增加 8 000 元，所以资产和权益保持平衡。

（2）企业收到投资者投入资本 20 000 元，款项已存入银行。

这项经济业务，一方面使企业的资产科目"银行存款"增加 20 000 元，另一方面使企业的所有者权益科目"实收资本"增加 20 000 元。此业务发生后，资产总额和权益总额同时增加 20 000 元，会计等式依然保持平衡关系。

（3）企业用银行存款 4 000 元归还前欠供货单位的货款。

这项经济业务，一方面使企业的资产科目"银行存款"减少 4 000 元，另一方面使企业的负债科目"应付账款"也减少 4 000 元。由于资产和权益总额同时减少，所以资产总额和权益总额仍然相等。

（4）企业的投资者收回对企业的投资 10 000 元，在办理有关手续后，企业以银行存款支付。

这项经济业务，一方面使企业的资产科目"银行存款"减少 10 000 元，另一方面使企业的所有者权益科目"实收资本"也减少 10 000 元。由于资产和权益总额同时减少，所以资产总额和权益总额仍然相等。

（5）企业收回客户所欠货款 6 000 元，款项已存入银行。

这项经济业务，在使企业的资产科目"银行存款"增加 6 000 元的同时，又减少了另一项资产科目"应收账款"6 000 元。由于资产一增一减且金额相等，企业资产总额没变，所以会计等式仍然保持平衡。

（6）企业向银行借入短期借款 20 000 元，直接偿还应付账款。

这项经济业务，在使企业一项负债科目"短期借款"增加 20 000 元的同时，又使企业的另一项负债科目"应付账款"减少 20 000 元。企业负债之间增减变化金额相等，所以，权益总额未变，资产等于权益这一等式依然成立。

（7）企业用留存收益中的盈余公积 8 000 元转增资本。

这项经济业务，在使企业一项所有者权益科目"实收资本"增加 8 000 元的同时，又使企业的另一项所有者权益科目"盈余公积"减少 8 000 元。企业所有者权益之间增减变化金额相等，所以，权益总额未变，企业资产总额和权益总额相等。

（8）企业决定用留存收益中的未分配利润 12 000 元分派现金股利，但股利款项尚未支付。

这项经济业务，一方面使企业一项所有者权益科目"未分配利润"减少 12 000 元，另一方面使企业的负债科目"应付股利"增加 12 000 元。此业务是权益之间的增减变化且金额相等，所以，权益总额未变，企业资产总额和权益总额相等。

（9）经双方协商，甲银行将企业的短期借款 10 000 元转作对企业的投资。

这项经济业务，一方面使企业一项所有者权益科目"实收资本"增加 10 000 元，另一方面使企业的负债科目"短期借款"减少 10 000 元。此业务是权益之间的增减变化且金额相等，所以，权益总额未变，企业资产总额和权益总额相等。

现将上述 9 种交易或事项引起的有关资产、权益各项目的增减变动及其结果列示，如表 2-4 所示。

表 2-4　　　　　　　　　　企业发生的交易或事项对资产负债表的影响　　　　　　　　　单位：元

资产科目	变化前金额	变化情况 增加	变化情况 减少	变化后金额	权益科目	变化前金额	变化情况 增加	变化情况 减少	变化后金额
库存现金	500			500	短期借款	50 000	(6) 20 000	(9) 10 000	60 000
银行存款	23 000	(2) 20 000	(3) 4 000	35 000	应付职工薪酬	10 000			10 000
		(5) 6 000	(4) 10 000		应付账款	30 000	(1) 8 000	(3) 4 000	14 000
应收账款	6 500		(5) 6 000	500				(6) 20 000	
原材料	100 000	(1) 8 000		108 000					
固定资产	90 000			90 000	应付股利		(8) 12 000		12 000
					实收资本	100 000	(2) 20 000	(4) 10 000	128 000
							(7) 8 000		
							(9) 10 000		
					留存收益	30 000		(7) 8 000	10 000
								(8) 12 000	
合计	220 000	34 000	20 000	234 000	合计	220 000	78 000	64 000	234 000

综上所述，企业 9 笔交易或事项所引起的 9 种变化情况，其结果都不会破坏会计等式的平衡关系，会计等式两端的金额始终保持相等。

本章习题

一、单项选择题

1. 下列关于会计对象的论述中，不正确的是（　　　）。
   A. 会计所要核算和监督的内容　　　　B. 特定主体能以货币表现的经济活动
   C. 资金运动　　　　　　　　　　　　D. 会计核算和监督内容的具体化

2. 企业资源确认为资产，下列论述不正确的是（　　　）。

  A. 该资源符合资产的定义

  B. 该资源有关的经济利益很可能流入企业

  C. 该资源的成本或者价值能够可靠地计量

  D. 该资源有关的经济利益可能流入企业

3. 下列项目中，不属于流动负债的是（　　　）。

  A. 应付账款

  B. 预付账款

  C. 在1年内的一个营业周期内应偿还的债务

  D. 将于1年内到期的长期借款

4. 下列关于费用要素的论述中，不正确的是（　　　）。

  A. 费用会引起所有者权益的增加 B. 费用是在企业的日常活动中发生的

  C. 费用可能导致资产的减少 D. 费用可能导致负债的增加

5. 关于会计等式列示错误的是（　　　）。

  A. 资产=负债+所有者权益

  B. 利润=收入-费用

  C. 资产+利润=负债+所有者权益+收入-费用

  D. 资产+费用=负债+所有者权益+收入

6. 企业的经营成果指的是（　　　）。

  A. 收入   B. 利润   C. 资产   D. 所有者权益

7. 甲公司购入原材料30 000元，款项尚未支付。这项业务的发生，意味着（　　　）。

  A. 资产减少30 000元，负债增加30 000元

  B. 资产增加30 000元，负债增加30 000元

  C. 资产减少30 000元，负债减少30 000元

  D. 资产增加30 000元，负债减少30 000元

8. 乙公司期初负债总额为1 000万元，所有者权益总额为4 000万元。本期以银行存款归还短期借款70万元后，该公司的资产总额为（　　　）万元。

  A. 5 070   B. 930   C. 3 930   D. 4 930

9. 下列会计事项中，会引起企业所有者权益总额减少的事项为（　　　）。

  A. 提取盈余公积   B. 向其他单位投资

  C. 宣告分派利润   D. 盈余公积转增资本

10. 丙公司的资产负债情况为：货币资金120万元，机器设备价值100万元，办公及生产厂房价值180万元；银行借款150万元，应付供货方款项15万元，预收购货方款项15万元。则该公司的所有者权益为（　　　）万元。

  A. 580   B. 180   C. 400   D. 220

11. 下列会计事项中，使会计等式两边金额不发生变化的是（　　　）。

  A. 用银行存款偿还应付账款 B. 用银行存款购买原材料

  C. 接受投资者投入固定资产 D. 通过银行收到客户一笔预付货款

二、多项选择题

1. 一项义务确认为负债，要求（　　　）。

  A. 该义务符合负债的定义

B. 与该义务有关的经济利益很可能流出企业

C. 与该义务有关的经济利益可能流出企业

D. 该义务未来流出的经济利益的金额能够可靠地计量

2. 下列关于企业会计要素的表述中，正确的有（　　　）。

A. 会计要素是对会计对象的基本分类

B. 会计要素是会计核算和监督内容的具体化

C. 资产、负债和所有者权益属于静态会计要素

D. 收入、费用和利润属于动态会计要素

3. 反映企业财务状况的会计要素有（　　　）。

A. 资产　　　　　　B. 收入　　　　　　C. 费用　　　　　　D. 负债

4. 反映企业经营成果的会计要素有（　　　）。

A. 资产　　　　　　B. 收入　　　　　　C. 所有者权益　　　D. 利润

5. 下列关于会计要素之间关系的说法正确的有（　　　）。

A. 费用的发生，会引起资产的减少，或引起负债的增加

B. 收入的取得，会引起资产的减少，或引起负债的增加

C. 收入的取得，会引起资产的增加，或引起负债的减少

D. 费用的发生，会引起资产的增加，或引起负债的减少

6. 下列各项中，属于企业流动资产的有（　　　）。

A. 预收账款　　　B. 应收账款　　　　C. 预付账款　　　D. 应付账款

7. 下列关于所有者权益的表述中，正确的有（　　　）。

A. 所有者权益是指企业资产扣除负债后由所有者享有的剩余权益

B. 所有者权益的金额等于资产减去负债后的余额

C. 所有者权益也称净资产

D. 所有者权益包括实收资本、资本公积、其他综合收益、盈余公积和未分配利润

8. 下列关于收入的表述中，正确的有（　　　）。

A. 收入是指导致企业所有者权益增加的、与所有者投入资本无关的经济利益的总流入

B. 收入按照企业经营业务的主次（或地位），可分为主营业务收入和其他业务收入

C. 狭义的收入不包括企业的营业外收入

D. 收入按照日常业务的性质，可分为销售商品收入、提供劳务收入和让渡资产使用权收入

9. 下列关于利润的表述中，正确的有（　　　）。

A. 净利润等于利润总额减去所得税费用

B. 企业的营业利润是营业收入减去营业成本后的净额

C. 企业的利润总额不包括营业外收入

D. 企业的利润总额为营业利润与直接计入当期利润的利得和损失之和

10. 根据会计等式，不会发生（　　　）这一类会计事项。

A. 资产增加，负债减少，所有者权益不变

B. 资产不变，负债增加，所有者权益增加

C. 资产不变，负债有增有减，所有者权益不变

D. 负债增加，所有者权益减少，资产不变

三、简答题

1. 如何理解会计对象？

2. 什么是会计要素？会计要素包括哪几类？

3. 什么是资产与负债？按流动性它们是如何分类的？

4. 简述资产与权益之间的关系。

5. 简述收入、费用与所有者权益之间的关系。

6. 什么是会计等式？会计等式有几种表示方法？会计等式的作用是什么？

7. 企业发生的交易或事项主要类型有几种？它对会计等式有何影响？

四、业务题

【业务一】

1. 目的

掌握会计要素的内容及会计等式。

2. 资料

甲公司2×25年3月末各项目余额如下。

（1）存放在出纳处的现金500元。

（2）银行存款130 000元。

（3）6个月期银行借款300 000元。

（4）仓库存放的材料280 000元。

（5）仓库存放的产成品90 000元。

（6）厂房及设备1 180 000元。

（7）向银行借入3年期借款925 000元。

（8）应付外单位的材料款15 000元。

（9）投资人投入的资本900 000元。

（10）累计未分配的利润750 000元。

（11）应交税费500 000元。

（12）对外的长期股权投资1 550 000元。

（13）应收外单位的货款159 500元。

3. 要求

（1）根据上述资料确定资产、负债及所有者权益科目及金额。

（2）计算各科目金额合计数，核对资产总额与负债及所有者权益总额是否相等。

【业务二】

1. 目的

分析资金变化的类型及会计等式。

2. 资料

乙公司2×25年10月发生下列交易或事项。

（1）收到M公司投入货币资金200 000元，存入银行。

（2）购入材料10吨，以银行存款支付货款100 000元。

（3）购入一台生产用设备价值180 000元，货款未付。

（4）从银行取得2年期的贷款100 000元，用于偿还所欠立达公司的货款。

（5）将资本公积50 000元转增资本。

（6）经批准，N公司抽回对本公司的投资60 000元，已用银行存款支付。

（7）以银行存款4 600元支付企业所得税。

（8）确认本月应支付给投资者的现金股利1 500元。

（9）乙公司因无法支付对甲公司所欠货款1 800 000元，双方商定甲公司该债权转为对乙公司的投资。

3. 要求

（1）分析上述交易或事项，说明其分别属于9种交易类型中的哪一种。

（2）列示资产、负债和所有者权益具体科目，并计算资产、负债和所有者权益的变化金额。

【业务三】

1. 目的

掌握会计等式以及交易或事项对会计等式的影响。

2. 资料

（1）乙公司2×25年7月1日有关科目余额如表2-5所示。

表2-5　　　　　　　　　　　　　　　　有关科目余额　　　　　　　　　　　　　　　　单位：元

科目	余额	科目	余额
银行存款	320 000	应交税费	10 000
短期借款	80 000	实收资本	1 000 000
库存现金	2 000	固定资产	658 000
应收账款	60 000	库存商品	170 000
长期借款	250 000	应付账款	20 000
原材料	150 000		

（2）乙公司7月发生有关交易或事项如下。

① 以银行存款归还到期的长期借款100 000元。

② 以银行存款购入原材料58 000元，材料已入库。

③ 收回应收账款30 000元，存入银行。

④ 以银行存款偿还前欠外单位货款20 000元。

⑤ 从甲企业购进原材料已入库，货款30 000元尚未支付。

⑥ 向银行借入短期借款100 000元，存入银行。

⑦ 接受投资者投入生产用设备一套，价值160 000元。

⑧ 以银行存款缴纳上月税费10 000元。

⑨ 从银行提取现金1 000元备用。

⑩ 向银行借入短期借款30 000元，直接抵付应付账款。

3. 要求

（1）根据资料（1），判断各科目所属的类别，并将相关内容填入表2-6中的第①、②、⑥、⑦列。

表2-6　　　　　　　　　　　　乙公司7月有关交易或事项结果登记　　　　　　　　　　　　单位：元

资产科目①	月初余额②	本月增加③	本月减少④	月末余额⑤	权益科目⑥	月初余额⑦	本月增加⑧	本月减少⑨	月末余额⑩
合计					合计				

（2）根据资料（2），计算每个科目本月增加额、本月减少额，并填入表2-6中的第③、④、⑧、⑨列。

（3）根据表2-6中资料，计算每个科目的月末余额，并填入表2-6中的第⑤、⑩列。

【业务四】

1. 目的

掌握交易或事项的发生对会计等式的影响。

2. 资料

丙公司2×25年8月发生的有关交易或事项如表2-7所示。

表2-7　　　　　　　　丙公司2×25年8月发生的有关交易或事项　　　　　　　　单位：元

项目	资产				负债	所有者权益
	银行存款	应收账款	存货	固定资产	应付账款	实收资本
期初余额	300 000	50 000	100 000	1 500 000	80 000	1 870 000
业务（1）	+20 000	−20 000				
业务（2）	−50 000		+50 000			
业务（3）					−50 000	+50 000
业务（4）			+60 000		+60 000	
业务（5）	−30 000				−30 000	
业务（6）	+100 000		+200 000			+300 000
期末余额	340 000	30 000	410 000	1 500 000	60 000	2 220 000

3. 要求

（1）根据上述资料，说明6项经济业务的内容。

（2）计算每一项经济业务对资产、负债和所有者权益的影响，并分析变动类型。

第三章 会计核算基础

学习目标

本章旨在阐述会计核算的基础，内容包括会计基本假设、权责发生制与收付实现制、会计信息质量要求、会计确认与计量。具体学习目标如下。

（1）掌握会计核算的基本假设

（2）掌握权责发生制与收付实现制

（3）理解会计信息质量要求

（4）理解会计确认与计量的内容

（5）培养诚实守信品质、责任担当精神和法治意识

引导案例

中国中铁

中国中铁股份有限公司（以下简称中国中铁）是全球最大建筑工程承包商之一，它的业务范围包括铁路、公路、城市轨道交通、水利水电、机场、港口、码头等几乎所有基本建设领域，至2023年已连续18年进入世界企业500强。面对复杂的市场环境，中国中铁克服诸多挑战，奋力拓展市场，大力推进项目履约，坚定走专业化、品牌化之路。中国中铁作为上市公司，需要向利益相关者披露财务状况、经营成果和现金流量等会计信息，反映企业管理层受托责任履行情况，有助于信息使用者做出经济决策。

中国中铁年度财务报表披露，2023年度公司实现新签合同额31 006亿元，同比增长2.2%，再创历史新高；未完合同额58 764.1亿元，同比增长19.2%；2023年度实现营业收入12 634.75亿元，同比增长9.45%。

思考： 如何理解中国中铁的这些数据？数据之间是什么关系？它的营业收入是如何确认和计量的？

第一节 会计基本假设

会计基本假设亦称会计基本前提，是企业会计确认、计量、记录和报告的前提，是对会计核算所处时间、空间环境等进行的合理设定。企业在进行会计核算时，应遵循会计主体、持续经营、会计分期和货币计量四个基本假设。

一、会计主体

会计主体亦称会计个体，是指会计所服务的特定单位。会计主体假设限定了会计核算的空间范围。

企业进行会计核算，首先应该明确会计主体。《企业会计准则——基本准则》第五条规定："企业应当对其本身发生的交易或者事项进行会计确认、计量和报告。"会计主体假设要求会计所要核算的是一个特定企业的交易或事项。在会计核算工作中，应把本企业的交易或事项与其他企业的交易或事项以及投资者的交易或事项区分开来，只有对那些影响企业自身经济利益的各项交易或事项才能加以确认和计量。这样，企业的财务状况和经营成果才能独立地反映出来，企业的投资者、管理者和债权人才有可能从会计资料中得到有价值的财务信息，从而做出是否投资或改进经营管理等方面的决策。

在实践中，会计主体的选择具有较大的弹性，它可以是一个特定的企业，也可以是企业的某一特定部分，如分厂、分公司；它可以是企业，也可以是事业单位或机关、团体。作为会计主体的特定单位，必须拥有独立的资金，进行独立的经营活动，编制独立的财务报表。

需要注意的是，会计主体不同于法律主体。一般来说，法律主体必然是会计主体，会计主体不一定是法律主体。例如，企业集团中的母公司拥有若干子公司，母公司与子公司虽然是不同的法律主体，但是母公司对子公司拥有控制权，实质上是一个经济主体，为了全面反映企业集团的财务状况、经营成果和现金流量等，就有必要将这个企业集团作为一个会计主体，编制合并财务报表。

二、持续经营

持续经营是指企业的生产经营活动将按照既定的目标持续下去，在可以预见的将来，不会面临破产清算。一般情况下，应当假定企业将会按当前的规模和状态继续经营下去，不考虑停业、破产、清算或大规模削减业务等因素。《企业会计准则——基本准则》第六条规定："企业会计确认、计量和报告应当以持续经营为前提。"持续经营假设明确了会计核算的时间范围，为资产的计量和收益的确认奠定了基础。明确这个基本前提，就可在此基础上选择会计原则和方法。

企业是否持续经营，在会计原则、会计方法的选择上有很大的差别。当设定企业作为会计主体以后，就要面临一个问题——这个企业能存在多久？企业可能是持续经营，也可能是变更或终止经营，在不同条件下所采用的会计原则和会计程序不一样。由于绝大多数企业都能持续经营下去，破产、清算毕竟是少数，即使可能发生破产、清算，也难以预见其发生时间。因此，在会计上除非确有证据表明企业将破产、清算，都假定企业在可以预见的未来将持续经营下去，而不会面临破产、清算。正是在这一假设下，企业才有可能选择和确定会计核算的具体方法，并保持会计核算方法的一贯性和稳定性，才能在持续经营的基础上恰当地记录和反映企业的经营活动，从而提供可信赖的会计核算数据。例如，如果判断企业能够持续经营，对固定资产的计价就可采用历史成本，而不采取现行市价或清算价格；对固定资产采取在规定的使用年限内分期计提折旧；对某些费用可以延续到以后分摊或提前加以预计，而不是按收付实现制的原则加以分摊；对各种债务可按预先承诺的条件分期进行清偿。

在激烈的市场竞争中，企业经营风险客观存在，破产倒闭在所难免，因此，持续经营假设只适用于正常状态下的会计主体。由于外部环境的变化和经营决策的改变，企业往往要重组、合并、停业、破产或进行清算，企业一旦不能持续正常经营，持续经营前提不再适用，就应当改变会计核算原则和方法，并在企业财务报表中进行相应披露。

三、会计分期

会计分期亦称会计期间，是指将一个企业持续的生产经营活动人为地划分为若干个连续的、相同的期间。会计分期假设是对会计核算时间范围进行的限定，其目的在于通过会计期间的划分，分期结算账目，按期编制财务报表，从而及时向有关方面提供反映企业财务状况、经营成果和现金流量等的信息。《企业会计准则——基本准则》第七条规定："企业应当划分会计期间，分期结算账目和编制财务会计报告。会计期间分为年度和中期。中期是指短于一个完整的会计年度的报告期间。"我国以日历年度作为会计年度，即从公历的 1 月 1 日至 12 月 31 日作为一个会计年度。中期又可以分为半年度、季度、月度。

为了对企业的经营活动进行确认、计量、记录和报告，就要将企业持续经营的生产经营活动过程划分为相等的会计期间，确认每一会计期间的收入、费用和利润，确定每一会计期间期初、期末的资产及负债和所有者权益。

明确会计分期这个假设对会计核算有着重要的影响。由于有了会计分期，才产生了本期与其他期间的差别，从而出现了权责发生制和收付实现制的区别，才使不同类型的会计主体有了记账的基准，进而出现了应收、应付、折旧和摊销等会计处理方法。

四、货币计量

货币计量是指会计主体在会计确认、计量和报告时以货币作为计量尺度，反映会计主体的生产经营活动。《企业会计准则——基本准则》第八条规定："企业会计应当以货币计量。"我国的会计核算规定一般以人民币为记账本位币。业务收支以人民币以外的货币为主的企业，可以选定其中一种货币作为记账本位币，但是编制的财务报表应当折算为人民币。在境外设立的中国企业向境内报送的财务报表，应当折算为人民币。货币计量假设为会计核算提供了必要的手段。

企业在日常经营过程中所发生的交易或事项是大量的、错综复杂的，可供选择的计量尺度有货币、实物和时间等。实物和时间计量尺度只能从一个侧面反映企业的生产经营成果，无法在量上进行比较。而货币是商品的一般等价物，是衡量一般商品价值的共同尺度，能够对企业的生产经营活动及其成果进行综合衡量和反映。尽管企业各种生产要素形态各不相同，但是其价值形式都是相同的。所以，要综合反映企业财务状况、经营成果等需以货币计量为前提。

采用货币计量是以币值稳定为前提的，但现实的经济运行中，价格水平是波动的，由此引起的货币本身的价值是波动的。按照国际惯例，当币值变动不大时，或者前后期的币值变动能相互抵消时，会计核算可以不考虑币值变动的因素。但币值变动过大时，会计核算就须采用特殊的会计准则来处理。

第二节 | 权责发生制与收付实现制

会计主体的交易或者事项的发生时间与相关款项的收支时间有时并不完全一致。例如，企业已经收到款项，但销售收入并未实现；企业已经支付款项，但费用并不属于本期发生的。在会计核算中，可以以本期收款权利的取得或者付款责任的发生为标准来确认本期的收入和费用，也可以以本期款项的收到和支出作为标准来确认本期的收入和费用。为此，形成了权责发生制和收付实现制两种确认基础。

一、权责发生制

权责发生制亦称应计制，是以收入和费用的归属期为标准来确认本期收入和费用的一种会计处理方法。其主要原则是：凡是本期已实现的收入和已经发生或应当负担的费用，不论其款项（现金）是否在本期收到或付出，都应作为本期的

3-1　权责发生制

收入或费用处理；相反，凡是不属于本期的收入和费用，即使款项（现金）在本期已经收到或付出，也不能作为本期的收入和费用处理。权责发生制不考虑款项（现金）的实际收付，而以收入和费用是否应归属于本期为标准。因此，权责发生制属于会计要素确认计量方面的要求，它解决收入和费用何时予以确认及确认多少的问题。例如，企业于2×25年12月末支付下年财产保险费，该款项尽管在2×25年支付，但却是下年费用，因此这项支出发生就不能作为2×25年12月的费用处理。

采用权责发生制处理会计业务，可以使本期的收入和费用合理地配比，正确地确认各会计期间的损益。《企业会计准则——基本准则》第九条规定："企业应当以权责发生制为基础进行会计确认、计量和报告。"

二、收付实现制

收付实现制亦称现金制，是以款项（现金）的实际收到或付出为标准来确认本期收入和费用的一种会计处理方法。其主要原则是：凡是在本期收到款项（现金）的收入或支出款项（现金）的费用，不管其是否应属于本期，都作为本期的收入或费用处理；相反，凡是在本期未收到款项（现金）的收入或未支付款项（现金）的费用，即使应归属于本期，也不作为本期的收入或费用处理。可见，收付实现制在确定本期收入和费用时是以现金实际收付为标准的，不考虑应收、应付、预收及预付业务。例如，企业采用赊销方式销售产品，在产品售出但未收到款项时，不作为营业收入处理；只有到期收到款项时，才确认销售实现，作为营业收入处理。

3-2 收付实现制

采用收付实现制对会计业务进行处理，其程序简单，但不符合配比原则，据此计算确认的本期损益缺乏正确性。我国政府预算会计和事业单位会计核算一般采用收付实现制。

【例3-1】甲公司2×25年7月发生如下交易或事项。

（1）以支票支付本月水电费7 000元。

（2）收到上月的销货款40 000元，款项存入银行。

（3）本月初以支票预付下半年的房屋租金3 000元，并分摊本月负担租金。

（4）销售产品一批，收到货款6 000元存入银行。

（5）销售产品一批，货款3 000元，下月收款。

（6）预收货款20 000元存入银行，下月交货。

（7）本月应负担的短期借款利息1 500元，本季末支付。

（8）本月应负担保险费1 000元，2×25年年初已支付全年保险费12 000元。

权责发生制和收付实现制记账结果如表3-1所示。

表3-1　　　　　　　　　　权责发生制和收付实现制记账结果比较　　　　　　　　　　单位：元

业务序号	权责发生制		收付实现制	
	收入	费用	收入	费用
（1）		7 000		7 000
（2）			40 000	
（3）		500		3 000
（4）	6 000		6 000	
（5）	3 000			
（6）			20 000	
（7）		1 500		
（8）		1 000		
合计	9 000	10 000	66 000	10 000

从【例 3-1】中可以看出，两种记账基础下的结果是不同的。按照收付实现制要求，日常账簿记录中所反映的收入和费用是不完整的，有些收入或费用虽然在本期收付但不属于本期，有些收入或费用虽然没有在本期收付但应归属于本期。因此，为了合理地反映相互联系的各个会计期间应取得的收入和应负担的费用，使各期的收入和费用在相关的基础上进行配比，以正确计算该期间的经营成果，就需要在会计期末结账前，按权责发生制的要求对日常账簿记录进行调整，将本期应收未收和应付未付的收入和费用经调整登记入账。

第三节 会计信息质量要求

会计目标是向财务会计报告使用者提供与企业财务状况、经营成果和现金流量等有关的会计信息。会计信息质量要求是对财务会计报告中所提供的会计信息质量的基本要求，是会计信息满足信息使用者决策应具备的基本特征。会计信息质量要求包括可靠性、相关性、可理解性、可比性、实质重于形式、重要性、谨慎性和及时性。

一、可靠性

可靠性要求企业应当以实际发生的交易或者事项为依据进行会计确认、计量和报告，如实反映符合确认和计量要求的各项会计要素及其他相关信息，保证会计信息真实可靠、内容完整。

可靠性是对会计核算的基本要求。提供会计信息的目的就是满足信息使用者的决策需要，因此，会计核算就应当做到内容真实、数字准确、资料可靠。会计核算的数字不能是估计数，更不能是伪造数，而应是实际发生数。不真实、不可靠的会计信息，将会导致错误的决策。由此可见，可靠性是对会计核算的基本质量要求。

二、相关性

相关性要求企业提供的会计信息应当与财务会计报告使用者的经济决策需要相关，有助于财务会计报告使用者对企业过去、现在或者未来的情况做出评价或者预测。

信息的价值在于其与决策相关，有助于决策。相关的会计信息有助于财务会计报告使用者评价过去的决策，从而具有反馈价值；有助于财务会计报告使用者进行预测、做出决策，从而具有预测价值。

如果会计信息无助于财务会计报告使用者做出决策，那么会计信息也就毫无意义。通常会计信息应满足三方面的需要：一是满足投资者、债权人等有关各方了解企业财务状况和经营成果的需要；二是满足政府及其有关部门和社会公众的需要；三是满足企业加强经营管理的需要。

在会计核算工作中坚持相关性，就要求在收集、加工、处理和提供会计信息过程中，充分考虑会计信息使用者的信息需求。

三、可理解性

可理解性要求企业提供的会计信息应当清晰明了，便于财务会计报告使用者理解和使用。

会计信息可理解性要求企业提供的会计信息能够为财务会计报告使用者所理解，必须考虑到财务会计报告使用者的理解能力，会计记录和会计信息必须清晰、简明，便于财务会计报告使用者理解和使用。会计信息可理解性要求会计记录必须准确、简明易懂，填制会计凭证、登记会计账簿必须做到依据合法、账户对应关系清楚及文字摘要完整；编制财务报表时，项目勾稽关系清楚，项目完整、数字准确。对复杂的交易或事项应该用规范的文字加以表述，以便于有关部门和人员理解及利用。

四、可比性

可比性要求企业提供的会计信息应当具有可比性。

可比性包含两方面的含义，即同一企业在不同时期的纵向可比，不同企业在同一时期的横向可比。前者要求同一企业不同时期发生的相同或者相似的交易或者事项，应当采用一致的会计政策，不得随意变更。后者要求不同企业发生的相同或者相似的交易或者事项，应当采用规定的会计政策，确保会计信息口径一致、相互可比。

在市场经济条件下，投资者、债权人和经营者要判断企业绩效，进行投资决策和经营决策，就需要比较各行业、各单位的财务状况和经营成果。只有会计信息可比，投资者、债权人才能做出相关决策，企业经营者才能做出企业发展的战略选择。因此，不同企业发生的相同或者相似的交易或事项，应当采用一致的会计政策，以使不同企业按照一致的确认、计量和报告基础提供有关会计信息。

强调会计核算的可比性，并不意味着核算方法没有选择性，也不排斥根据具体情况选择会计核算方法。

企业发生的交易或事项具有复杂性和多样性，对于某些交易或事项可根据企业自身的特点采用多种会计核算方法，如存货发出的计价方法、固定资产折旧方法等。但是，方法一经选定，就不宜经常变动；否则，不同时期的会计信息就无法比较。因此，同一企业不同时期发生的相同或者相似交易或事项，应当采用一致的会计政策，不得随意变更。这样不仅便于企业对前后时期的会计资料进行纵向比较，而且还可以防止利用会计政策的变动人为地调整会计信息。

在会计核算工作中，要求企业的会计政策前后各期应当保持一致，并不意味着一个企业的会计政策一旦实行以后就绝对不能变动。当企业交易或事项的内容和性质发生较大变化，原有的会计政策不适应本企业业务处理需要时，企业也可以变更会计政策，但需要在附注中加以说明。

五、实质重于形式

实质重于形式要求企业应当按照交易或事项的经济实质进行会计确认、计量和报告，不应仅以交易或事项的法律形式为依据。

在实际工作中，交易或事项的外在法律形式并不总能完全真实地反映其实质内容。企业在会计核算过程中，如果遇到经济实质与法律形式不一致的交易或事项，不应该拘泥于交易或事项的外在表现形式，而要注重其经济实质。例如，以融资租赁方式租入固定资产，虽然从法律形式来讲企业并不拥有资产的所有权，但是由于租赁合同中规定的租赁期相当长，接近于该资产的使用寿命，租赁期结束时承租企业有优先购买该资产的选择权，而且在租赁期内承租企业有权支配资产并从中受益。所以，从经济实质来看，承租企业能够控制该资产创造的未来经济利益。因此，会计核算上将以融资租赁方式租入的资产视为企业的资产。

如果企业的会计核算仅按照交易或事项的法律形式进行，而其法律形式又没有反映其经济实质，那么，其最终结果将会误导会计信息使用者的决策。

六、重要性

重要性要求企业提供的会计信息应当反映与企业财务状况、经营成果和现金流量等有关的所有重要交易或事项。

在会计核算过程中对交易或事项应当根据其重要程度，采用不同的核算方法。具体来说，对财务状况和经营成果等有较大影响，并进而影响财务会计报告使用者据以做出合理判断的重要交易或事项，必须按照规定的会计方法和程序进行处理，并在财务会计报告中充分、准确地披露；对于次要的交易或事项，在不影响会计信息真实性和不至于误导财务会计报告使用者做出正确判断的前提下，可适当简化处理。

重要性原则与会计信息成本效益直接相关。如果会计工作不论重要与否，都细致反映并计算，必然会消耗大量的资源，发生大量的费用支出。况且在实际工作中，有些交易或事项确实不太重要，不详尽反映也不会影响经营决策。一般来说，重要性是相对的，并没有绝对的标准。在认定某一交易或事项是否重要时，不能脱离企业的实际情况，应由企业的决策者根据企业的规模、交易或事项发生额的大小及对企业经营决策的影响程度等情况酌情而定。

七、谨慎性

谨慎性要求企业对交易或事项进行会计确认、计量和报告应当保持应有的谨慎，不应高估资产或者收益、低估负债或者费用。谨慎性的核心问题是如何审慎地选用会计政策以处理经济活动中的不确定性，或者对各种可能发生的未来情况在会计政策上做出充分的考虑。

在市场经济条件下，企业存在着竞争和经营风险。为保全企业资产的完整，增强企业的经济实力，提高企业抵御风险的能力，企业在会计核算中应坚持谨慎性原则，当某一交易或事项有多种处理方法可供选择时，应采用不高估资产和收益，也不低估负债和费用的做法。这就是说，凡是可以预见的费用和损失都应予以确认和记录，而对不确定的收入则不予确认和入账。

谨慎性要求在会计核算上的应用是多方面的。例如，企业定期或者至少于每年年度终了，对可能发生的各项资产损失计提的资产减值准备，固定资产采用的加速折旧法等，就充分体现了谨慎性原则。

应用谨慎性原则并不意味着企业可以随意地报告不确定的损失，也并非排斥对能够确认的可能收入的预计，而是要求企业在会计计量时全面考虑各种不确定因素之后，谨慎地制定或选用会计政策。但是，无论何种情况，会计政策的制定都不允许以"谨慎"为借口，进行各种秘密准备，损害会计信息质量，从而对信息使用者的决策产生误导。

八、及时性

及时性要求企业对已经发生的交易或事项，应当及时进行会计确认、计量和报告，不得提前或者延后。

会计信息具有时效性，其价值会随着时间的流逝而逐渐降低。即使是客观、可比、相关的会计信息，如果不及时提供，对财务会计报告使用者也没有任何意义，甚至可能误导财务会计报告使用者做决策。因此，会计核算应当遵循及时性原则，以确保会计信息在失去影响决策的能力之前被提供给信息使用者。否则，失去时效的会计信息毫无价值。

及时性原则包括记录的及时性和报告的及时性两个方面。记录的及时性是指当期发生的交易或事项应当在当期会计账簿和财务报表中及时予以反映；报告的及时性是指财务报表应当在会计期间结束后按规定的日期报出，不得拖延，及时传递给信息使用者，便于其使用和决策。

第四节 会计确认与计量

会计确认和计量是会计工作中的两个重要环节。会计确认决定哪些交易或事项应纳入会计核算系统，而会计计量则确定这些交易或事项的金额。它们不仅构成了会计工作的基础，也为企业提供了决策所需的准确、可靠的会计信息。

一、会计确认

会计确认是指某一交易或事项作为会计要素正式地记入或列入会计主体财务报表的过程。会计确认是会计核算的一项重要程序。

企业日常发生的大量经济业务，有的属于会计核算和监督的内容，有的不属于会计核算和监督的内容。会计确认就是按照一定的标准或规定，解决哪些交易或事项应作为会计项目加以记录，作为什么要素加以记录，在何时记录等问题。其中，前两个问题属于确认标准问题，第三个问题属于确认时间问题。

会计确认包括初始确认和再确认。初始确认是将经济业务纳入会计核算，通过会计凭证、账簿加以记录的过程。再确认是将初始确认的会计数据加工整理后，列示于财务报表的过程。可见会计确认贯穿会计核算的全过程。会计确认应当满足基本确认条件。会计要素的确认条件如下。

（1）符合会计要素的定义。有关经济业务确认为一项会计要素，应该符合该要素的定义。

（2）有关的经济利益很可能流入或者流出企业。这里的"很可能"表示经济利益流入或者流出的可能性超过 50%。

（3）流入或者流出企业的经济利益能够可靠地计量。如果相关经济利益不能可靠计量，确认就没有意义。

例如，根据企业会计准则的规定，对符合资产定义的资源，在同时满足以下两个条件时，才能确认为资产：与该资源有关的经济利益很可能流入企业，该资源的成本能够可靠地计量。应注意的是，对于符合会计要素定义和确认条件的交易或事项，应当在财务报表中列示；对于不符合会计要素定义或不符合会计要素确认条件的交易或事项，不能在财务报表中列示。

二、会计计量

会计计量是指根据一定的计量标准和计量方法，确定应记录项目金额的会计处理过程。会计确认离不开计量，只有经过计量，应确认的数据最终才能列入财务报表。会计确认与会计计量是紧密相关的，会计确认是会计计量的基础，会计计量是会计确认的进一步延伸。没有会计计量，会计确认也就失去了意义。会计核算全过程都离不开会计计量。

会计计量包括计量单位和计量属性两个方面的内容。会计计量单位是指计量尺度的度量单位。会计核算主要以货币为计量单位，但也会辅助采用实物和时间等计量单位，如记录材料采购的数量，记录机器运转的生产工时等。会计计量属性即会计计量基础，是指用货币计量会计要素时的价格标准。《企业会计准则——基本准则》第四十二条规定，会计计量属性主要包括历史成本、重置成本、可变现净值、现值、公允价值。

（1）历史成本。在历史成本计量下，资产按照购置时支付的现金或者现金等价物的金额，或者按照购置资产时所付出的对价的公允价值计量。负债按照因承担现时义务而实际收到的款项或者资产的金额，或者承担现时义务的合同金额，或者按照日常活动中为偿还负债预期需要支付的现金或者现金等价物的金额计量。

（2）重置成本。在重置成本计量下，资产按照现在购买相同或者相似资产所需支付的现金或者现金等价物的金额计量。负债按照现在偿付该项债务所需支付的现金或者现金等价物的金额计量。

（3）可变现净值。在可变现净值计量下，资产按照其正常对外销售所能收到现金或者现金等价物的金额扣减该资产至完工时估计将要发生的成本、估计的销售费用以及相关税费后的金额计量。

（4）现值。在现值计量下，资产按照预计从其持续使用和最终处置中所产生的未来净现金流量的折现金额计量。负债按照预计期限内需要偿还的未来净现金流出量的折现金额计量。

（5）公允价值。在公允价值计量下，资产和负债按照市场参与者在计量日发生的有序交易中，出售资产所能收到或者转移负债所需支付的价格计量。企业以公允价值计量相关资产或负债，应当假定市场参与者在计量日出售资产或者转移负债的交易是在当前市场条件下的有序交易。有序交易，是指在计量日前一段时期内相关资产或负债具有惯常市场活动的交易。

计量基础的选择取决于会计信息使用者的需要。由于不同的会计信息使用者对会计信息的需求不同，因此，会计计量属性的选择也就存在差别。企业在对会计要素进行计量时，一般应当采用历史成本计量，采用重置成本、可变现净值、现值或公允价值计量的，应当保证所确定的会计要素金额能够取得并可靠计量。历史成本是客观存在的，易于取得，但历史成本也存在一定的不足。因此，企业有时也将历史成本与其他计量基础结合使用，如存货计价以历史成本为基础，资产负债表日存货则按照历史成本与可变现净值孰低原则计量。

本章习题

一、单项选择题

1. 将企业资产和负债区分为流动和非流动的前提是（　　）。
   A. 会计主体　　B. 持续经营　　C. 会计分期　　D. 货币计量

2. 货币计量假设的基础是（　　）。
   A. 币值变动　　B. 本币　　C. 记账本位币　　D. 币值不变

3. 资产按购置时所付出的对价的公允价值计量，其会计计量属性是（　　）。
   A. 现值　　B. 可变现净值　　C. 历史成本　　D. 公允价值

4. 会计主体假设规定了会计核算的（　　）。
   A. 时间范围　　B. 空间范围　　C. 期间费用范围　　D. 成本开支范围

5. 根据权责发生制原则，下列各项中应计入本期收入的是（　　）。
   A. 本期签订销售合同　　　　　　B. 本期收到上期销售货款收存银行
   C. 本期预收下期货款存入银行　　D. 本期销售货款收存银行

6. 甲企业2×25年9月20日签订以赊销方式销售产品50 000元的合同，10月20日发货，12月5日收到货款存入银行。按收付实现制核算时，该项收入应属于2×25年（　　）。
   A. 9月　　B. 10月　　C. 11月　　D. 12月

7. 固定资产采用加速折旧法，主要是体现会计原则中的（　　）。
   A. 配比原则　　B. 收付实现制　　C. 谨慎性原则　　D. 及时性原则

8. 下列原则中不属于信息质量要求的是（　　　）。

    A. 可理解性 　　　B. 可比性 　　　　C. 权责发生制 　　D. 相关性

9. 如果将一笔费用化支出按资本化处理，就会（　　　）。

    A. 少计资产价值 　B. 多计资产价值 　C. 少计利润 　　　D. 多计费用

10. 下列各项中适用于财产计价的是（　　　）。

    A. 权责发生制 　　B. 配比原则 　　　　C. 收付实现制 　　D. 实际成本

二、多项选择题

1. 企业在组织会计核算时，应作为会计核算基本前提（假设）的有（　　　）。

    A. 会计主体 　　　B. 持续经营 　　　　C. 货币计量 　　　D. 会计分期

2. 下列属于会计主体的有（　　　）。

    A. 企业集团 　　　B. 企业分公司 　　　C. 企业子公司 　　D. 企业财务部

3. 下列既是会计主体，又是法律主体的有（　　　）。

    A. 总公司 　　　　B. 分公司 　　　　　C. 子公司 　　　　D. 母公司

4. 会计分期这一基本假设的主要意义在于（　　　）。

    A. 使会计原则建立在非清算基础之上

    B. 产生了当期与以前期间、以后期间的差别

    C. 界定了提供会计信息的时间和空间范围

    D. 为分期结算账簿、编制财务报告奠定了基础

5. 企业的固定资产在预计使用期限内按月计提折旧，它所依据的会计假设有（　　　）。

    A. 会计主体 　　　B. 持续经营 　　　　C. 会计分期 　　　D. 货币计量

6. 权责发生制的内容有（　　　）。

    A. 凡是本期实现的收入，无论款项是否收到，均作为本期收入处理

    B. 凡是本期发生的费用，无论款项是否支付，均作为本期费用处理

    C. 凡不属于本期的收入和费用，即使款项已经收或付，也不作为本期收入和费用处理

    D. 凡是本期收到的款项或本期支付的款项，均作为本期收入和费用处理

7. 本月收到按合同下月销售产品的货款，存入银行。下列表述中，正确的有（　　　）。

    A. 收付实现制下，应当作为本月收入 　B. 权责发生制下，应当作为本月收入

    C. 收付实现制下，应当作为下月收入 　D. 权责发生制下，应当作为下月收入

8. 可比性要求企业提供的会计信息应当具有可比性，是指（　　　）。

    A. 同一企业在不同时期的纵向可比 　　B. 同一企业在不同时期的横向可比

    C. 不同企业在同一时期的纵向可比 　　D. 不同企业在同一时期的横向可比

9. 下列会计事项属于实质重于形式的有（　　　）。

    A. 融资租赁租入固定资产视为自有资产

    B. 商品售后回购，且回购价确定的情况下，不确认商品销售收入

    C. 将附有追索权的商业承兑汇票出售确认为质押贷款

    D. 附有强制付息义务的优先股确认为负债

10. 下列关于会计计量属性的表述正确的有（　　　）。

    A. 企业在对会计要素进行计量时，一般应采用历史成本

    B. 会计准则允许投资性房地产后续计量采用公允价值计量

    C. 存货减值时，应采用可变现净值计量

    D. 现值计量是指资产和负债按照市场参与者在计量日发生的有序交易中，出售资产所能收到或者转移负债所需支付的价格计量

三、简答题

1. 会计核算有哪些假设（基本前提）？其主要内容如何？
2. 会计信息质量要求有哪些？各项会计信息质量要求的具体含义是什么？
3. 在会计核算中如何理解实质重于形式原则？
4. 什么是权责发生制和收付实现制？二者有何区别？举例说明。
5. 什么是会计确认？会计要素确认条件包括哪些？
6. 什么是会计计量？会计计量属性有哪些？举例说明其具体应用。

四、业务题

【业务一】

1. 目的

掌握收付实现制和权责发生制下收入与费用的确定。

2. 资料

甲公司2×25年7月发生下列交易或事项。

（1）以银行存款支付本月设备修理费25 000元。

（2）以银行存款预付下半年（7—12月）报刊费3 000元。

（3）计提本月短期借款利息40 000元。

（4）收到上月货款10 000元存入银行。

（5）销售产品一批，价值6 000元，货款收到并存入银行。

（6）销售产品一批，价值2 000元，货款尚未收到。

3. 要求

分别按权责发生制和收付实现制计算本月收入金额和费用金额。

【业务二】

1. 目的

掌握收付实现制和权责发生制下收入与费用的确定，比较两者计算利润的差异。

2. 资料

乙制造业企业2×25年6月发生下列交易或事项。

（1）预收M企业货款50 000元，存入银行。

（2）以银行存款支付本月销售部门业务招待费3 000元、管理部门业务招待费5 000元。

（3）以银行存款预付下半年厂部办公用房租金60 000元。

（4）以银行存款支付广告费50 000元。

（5）向N企业发出A产品，货款180 000元，扣除上月预收N企业货款50 000元，其余款项当日收到，存入银行。

（6）分摊应由本月负担的报刊费9 000元（款项已于2×24年10月支付）。

（7）预付下季度仓库租赁费60 000元。

（8）向外地P企业销售A产品50 000元，货款尚未收到。

（9）本月应付电话费3 000元，尚未支付。

（10）计提本月短期借款利息44 000元。

3. 要求

（1）采用收付实现制确定本月收入和费用，并计算利润。

（2）采用权责发生制确定本月收入和费用，并计算利润。

学习目标

本章旨在阐述复式记账的原理，内容包括会计科目与账户、复式记账、总分类账户与明细分类账户。具体学习目标如下。

（1）了解会计科目与账户之间的关系

（2）掌握会计科目的分类、账户的基本结构

（3）理解复式记账的基本原理

（4）掌握借贷记账法下的账户结构与记账规则

（5）掌握总分类账户与明细分类账户的平行登记

（6）掌握试算平衡的意义及试算平衡原理和试算平衡方法

（7）理解复式记账的真谛，培养诚信品质

引导案例

京东集团

你可能从京东集团（以下简称京东）旗下的京东网上平台购买过图书、服装、食品或其他商品，并通过京东快递收到。你的交易仅是京东记录的成千上万交易中的一项或几项。然而，你的交易连同成千上万的交易都会反映在京东的财务报告中。

京东是一家以供应链为基础的技术与服务企业，业务涵盖京东零售、京东物流、数字服务和新业务。京东要对所从事业务的类别进行记录，在期末（月末、季末或年末）计算各类业务的发生额和累计余额，并编制财务报告。2023年第三季度京东财务报告披露的营业收入如表4-1所示。

表4-1 京东营业收入 单位：亿元

项目	2023年前三季度	2022年前三季度
京东零售收入	6 776.97	6 710.04
京东物流收入	1 194.24	943.94
数据服务收入	82.54	53.49
新业务收入	115.84	170.18
内部抵消数	−383.74	−369.75
合并净收入	7 785.85	7 507.90

这些营业收入数据是根据日常会计记录经加工整理而形成的。会计记录中包括了京东发生的每项交易，当然也包括你购买图书、服装、食品和其他商品的交易。京东作为一家大型网络电商，运用智能会计对业务数据进行采集、分类、核对等，实现记账自动化，进行智能财务分析、预测和决策。

思考： 面对海量的交易或事项，京东如何进行记账？记账的原理是什么？如何检查记账的正确性？

第一节 | 会计科目与账户

会计要素是对会计对象进行的基本分类，会计等式体现了会计要素之间的关系，借助会计等式可以反映企业的财务状况和经营成果。为了全面、系统、详细地核算各项会计要素具体内容的增减变动情况，分门别类地提供会计核算信息，需要设置会计科目，根据会计科目设立账户，记录与反映会计要素的增减变动情况及其变动结果。

一、会计科目

会计科目是对会计对象进行分类的标志。会计对象具体包括资产、负债、所有者权益、收入、费用和利润等会计要素，每类会计要素包括的内容都较多，而且同要素项目之间的差别也较大，如果仅按六大类会计要素进行核算，不能够按详细的分类指标来满足管理的需要。因此，有必要对会计要素做进一步分类列项，即会计科目是对会计要素具体分类的项目名称。在会计实务中，会计科目是账户的名称，也是设置账户的直接依据。

会计科目依据企业会计准则确认、计量和报告的规定设置。企业在不违反会计准则确认、计量和报告规定的前提下，可以根据自身经济管理的实际情况自行增设、分拆、合并会计科目，做到简明、适用、统一。会计科目的设置应该与企业业务特点相适应，要能反映企业各项交易或事项的内容，并能显示各项业务的特征。会计科目设置的繁简，要与企业的规模大小、业务复杂程度相称。设置会计科目应保持相对稳定，不宜频繁变动，以保证核算指标具有可比性，便于为信息使用者决策提供会计信息。

会计科目按所反映的经济内容不同，分为资产类、负债类、所有者权益类、成本类和损益类五大类。会计科目按提供的核算指标的详细程度不同，分为总分类科目和明细分类科目。其中，总分类科目又称为一级科目，总分类科目用于概括地反映企业各项交易或事项；明细分类科目又分为子目（二级科目）和细目（三级科目）等，是对总分类科目的进一步分类，用于详细反映各项交易或事项。如制造业企业的"原材料"科目是总分类科目，其下设有"原材料及主要材料""燃料"等二级科目，在二级科目下，可按照材料的类别、品种、规格等分设细目。明细分类科目可由企业根据自身的具体情况和管理的需要自行规定。我国企业常用的会计科目如表 4-2 所示。

企业在符合会计要素确认、计量和报告规定的前提下，可以根据实际情况自行增设、分拆和合并会计科目。企业可以根据需要自行设置明细分类科目。

会计科目编号在企业填制会计凭证、登记账簿、查阅会计科目、采用会计软件系统时作为参考，企业可结合实际情况自行确定会计科目编号。

表 4-2　　　　　　　　　　常用会计科目

顺序号	编号	名称	顺序号	编号	名称
		一、资产类			二、负债类
	1001	库存现金		2001	短期借款
	1002	银行存款		2101	交易性金融负债
	1012	其他货币资金		2201	应付票据
	1101	交易性金融资产		2202	应付账款
	1121	应收票据		2203	预收账款
	1122	应收账款		2205	合同负债
	1123	预付账款		2211	应付职工薪酬
	1131	应收股利		2221	应交税费
	1132	应收利息		2231	应付利息
	1221	其他应收款		2232	应付股利
	1231	坏账准备		2241	其他应付款
	1401	材料采购		2601	长期借款
	1402	在途物资		2602	应付债券
	1403	原材料		2801	长期应付款
	1404	材料成本差异		2802	未确认融资费用
	1405	库存商品		2811	专项应付款
	1406	发出商品		2801	预计负债
	1407	商品进销差价		2901	递延所得税负债
	1408	委托加工物资			三、所有者权益类
	1411	周转材料		4001	实收资本
	1471	存货跌价准备		4002	资本公积
	1473	合同资产		4003	其他综合收益
	1474	合同资产减值准备		4101	盈余公积
	1477	合同取得成本		4103	本年利润
略	1478	合同取得成本减值准备	略	4104	利润分配
	1481	持有待售资产		4201	库存股
	1482	持有待售资产减值准备		4301	专项储备
	1485	应收退货成本		4401	其他权益工具
	1501	债权投资			四、成本类
	1502	债权投资减值准备		5001	生产成本
	1503	其他债权投资		5101	制造费用
	1504	其他权益工具投资		5201	劳务成本
	1524	长期股权投资		5301	研发支出
	1525	长期股权投资减值准备			五、损益类
	1526	投资性房地产		6001	主营业务收入
	1531	长期应收款		6051	其他业务收入
	1601	固定资产		6101	公允价值变动损益
	1602	累计折旧		6111	投资收益
	1603	固定资产减值准备		6115	资产处置收益
	1604	在建工程		6117	其他收益
	1605	工程物资		6301	营业外收入
	1606	固定资产清理		6401	主营业务成本
	1701	无形资产		6402	其他业务成本
	1702	累计摊销		6403	税金及附加
	1703	无形资产减值准备		6601	销售费用
	1711	商誉		6602	管理费用
	1801	长期待摊费用		6603	财务费用
	1811	递延所得税资产		6701	资产减值损失
	1901	待处理财产损溢		6711	营业外支出
				6801	所得税费用
				6901	以前年度损益调整

二、账户

1. 账户的含义

企业日常发生的交易或事项十分频繁、复杂，为了便于提供日常管理所需的核算资料，连续、系统地反映各项交易或事项所引起的资产、负债、所有者权益、收入和费用等增减变动情况，有必要根据规定的会计科目进一步开设账户。

账户是对会计对象的具体内容进行分类核算的工具。利用账户来记账可以分类、连续地对资产、负债、所有者权益、收入及费用的增减变动等加以记录和反映，汇总一定会计期间日常记录的资料，编制财务报表，以反映企业的财务状况、经营成果和现金流量等信息。

账户和会计科目既有联系也有区别。账户直接以会计科目为依据设置，会计科目是账户的名称，会计科目反映的经济内容就是账户反映的经济内容。人们在实际工作中常把会计科目作为账户的同义词，但二者还是有区别的。会计科目仅仅是对会计对象进行分类的标志，只有名称，只表明某项交易或事项的内容；账户则是对会计对象的具体内容进行分类核算的工具，不仅有名称，而且具有一定的结构，能反映某项交易或事项的变动情况和变动结果。所以账户比会计科目提供的内容更丰富，提供的信息更明晰。

企业会计对象内容繁多，如果把所有的资产列入一个账户中，把所有的权益列入另一个账户中，反映的内容就不清晰。因此，有必要按照不同类别和项目来设置账户。一个企业究竟要设置哪些账户、设置多少账户，取决于企业的规模、组织形式和管理的要求。企业可以设置资产、负债、所有者权益、收入及费用等账户。负债和所有者权益账户统称为"权益账户"。记载资产项目变化的账户称为"资产类账户"，如"库存现金""银行存款""固定资产""原材料""应收账款"等。记载负债项目变化的账户称为"负债类账户"，如"短期借款""应付账款""应付职工薪酬""应交税费"等。记载所有者权益项目变化的账户称为"所有者权益类账户"，如"实收资本""资本公积""盈余公积""本年利润"等。同样的道理，记载收入项目、费用项目变化的账户分别称为"收入类账户""费用类账户"，如"主营业务收入""其他业务收入""主营业务成本""其他业务成本""销售费用""管理费用""财务费用"等。不同账户核算的内容不同，每个账户之间既有严格的界限，又有科学的联系，不能混淆。

2. 账户的基本结构

为了全面、清晰地记录各项交易或事项所引起的各个会计要素的增减变动情况及其结果，账户不但要有明确的核算内容，而且要有一定的结构。企业发生的交易或事项虽然错综复杂，但从数量上来看，不外乎增加或减少两种情况。所以，用来记录企业在某一会计期间内各种有关数据的账户，在结构上就应分为两部分：一部分登记增加数，另一部分登记减少数。同时，为了反映增减变动后的结果，账户还必须设有反映结余的部分。这样，反映各个会计要素的增加数、减少数和结余数的这三个部分，就形成了账户的基本结构。

借贷记账法下，账户的左方为借方，右方为贷方。借方和贷方登记增加还是减少，由账户所记录的经济内容决定，如图4-1所示。

借方	账户名称	贷方

图4-1　账户结构

图 4-1 所示的账户格式叫作"T"型账户，它是由一条水平线及将其平分的一条垂直线所构成的，账户上部的中间部分写明科目的名称，如库存现金、固定资产、原材料、应付账款等。"T"型账户是账户的简化格式。

第二节

复式记账

会计科目是对会计要素具体分类的项目名称，账户是对会计对象的具体内容进行分类核算的工具。账户作为核算工具一般运用复式记账法进行记账。

一、记账方法概述

设置账户是会计核算过程的基本环节，账户仅仅是记录交易或事项的工具，在设置账户的基础上，如何将企业日常发生的交易或事项准确地记入各有关账户中，则是由记账方法决定的。

记账方法是在账簿中登记交易或事项的方法，即按一定的规则，使用一定的符号，将交易或事项记入账户的一种方法。记账方法随着社会经济的发展而发展，迄今已经历了一个由单式记账法到复式记账法的发展过程。

1. 单式记账法

单式记账法是只对重要的交易或事项（如债权、债务、库存现金、银行存款等交易）进行记载，对其他交易或事项只在一个账户中登记或不予登记的简单、不完整的记账方法，其特点是平时只登记库存现金、银行存款以及各种债权、债务等重要事项。例如，销售一批产品取得现金 900 元，对该交易或事项，只在"库存现金"账户中记录增加 900 元，不记录营业收入的增加；又如以银行存款 6 000 元购入一批材料，对该交易或事项，只在"银行存款"账户中记录减少 6 000 元，不记录原材料的增加。单式记账法主要记录库存现金、银行存款、债权、债务的增减变动情况，对存货的增减、费用的增减以及收入的实现情况等不进行记录。因此，单式记账法是一种比较简单、不够完备的记账方法，它不能反映资金变动的来龙去脉，不便于检查账户记录的正确性，也不能全面、完整地反映企业每项交易或事项，适用范围有很大的局限性，一般很少采用。

2. 复式记账法

复式记账法是对企业发生的每一项交易或事项用相等的金额在两个或两个以上互相关联的账户中进行登记的一种记账方法。意大利数学家卢卡·帕乔利于 1494 年出版的《算术、几何、比与比例概要》中的"簿记论"系统阐述了以"借""贷"为记账符号的复式记账法。该方法在欧洲迅速传播，后又传遍世界各国。

4-1 复式记账法

复式记账法下，为了全面、系统地反映各会计要素有关具体项目的增减变动情况及其结果，对于任何一笔交易或事项，都要用相等的金额，在两个或两个以上的有关账户中进行登记。例如，企业销售一批产品收到 20 000 元存入银行。对于这笔交易或事项，采用复式记账法，一方面需要在"银行存款"账户中登记增加 20 000 元，另一方面需要以相等的金额在"主营业务收入"账户中登记增加 20 000 元。又如购买材料 3 000 元，其中 2 800 元用银行存款支付，200 元尚未支付。对于这笔交易或事项，采用复式记账法进行记录，要在"原材料"账户中登记增加 3 000 元，在"银行存款"账户中登记减少 2 800 元，在"应付账款"账户中登记增加 200 元。

在我国会计发展中曾出现过以"收""付"作为记账符号的收付记账法和以"增""减"作为记账符号的增减记账法。目前我国采用以"借""贷"为记账符号的借贷记账法。

二、复式记账法的理论依据与特征

"资产=负债+所有者权益"这一会计等式反映了企业资产与权益（负债和所有者权益）的平衡关系。从性质上看，资产与权益相互依存，对立统一；从数量上看，资产总额与权益总额相等，任何会计事项的发生都会引起会计要素项目金额的增减变动，但不会影响会计等式的平衡关系。企业发生交易或事项时，会引起会计要素的有关项目发生增减变动。这种增减变动有两种情况：一种是交易或事项发生的同时引起会计等式两方会计要素有关项目发生增减变动，要么同时增加，要么同时减少；另一种是交易或事项的发生只引起资产方或负债和所有者权益方的有关项目发生增减变动，其中一个项目增加，另一个项目减少。通过各个相关会计要素对应账户的记录，可以完整地反映企业所发生的会计事项的全貌，并且记录结果保持会计等式的平衡性。复式记账法就是以会计等式为理论依据建立的一种记账方法。

复式记账法与单式记账法相比，具有以下特征。

（1）对发生的每一项交易或事项，都要在两个或两个以上对应账户中进行记录。

（2）登记时，如果是记入两个账户，那么记入这两个账户的金额必须相等；如果是记入两个以上的账户，则将这些账户划归到会计等式两方会计要素的有关项目内，两方金额必须相等。

由此可见，采用复式记账法能够把企业发生的每笔交易或事项相互联系地、全面地记入有关账户中，从而能够完整、系统地反映企业经济活动及资金变化的来龙去脉。同时，对每项交易或事项都以相等的金额进行分类登记，不仅可以通过账户的对应关系观察各会计要素具体项目的增减变动情况，从而了解交易或事项的具体内容，而且便于用试算平衡原理来检查账户记录的正确性。

三、借贷记账法

1. 借贷记账法的特点

借贷记账法是以"借"和"贷"作为记账符号，反映和记录会计要素增减变动情况及其结果的一种复式记账方法。借贷记账法具有以下特点。

（1）以"借""贷"为记账符号。在借贷记账法下，"借""贷"二字失去了原来的字面含义，仅仅作为记账符号，用来表示记账方向。

4-2　借贷记账法

（2）以"有借必有贷，借贷必相等"为记账规则。在借贷记账法下，对发生的每一笔交易或事项，在登记入账时，必须遵循"有借必有贷，借贷必相等"的记账规则。就是说，对发生的每一笔交易或事项都以相等的金额，在两个或两个以上相互联系的账户中进行登记。该记账规则要求：在一个账户中记借方，必须同时在另一个或几个账户中记贷方；或者在一个账户中记贷方，必须同时在另一个或几个账户中记借方；记入借方的金额同记入贷方的金额必须相等。例如，将现金 2 000 元存入银行，在借贷记账法下，一方面要在"库存现金"账户登记减少 2 000 元，另一方面要在"银行存款"账户登记增加 2 000 元。

2. 借贷记账法下的账户结构

借贷记账法下，一切账户都分为借方和贷方两个基本部分，左方称为借方，右方称为贷方。交易或事项所引起变化的金额，就是通过账户的借方和贷方来反映的。账户的借方和贷方，其中一方登记增加金额，另一方则登记减少金额。但究竟哪一方登记增加金额，哪一方登记减少金额，根据各账户所反映的经济内容或账户的性质来决定。

账户的性质就是账户所反映的交易或事项的内容。账户按所反映的交易或事项的内容，分为资产类账户、负债类账户、所有者权益类账户、费用类账户、收入类账户和利润类账户。由于企业实现的利润

或亏损最终会影响所有者权益，所以利润类账户也可归类为所有者权益类账户。下面分别加以说明。

（1）资产类账户、负债类账户和所有者权益类账户的结构

记载资产项目变化的账户称为资产类账户。记载负债项目和所有者权益项目变化的账户称为负债类账户和所有者权益类账户，即权益类账户。在借贷记账法下，资产类账户借方登记增加数，贷方登记减少数。由"资产=权益"所决定，权益类账户结构与资产类账户结构正好相反，贷方登记增加数，借方登记减少数。资产、负债、所有者权益类账户的结构如图4-2所示。

借方	资产类账户		贷方
期初余额	×××		
本期增加额	×××	本期减少额	×××
本期借方发生额	×××	本期贷方发生额	×××
期末余额	×××		

借方	负债类账户		贷方
		期初余额	×××
本期减少额	×××	本期增加额	×××
本期借方发生额	×××	本期贷方发生额	×××
		期末余额	×××

借方	所有者权益类账户		贷方
		期初余额	×××
本期减少额	×××	本期增加额	×××
本期借方发生额	×××	本期贷方发生额	×××
		期末余额	×××

图4-2 资产、负债、所有者权益类账户的结构

在一定时期内，记入账户借方的金额合计数称为"本期借方发生额"，记入账户贷方的金额合计数称为"本期贷方发生额"。各账户的本期借方发生额和本期贷方发生额相抵后的差额，即为账户的余额。余额反映的是交易或事项在本期增减变动的结果。余额按其表现的时间不同，分为期初余额和期末余额两种，本期的期末余额转入下期，就是下期的期初余额。

在账户中登记本期各项交易或事项之前，如果账户有期初余额，应先登记期初余额，然后再登记借方发生额和贷方发生额。根据账户的期初余额、本期借方发生额和本期贷方发生额，就可以计算出期末余额。

由于资产类账户期初余额和本期增加额之和一般大于本期减少额，所以资产类账户的期末余额一般在借方，其计算公式如下。

期初借方余额+本期借方发生额−本期贷方发生额=期末借方余额

同样，负债类账户和所有者权益类账户期初余额和本期增加额之和一般大于本期减少额，所以，它们的期末余额通常在贷方，其计算公式如下。

期初贷方余额+本期贷方发生额−本期借方发生额=期末贷方余额

【例4-1】甲企业2×25年3月初"银行存款"账户的期初余额为8 000元，"应付账款"账户的期初余额为6 000元，"固定资产"账户的期初余额为10 000元，"原材料"账户的期初余

额为2 000元，"实收资本"账户的期初余额为14 000元。该企业2×25年3月发生的部分交易或事项如下。

① 用银行存款购置一台设备，价款16 000元。

② 购入材料800元，货款尚未支付。

③ 所有者投入资本10 000元，款项收到存入银行。

④ 用银行存款支付所欠货款1 500元。

现在将上述四笔交易或事项在有关账户中加以记录。

① 首先，将2×25年3月初"银行存款"和"应付账款"等账户的余额先行登记入账。

② 然后，对本期发生的交易或事项分别在"银行存款"和"应付账款"等账户中做出相应的增减变动记录。

③ 最后，根据账户的期初余额和本期发生额求出账户的期末余额。

账户登记结果如图4-3所示（单位：元）。

借方		银行存款		贷方
期初余额	8 000	①		16 000
③	10 000	④		1 500
本期借方发生额	10 000	本期贷方发生额		17 500
期末余额	500			

借方		应付账款		贷方
		期初余额		6 000
④	1 500	②		800
本期借方发生额	1 500	本期贷方发生额		800
		期末余额		5 300

借方		固定资产		贷方
期初余额	10 000			
①	16 000			
本期借方发生额	16 000	本期贷方发生额		—
期末余额	26 000			

借方		原材料		贷方
期初余额	2 000			
②	800			
本期借方发生额	800	本期贷方发生额		—
期末余额	2 800			

借方		实收资本		贷方
		期初余额		14 000
		③		10 000
本期借方发生额	—	本期贷方发生额		10 000
		期末余额		24 000

图 4-3 账户登记结果

（2）收入类账户、费用类账户和利润类账户的结构

如前文所述，一项收入的取得将会导致资产的增加，同时，也会导致所有者权益的增加。一项费用的发生将会导致资产的减少，同时，也会导致所有者权益的减少。因此，从理论上说，取得的收入可以反映在所有者权益的贷方，发生的费用可以反映在所有者权益的借方。但这样反映不便于确定每一个会计期间的盈亏，因此，有必要单独设置收入类账户与费用类账户。由于收入的增减方向与所有者权益的增减方向一致，所以收入类账户的结构应与权益类账户的结构一致，即在收入类账户的贷方登记本期增加额，借方登记本期减少额及转出额。由于费用的增减方向与权益的增减方向相反，所以费用类账户的结构应与权益类账户的结构相反，即在费用类账户的借方登记本期增加额，贷方登记本期减少额及转出额。一定时期的营业收入与其费用相配比，便可确定企业在该时期所实现的经营成果。营业收入大于费用的差额称为利润；反之，营业收入小于费用的差额称为亏损。利润类账户结构与权益类账户结构一致，利润类账户的贷方登记本期增加额及转出的亏损额，借方登记本期减少额及转出的盈利额。收入类账户、费用类账户和利润类账户在结构上有一个共同特点，即会计期末一般没有余额。

收入、费用、利润类账户结构如图4-4所示。

借方	收入类账户	贷方
本期减少额及转出额 ×××	本期增加额 ×××
本期借方发生额 ×××	本期贷方发生额 ×××

借方	费用类账户	贷方
本期增加额 ×××	本期减少额及转出额 ×××
本期借方发生额 ×××	本期贷方发生额 ×××

借方	利润类账户	贷方
本期减少额及转出的盈利额 ×××	本期增加额及转出的亏损额 ×××
本期借方发生额 ×××	本期贷方发生额 ×××

图4-4　收入、费用、利润类账户结构

图4-4介绍了在借贷记账法下"T"型账户的结构。在实际工作中，账户的结构与此并不完全一致。但是，账户中专门记录交易或事项的"增加""减少""余额"这三个内容是不可缺少的。实际工作中，账户一般包括以下内容。

① 账户名称。

② 记账时间和凭证号数。

③ 经济业务摘要。

④ 增加额或减少额。

⑤ 余额。

实际工作中三栏式账户格式如表4-3所示。

表4-3 三栏式账户格式

账户名称： 第 页

2×25年		凭证号数	摘要	借方	贷方	借或贷	余额
月	日						

3. 借贷记账法的运用

为了理解复式记账原理及借贷记账法，现以各种不同类型的交易或事项为例，说明复式记账原理和借贷记账法的运用。

【例4-2】甲企业接受其他单位投资转入一台新设备，价值20 000元。对这笔交易或事项的分析如表4-4所示。

表4-4 交易或事项分析（1） 单位：元

受影响的账户	账户性质	金额的变化	借方	贷方
固定资产	资产	增加	20 000	
实收资本	所有者权益	增加		20 000

这笔交易或事项在账户中的登记如下。

借方	固定资产	贷方		借方	实收资本	贷方
20 000						20 000

【例4-3】甲企业购入原材料1 000元，货款尚未支付。对这笔交易或事项的分析如表4-5所示。

表4-5 交易或事项分析（2） 单位：元

受影响的账户	账户性质	金额的变化	借方	贷方
原材料	资产	增加	1 000	
应付账款	负债	增加		1 000

这笔交易或事项在账户中的登记如下。

借方	原材料	贷方		借方	应付账款	贷方
1 000						1 000

【例4-4】经批准，A投资者以现金形式从甲企业抽回投资2 000元。对这笔交易或事项的分析如表4-6所示。

表4-6 交易或事项分析（3） 单位：元

受影响的账户	账户性质	金额的变化	借方	贷方
库存现金	资产	减少		2 000
实收资本	所有者权益	减少	2 000	

这笔交易或事项在账户中的登记如下。

借方	库存现金	贷方		借方	实收资本	贷方
		2 000				2 000

【例4-5】甲企业用现金偿还应付材料款500元，对这笔交易或事项的分析如表4-7所示。

表4-7　　　　　　　　　　　　　　交易或事项分析（4）　　　　　　　　　　　　　　单位：元

受影响的账户	账户性质	金额的变化	借方	贷方
库存现金	资产	减少		500
应付账款	负债	减少	500	

这笔交易或事项在账户中的登记如下。

借方	库存现金	贷方		借方	应付账款	贷方
		500		500		

【例4-6】甲企业收回购买单位所欠货款1 500元，存入银行。对这笔交易或事项的分析如表4-8所示。

表4-8　　　　　　　　　　　　　　交易或事项分析（5）　　　　　　　　　　　　　　单位：元

受影响的账户	账户性质	金额的变化	借方	贷方
应收账款	资产	减少		1 500
银行存款	资产	增加	1 500	

这笔交易或事项在账户中的登记如下。

借方	应收账款	贷方		借方	银行存款	贷方
		1 500		1 500		

【例4-7】甲企业按规定将盈余公积2 400元转增资本。对这笔交易或事项的分析如表4-9所示。

表4-9　　　　　　　　　　　　　　交易或事项分析（6）　　　　　　　　　　　　　　单位：元

受影响的账户	账户性质	金额的变化	借方	贷方
盈余公积	所有者权益	减少	2 400	
实收资本	所有者权益	增加		2 400

这笔交易或事项在账户中的登记如下。

借方	盈余公积	贷方		借方	实收资本	贷方
2 400						2 400

【例4-8】甲企业从银行取得短期借款800元，用于偿还应付账款。对这笔交易或事项的分析如表4-10所示。

表4-10 交易或事项分析（7） 单位：元

受影响的账户	账户性质	金额的变化	借方	贷方
短期借款	负债	增加		800
应付账款	负债	减少	800	

这笔交易或事项在账户中的登记如下。

借方	短期借款	贷方		借方	应付账款	贷方
		800		800		

【例4-9】甲企业宣布应付投资者股利3 600元。对这笔交易或事项的分析如表4-11所示。

表4-11 交易或事项分析（8） 单位：元

受影响的账户	账户性质	金额的变化	借方	贷方
利润分配	所有者权益	减少	3 600	
应付股利	负债	增加		3 600

这笔交易或事项在账户中的登记如下。

借方	利润分配	贷方		借方	应付股利	贷方
3 600						3 600

【例4-10】经双方协商，甲企业将所欠B公司的货款15 000元转为B公司对企业的投资。对这笔交易或事项的分析如表4-12所示。

表4-12 交易或事项分析（9） 单位：元

受影响的账户	账户性质	金额的变化	借方	贷方
应付账款	负债	减少	15 000	
实收资本	所有者权益	增加		15 000

这笔交易或事项在账户中的登记如下。

借方	应付账款	贷方		借方	实收资本	贷方
15 000						15 000

从上述举例可以看出，借贷记账法下，每一笔交易或事项，不论它涉及哪种性质的账户，都必须按照"有借必有贷，借贷必相等"的记账规则进行登记。在企业生产经营过程中，有些交易或事项的内容较为简单，只涉及一个账户的借方和另一个账户的贷方。然而，有些交易或事项的内容比较复杂，完整的记录需要记入一个有关账户的借方和另外多个有关账户的贷方，或者记入多个有关账户的借方和另一个有关账户的贷方，或者记入多个有关账户的借方和另外多个有关账户的贷方。但不允许将单独的多个交易或事项合并记入多个账户的借方和另外多个账户的贷方。现举例说明如下。

【例4-11】甲企业购入原材料3 000元，材料已验收入库，其中2 000元货款以银行存款支付，其余1 000元货款暂欠供货单位。对这笔交易或事项的分析如表4-13所示。

表4-13 交易或事项分析（10） 单位：元

受影响的账户	账户性质	金额的变化	借方	贷方
原材料	资产	增加	3 000	
银行存款	资产	减少		2 000
应付账款	负债	增加		1 000

这笔交易或事项在账户中的登记如下。

借方	原材料	贷方		借方	银行存款	贷方
3 000						2 000

借方	应付账款	贷方
		1 000

【例4-12】甲企业以银行存款4 000元归还银行短期借款，同时支付借款利息500元，共计4 500元。对这笔交易或事项的分析如表4-14所示。

表4-14 交易或事项分析（11） 单位：元

受影响的账户	账户性质	金额的变化	借方	贷方
短期借款	负债	减少	4 000	
财务费用	费用	增加	500	
银行存款	资产	减少		4 500

这笔交易或事项在账户中的登记如下。

借方	短期借款	贷方		借方	财务费用	贷方
4 000				500		

借方	银行存款	贷方
		4 500

从以上举例中可以看出，用借贷记账法在账户中登记交易或事项后，有关账户之间就形成一种相互对应的关系。账户之间这种相互对应的关系，称为账户对应关系。存在对应关系的账户称为对应账户。在企业所设置的账户已经确定的情况下，账户之间的对应关系取决于所发生的交易或事项的性质。账户的对应关系可以清楚地反映各会计要素具体项目增减变动的来龙去脉，企业通过账户的对应关系可以了解交易或事项的内容。例如，【例4-2】中的交易或事项：企业接受其他单位投资的一台新设备，价值20 000元。该笔交易或事项一方面记入"固定资产"账户的借方，另一方面记入"实收资本"账户的贷方。根据这两个账户之间的对应关系，便可以了解这笔交易或事项的内容是其他单位向企业投资设备。

综上可见，借贷记账法下，任何一笔交易或事项都在两个或两个以上账户进行登记，并且记入借方的金额与记入贷方的金额相等。借贷记账法下各会计要素之间的关系如图4-5所示。

4. 会计分录的编制

会计实务中，发生的交易或事项并不是直接记入各有关账户的。为了保证账户记录的正确性，在把交易或事项记入账户之前，先要编制会计分录（或记账凭证），通过会计分录反映发生的交易或事项。

4-3 会计分录

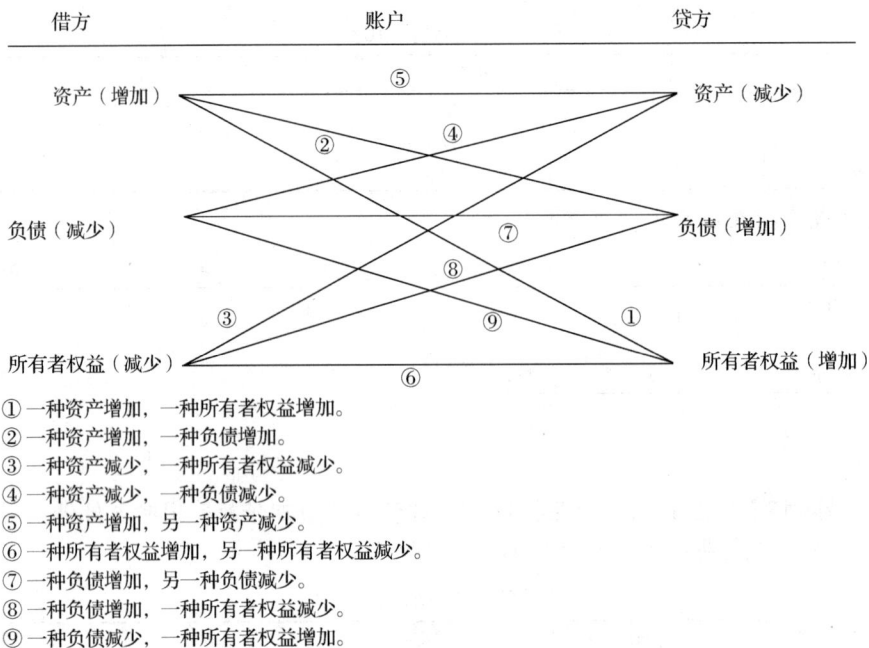

借方　　　　　　　　　账户　　　　　　　　　贷方

① 一种资产增加，一种所有者权益增加。
② 一种资产增加，一种负债增加。
③ 一种资产减少，一种所有者权益减少。
④ 一种资产减少，一种负债减少。
⑤ 一种资产增加，另一种资产减少。
⑥ 一种所有者权益增加，另一种所有者权益减少。
⑦ 一种负债增加，另一种负债减少。
⑧ 一种负债增加，一种所有者权益减少。
⑨ 一种负债减少，一种所有者权益增加。

图4-5　借贷记账法下各会计要素之间的关系

会计分录是标明某项经济业务应借和应贷账户名称及其金额的记录。会计分录一般反映在记账凭证中，是账户记录的依据。会计分录应具备账户名称、记账方向和记账金额三个要素。例如，企业以银行存款偿还应付账款800元，编制的会计分录如下。

借：应付账款　　　　　　　　　　　　　　　　　　　　800
　　贷：银行存款　　　　　　　　　　　　　　　　　　　　800

会计分录按其反映的交易或事项的复杂程度，可分为简单会计分录和复合会计分录两种。简单会计分录是由一个借方账户和一个贷方账户组成的会计分录，即一借一贷会计分录；复合会计分录是由两个以上账户组成的会计分录，即有一借多贷、多借一贷和多借多贷的会计分录。

【例4-2】至【例4-12】的交易或事项的会计分录如下。

（1）甲企业接受其他单位转入一台新设备，价值20 000元。会计分录如下。

借：固定资产　　　　　　　　　　　　　　　　　　　20 000
　　贷：实收资本　　　　　　　　　　　　　　　　　　　20 000

（2）甲企业购入原材料1 000元，货款尚未支付。会计分录如下。

借：原材料　　　　　　　　　　　　　　　　　　　　1 000
　　贷：应付账款　　　　　　　　　　　　　　　　　　　1 000

（3）经批准，A投资者以现金形式从甲企业抽回投资2 000元。会计分录如下。

借：实收资本　　　　　　　　　　　　　　　　　　　2 000
　　贷：库存现金　　　　　　　　　　　　　　　　　　　2 000

（4）甲企业用现金偿还应付材料款500元。会计分录如下。

借：应付账款　　　　　　　　　　　　　　　　　　　　500
　　贷：库存现金　　　　　　　　　　　　　　　　　　　　500

（5）甲企业收回购买单位所欠货款1 500元，存入银行。会计分录如下。

借：银行存款　　　　　　　　　　　　　　　　　　　1 500
　　贷：应收账款　　　　　　　　　　　　　　　　　　　1 500

（6）甲企业按规定将盈余公积2 400元转增资本。会计分录如下。

借：盈余公积　　　　　　　　　　　　　　　　　　　　2 400
　　贷：实收资本　　　　　　　　　　　　　　　　　　　　　　2 400

（7）甲企业从银行取得短期借款800元，用于偿还应付账款。会计分录如下。

借：应付账款　　　　　　　　　　　　　　　　　　　　800
　　贷：短期借款　　　　　　　　　　　　　　　　　　　　　　800

（8）甲企业宣布应付投资者股利3 600元。会计分录如下。

借：利润分配　　　　　　　　　　　　　　　　　　　　3 600
　　贷：应付股利　　　　　　　　　　　　　　　　　　　　　　3 600

（9）经双方协商，甲企业将所欠B公司的货款15 000元转为B公司对企业的投资。会计分录如下。

借：应付账款　　　　　　　　　　　　　　　　　　　　15 000
　　贷：实收资本　　　　　　　　　　　　　　　　　　　　　　15 000

（10）甲企业购入原材料3 000元，材料已验收入库，其中2 000元以银行存款支付，其余1 000元货款暂欠供货单位。会计分录如下。

借：原材料　　　　　　　　　　　　　　　　　　　　　3 000
　　贷：银行存款　　　　　　　　　　　　　　　　　　　　　　2 000
　　　　应付账款　　　　　　　　　　　　　　　　　　　　　　1 000

（11）甲企业以银行存款4 000元归还银行短期借款，同时支付借款利息500元，共计4 500元。会计分录如下。

借：短期借款　　　　　　　　　　　　　　　　　　　　4 000
　　财务费用　　　　　　　　　　　　　　　　　　　　　500
　　贷：银行存款　　　　　　　　　　　　　　　　　　　　　　4 500

上述会计分录中，第（1）至第（9）为简单会计分录，第（10）、第（11）为复合会计分录。实际上，复合会计分录往往是由简单会计分录组成的，如业务（11）的会计分录，可以认为是由以下两个简单会计分录复合而成的。

借：短期借款　　　　　　　　　　　　　　　　　　　　4 000
　　贷：银行存款　　　　　　　　　　　　　　　　　　　　　　4 000
借：财务费用　　　　　　　　　　　　　　　　　　　　500
　　贷：银行存款　　　　　　　　　　　　　　　　　　　　　　500

在账户的对应关系清晰的前提下，几笔简单会计分录也可以合并为一笔复合会计分录。

编制复合会计分录，可以简化会计分录的编制工作，提高记账效率。但需要指出的是，除经济业务本身需要，企业编制的复合会计分录可以出现多借多贷的对应关系外，一般情况下不得将多笔交易或事项复合在一起编制多借多贷的会计分录，以免账户的对应关系不清。

第三节

总分类账户与明细分类账户

为了满足企业内部经营管理和企业外部有关方面对会计信息的需要，会计在记账时，不仅要提供总括核算指标，而且在许多情况下还要提供明细核算指标。与此相适应，企业不仅要设置总分类账户，而且要设置明细分类账户。

一、总分类账户与明细分类账户的设置

总分类账户，简称总账账户，是按照总分类科目（一级会计科目）设置的，用于提供总括信息的账户；明细分类账户，简称明细账户，是按照明细分类科目设置的，用于提供详细信息的账户。

在会计核算中，并非所有的总分类账户都需要开设明细分类账户。明细分类账户开设与否，应根据会计核算的具体内容和企业管理的需要而定。一般情况下，除"库存现金""累计折旧"等少数总分类账户可以不设明细分类账户外，其余总分类账户均应设置明细分类账户。明细分类账户的设置一般有四种类型。第一类是实物资产类明细分类账户，通常按实物资产的具体名称、规格开设；第二类是债权、债务类明细分类账户，通常按对方单位名称或个人姓名开设；第三类是所有者权益类明细分类账户，通常按投资人或构成内容开设；第四类是费用、成本和收入类明细分类账户，通常按费用、成本和收入的构成内容开设。

总分类账户与明细分类账户关系密切，二者既有联系又有区别。其联系主要表现在记录相同的交易内容，提供相互补充的核算资料。其区别主要表现在总分类账户提供总括核算资料，明细分类账户提供详细核算资料。总分类账户对其所属明细分类账户起着控制和统驭的作用，而明细分类账户对其总分类账户起着补充和说明的作用。同时设置和使用总分类账户和明细分类账户，实行总分类账户和明细分类账户的结合，可以使两者所提供的指标形成相互制约、彼此控制的关系，从而保证会计信息的质量。

二、总分类账户与明细分类账户的平行登记

总分类账户与明细分类账户相互结合是通过平行登记的方式实现的。在借贷记账法下，总分类账户与明细分类账户平行登记应遵循的基本原则有以下三个。

（1）登记的依据一致。对发生的每一项交易或事项，都要根据相同内容的会计凭证，一方面在总分类账户中进行总括登记，另一方面在有关明细分类账户中进行明细登记。

（2）登记的方向相同。对每一项交易或事项，记入有关总分类账户的方向与记入该总分类账户所属明细分类账户的方向必须相同。总分类账户登记借方，所属明细分类账户也登记借方；总分类账户登记贷方，所属明细分类账户也登记贷方。

（3）登记的金额相等。对每一项交易或事项，记入有关总分类账户的金额与记入其所属的各明细分类账户的金额之和必须相等。

下面以"应付账款"账户及其所属明细分类账户为例，说明总分类账户与明细分类账户的平行登记。

【例4-13】甲企业与A公司和B公司两个供货单位有结算关系。2×25年3月，应付账款的期初余额详细资料列示如下。

  A公司　　3 400元

  B公司　　2 800元

  合计　　　6 200元

甲企业当月发生下列结算业务。

（1）向A公司购买M材料2 500元、N材料4 000元，货款尚未支付，材料已验收入库。

（2）用银行存款偿还前欠B公司的购买M材料款2 800元。

（3）向A公司和B公司购进M、N材料，其中购买A公司M材料10 000元、B公司N材料5 000元，货款尚未支付。

（4）向B公司购买N材料7 000元，以银行存款支付5 000元，余款暂欠。

（5）用银行存款15 000元偿还应付账款，其中偿还A公司10 000元，偿还B公司5 000元。

首先，应根据上述结算业务，编制会计分录。为了平行登记，除了写明一级科目外，还要写明明细分类科目，其会计分录如下。

（1）借：原材料——M材料　　　　　　　　　　　　　2 500
　　　　　　　——N材料　　　　　　　　　　　　　4 000
　　　　贷：应付账款——A公司　　　　　　　　　　　　　　6 500
（2）借：应付账款——B公司　　　　　　　　　　　　2 800
　　　　贷：银行存款　　　　　　　　　　　　　　　　　　2 800
（3）借：原材料——M材料　　　　　　　　　　　　10 000
　　　　　　　——N材料　　　　　　　　　　　　　5 000
　　　　贷：应付账款——A公司　　　　　　　　　　　　　10 000
　　　　　　　——B公司　　　　　　　　　　　　　　　5 000
（4）借：原材料——N材料　　　　　　　　　　　　7 000
　　　　贷：银行存款　　　　　　　　　　　　　　　　　　5 000
　　　　　　应付账款——B公司　　　　　　　　　　　　　2 000
（5）借：应付账款——A公司　　　　　　　　　　　10 000
　　　　　　　——B公司　　　　　　　　　　　　　5 000
　　　　贷：银行存款　　　　　　　　　　　　　　　　　15 000

其次，根据以上交易或事项及其会计分录，"应付账款"总分类账户及其所属明细分类账户平行登记结果如表4-15～表4-17所示（其他账户的登记略）。

表4-15　　　　　　　　　　　"应付账款"总分类账户

账户名称：应付账款　　　　　　　　　　　　　　　　　　　　　　　　　　单位：元

2×25年		凭证号数	摘要	借方	贷方	借或贷	余额
月	日						
略	略		期初余额			贷	6 200
		1	购入材料		6 500	贷	12 700
		2	偿还欠款	2 800		贷	9 900
		3	购入材料		15 000	贷	24 900
		4	购入材料		2 000	贷	26 900
		5	偿还欠款	15 000		贷	11 900
			本期发生额及余额	17 800	23 500	贷	11 900

表4-16　　　　　　　　　　　"应付账款"明细分类账户（1）

账户名称：A公司　　　　　　　　　　　　　　　　　　　　　　　　　　单位：元

2×25年		凭证号数	摘要	借方	贷方	借或贷	余额
月	日						
略	略		期初余额			贷	3 400
		1	购入材料		6 500	贷	9 900
		3	购入材料		10 000	贷	19 900
		5	偿还欠款	10 000		贷	9 900
			本期发生额及余额	10 000	16 500	贷	9 900

表4-17   "应付账款"明细分类账户（2）

账户名称：B公司   单位：元

2×25年		凭证号数	摘要	借方	贷方	借或贷	余额
月	日						
略	略		期初余额			贷	2 800
		2	偿还欠款	2 800		平	
		3	购入材料		5 000	贷	5 000
		4	购入材料		2 000	贷	7 000
		5	偿还欠款	5 000		贷	2 000
			本期发生额及余额	7 800	7 000	贷	2 000

具体登记方法如下。

① 将应付账款的期初余额分别记入总分类账户及其所属明细分类账户中。

② 将业务（1）应付账款6 500元记入"应付账款"总分类账户的贷方，同时记入其明细分类账户"A公司"的贷方。

③ 将业务（2）应付账款2 800元记入"应付账款"总分类账户的借方，同时记入其明细分类账户"B公司"的借方。

④ 将业务（3）应付账款合计数15 000元记入"应付账款"总分类账户的贷方，同时在其明细分类账户"A公司"贷方登记10 000元，"B公司"贷方登记5 000元。

⑤ 将业务（4）应付账款2 000元记入"应付账款"总分类账户的贷方，同时在其明细分类账户"B公司"贷方登记2 000元。

⑥ 将业务（5）应付账款合计数15 000元记入"应付账款"总分类账户的借方，同时在其明细分类账户"A公司"借方登记10 000元，"B公司"借方登记5 000元。

在登记账户时，总分类账户和明细分类账户并不发生直接联系。也就是说，总分类账户不能按照明细分类账户登记，明细分类账户也不能按照总分类账户登记，它们记账的直接依据都是会计分录（记账凭证），明细分类账户有时还要依据原始凭证进行登记。

为了保证总分类核算和明细分类核算的完整性和正确性，要对总分类账户和明细分类账户的记录进行核对。由于总分类账户和明细分类账户都是在同内容、同方向、同金额的原则下平行登记的，因而必有下列结果。

（1）总分类账户借（贷）方本期发生额，与其所属的各明细分类账户的借（贷）方本期发生额之和必然相等。【例4-13】中的"应付账款"账户借贷方发生额如下。

借方发生额：17 800=10 000+7 800。

贷方发生额：23 500=16 500+7 000。

（2）总分类账户的期末余额，与其所属的各明细分类账户的期末余额之和必然相等。【例4-13】中的"应付账款"账户的期末余额如下。

期末余额：11 900=9 900+2 000。

如果总分类账户与明细分类账户的上述金额不符，则说明记账一定有错误；如果相符，则一般说明记账是正确的，但也不排除有错误的情况。

三、试算平衡

运用借贷记账法在账户中记录交易或事项，发生错误在所难免。因此，有必要采用一种简便的方法来检查和验证账户记录是否正确，以便发现错误，及时予以纠正。试算平衡就是根据复式记账的基本原理，检查和验证账户记录是否正确的一种方法。试算平衡是通过编制试算平衡表进行的。

借贷记账法下的试算平衡有账户发生额试算平衡和账户余额试算平衡两种。前者是根据借贷记账法的记账规则来确定的；后者是根据会计等式，即"资产=负债+所有者权益"的平衡原理来确定的。按照"有借必有贷，借贷必相等"的记账规则，为每笔交易或事项所编制的会计分录的借方金额与贷方金额都必须相等，将一定期间的全部交易或事项的会计分录都记入相关账户后，所有账户的本期借方发生额合计必然等于全部账户本期贷方发生额合计；期末结账后，资产类账户表现为借方余额，负债和所有者权益类账户表现为贷方余额，根据"资产=负债+所有者权益"平衡关系，全部账户的借方余额合计必然等于全部账户的贷方余额合计。

1. 账户发生额试算平衡

账户发生额试算平衡是用来检查本期全部账户的借方、贷方发生额是否相等的方法。其计算公式如下。

全部账户本期借方发生额合计=全部账户本期贷方发生额合计

账户发生额试算平衡是通过编制总分类账户本期发生额试算平衡表进行的。会计期末，交易或事项全部登记入账之后，将本期所涉及的各账户的借方发生额和贷方发生额填入表中，然后计算出所有账户的借方发生额合计和贷方发生额合计，检查二者是否相等。总分类账户本期发生额试算平衡表格式如表 4-18 所示。

表 4-18   总分类账户本期发生额试算平衡表

×年×月   单位：元

账户名称	本期发生额	
	借方	贷方
合计		

2. 账户余额试算平衡

账户余额试算平衡是用来检查本期全部账户的借方余额合计与贷方余额合计是否相等的方法。其计算公式如下。

全部账户借方余额合计=全部账户贷方余额合计

账户余额试算平衡是通过编制总分类账户余额试算平衡表进行的。它的填制过程与总分类账户本期发生额试算平衡表相似。总分类账户余额试算平衡表格式如表 4-19 所示。

表 4-19   总分类账户余额试算平衡表

×年×月   单位：元

账户名称	期末余额	
	借方	贷方
合计		

总分类账户本期发生额试算平衡表和总分类账户余额试算平衡表，可以合并为一张试算平衡表，通过该表既可以进行总分类账户本期发生额试算平衡，又可以进行总分类账户余额试算平衡。这种合并的试算平衡表格式如表 4-20 所示。

表 4-20

总分类账户本期发生额及余额试算平衡表

××××年××月

单位：元

账户名称	期初余额		本期发生额		期末余额	
	借方	贷方	借方	贷方	借方	贷方
合计						

总分类账户本期发生额及余额试算平衡表的编制方法说明如下。

（1）根据总分类账户的记录，将各账户的期初余额、本期发生额和期末余额，分别以借、贷方向记入该表的相应栏。

（2）计算出各栏的合计数，填入最后一行。如果总分类账户的记录没有错误，则所编制的试算平衡表借、贷双方合计数就应相等。

现举例说明试算平衡表的编制方法。

资料：假定 A 公司 2×25 年 10 月各账户记录的期初余额、本期发生额和期末余额如图 4-6 所示（单位：元）。

借方	库存现金		贷方
期初余额	6 000		
⑥	1 000	①	5 000
本期借方发生额	1 000	本期贷方发生额	5 000
期末余额	2 000		

借方	银行存款		贷方
期初余额	210 000		
①	5 000	④	6 000
③	200 000	⑤	10 000
		⑥	3 000
本期借方发生额	205 000	本期贷方发生额	19 000
期末余额	396 000		

借方	原材料		贷方
期初余额	30 000		
⑤	12 000		
本期借方发生额	12 000	本期贷方发生额	—
期末余额	42 000		

借方	固定资产		贷方
期初余额	300 000		
本期借方发生额	—	本期贷方发生额	—
期末余额	300 000		

借方	实收资本		贷方
		期初余额	500 000
		③	200 000
本期借方发生额	—	本期贷方发生额	200 000
		期末余额	700 000

借方	短期借款		贷方
		期初余额	20 000
		②	20 000
本期借方发生额	—	本期贷方发生额	20 000
		期末余额	40 000

借方	应付票据		贷方
		期初余额	6 000
④	6 000		
本期借方发生额	6 000	本期贷方发生额	—
		期末余额	—

借方	应付账款		贷方
		期初余额	20 000
②	20 000		
⑥	2 000	⑤	2 000
本期借方发生额	22 000	本期贷方发生额	2 000
		期末余额	—

图 4-6 账户记录

根据上述资料编制总分类账户本期发生额及余额试算平衡表，如表4-21所示。

表4-21　　　　　　　　　　　总分类账户本期发生额及余额试算平衡表

2×25年10月　　　　　　　　　　　　　　　　　　　　　　　　　　单位：元

账户名称	期初余额		本期发生额		期末余额	
	借方	贷方	借方	贷方	借方	贷方
库存现金	6 000		1 000	5 000	2 000	
银行存款	210 000		205 000	19 000	396 000	
原材料	30 000		12 000		42 000	
固定资产	300 000				300 000	
应付账款		20 000	22 000	2 000		0
短期借款		20 000		20 000		40 000
应付票据		6 000	6 000			0
实收资本		500 000		200 000		700 000
合计	546 000	546 000	246 000	246 000	740 000	740 000

　　试算平衡表只是通过借贷金额是否平衡来检查账户记录是否正确。如果借贷不平衡，可以断定账户记录或计算有错误。如果借贷平衡，可以认为账户的记录基本正确，但不能认为账户记录绝对没有错误。因为，有许多错误对借贷双方平衡并不产生影响，因此不能通过试算平衡表来发现。如一笔交易或事项被漏记或重记，一笔交易或事项的应借与应贷账户互相颠倒或误用了账户名称等。由于上述错误不能通过编制试算平衡表发现，所以试算平衡表在查验会计记录的正确性方面有一定的局限性。因此，这要求会计人员在平时记账过程中要认真仔细。

本章习题

一、单项选择题

1. 会计科目是（　　　）。

    A. 会计要素的名称　　　　　　　　B. 账户的名称

    C. 账簿的名称　　　　　　　　　　D. 报表项目的名称

2. 为了反映增加和减少，账户结构一般分为（　　　）。

    A. 左右两方　　　　　　　　　　　B. 上下两部分

    C. 前后两部分　　　　　　　　　　D. 发生额、余额两部分

3. 下列陈述错误的是（　　　）。

    A. 费用的增加记账户的借方　　　　B. 所有者权益的减少记账户的借方

    C. 收入的增加记账户的借方　　　　D. 负债的减少记账户的借方

4. 账户余额一般与（　　　）在同一方向。

    A. 增加额　　　　B. 减少额　　　　C. 借方发生额　　　　D. 贷方发生额

5. 下列错误中能够通过试算平衡查找的是（　　　）。

    A. 借贷金额不等　　B. 漏记经济业务　　C. 借贷方向相反　　D. 重记经济业务

6. 下列属于总账与所属明细账平行登记所遵循的原则的是（　　　）。

    A. 根据总账记明细账

    B. 根据明细账记总账

    C. 根据会计凭证分别登记总账和明细账

    D. 先记总账后记明细账

7. 费用类账户期末结账后，应是（　　　）。
   A. 贷方余额　　　　　　　　　　B. 借方余额
   C. 没有余额　　　　　　　　　　D. 借方或贷方余额

8. 在借贷记账中，账户的哪一方记增加数，哪一方记减少数取决于（　　　）。
   A. 账户的结构　　B. 账户的作用　　C. 账户的用途　　D. 账户的性质

9. 试算平衡检查和验证账户记录正确性是依据（　　　）的原理进行的。
   A. 复式记账　　B. 登记账簿　　C. 设置账户　　D. 编制报表

10. 设置账户、复式记账和编制财务报表的理论依据是（　　　）。
   A. 记账规则　　B. 会计等式　　C. 平行登记　　D. 试算平衡

二、多项选择题

1. 设置会计科目应遵循的原则有（　　　）。
   A. 必须符合单位内部经营管理的需要
   B. 必须结合会计对象的特点
   C. 要做到统一性与灵活性相结合，要保持相对稳定
   D. 要保持完整性和互斥性相结合

2. 下列各账户中，期末（年末）结账后没有余额的账户有（　　　）。
   A. 主营（或其他）业务收入　　　　B. 主营（或其他）业务成本
   C. 本年利润　　　　　　　　　　D. 生产成本

3. 下列各项中，属于账户记录错误但并不影响试算结果平衡的有（　　　）。
   A. 会计分录中会计科目对应关系记录相反
   B. 少编或多编会计分录
   C. 漏过或重过会计分录
   D. 账户错记金额正好相互抵销

4. 下列各项中，属于总分类账户与其所属明细分类账户平行登记的内容有（　　　）。
   A. 依据相同　　B. 方向相同　　C. 金额相等　　D. 日期相同

5. 总分类账和明细分类账的关系是（　　　）。
   A. 总分类账提供总括资料，明细分类账提供详细资料
   B. 总分类账和明细分类账平行登记
   C. 总分类账统驭控制所属明细分类账
   D. 明细分类账补充说明与其相关的总分类账

6. 下列总分类科目中，一般需要设置明细科目的有（　　　）。
   A. 库存现金　　B. 短期借款　　C. 应付账款　　D. 应收账款

7. 关于"资产=负债+所有者权益"的会计等式，下列提法正确的有（　　　）。
   A. 它反映了会计静态要素之间的基本数量关系
   B. 它反映了会计动态要素的相互关系
   C. 会计等式右边是按流动性排列的
   D. 资产和权益是一一对应的

8. 下列各项中以会计恒等式为理论依据的有（　　　）。
   A. 复式记账　　　　　　　　　　B. 成本计算
   C. 编制资产负债表　　　　　　　D. 设置账户

9. 期间费用一般包括（　　　）。
   A. 财务费用　　B. 管理费用　　C. 制造费用　　D. 销售费用

10. 会计分录的要素包括（　　　　）。

    A. 记账符号　　　　B. 账户名称　　　　C. 账户关系　　　　D. 记账金额

三、简答题

1. 什么是账户？为什么要设置账户？

2. 账户与会计科目关系如何？

3. 说明复式记账的基本原理。

4. 什么是借贷记账法？举例说明借贷记账法有哪些特点。

5. 借贷记账法下账户的结构和记账规则是什么？

6. 什么是会计分录？其编制要求是什么？

7. 什么是账户的对应关系和对应账户？明确账户对应关系的意义。

8. 何谓总分类账户？何谓明细分类账户？总分类账户与明细分类账户的关系如何？

9. 简述平行登记的基本原则和作用。

10. 试述借贷记账法下的两种试算平衡方法。

四、业务题

【业务一】

1. 目的

掌握各类账户的结构。

2. 资料

甲公司2×25年4月账户资料（部分）如表4-22所示。

表4-22　　　　　　　　　　　　　　　　　　账户资料　　　　　　　　　　　　　　　　单位：元

账户名称	期初余额		本期发生额		期末余额	
	借方	贷方	借方	贷方	借方	贷方
银行存款	5 380		29 820	？	20 280	
应收账款	33 320		？	36 800	0	
原材料	？		3 440	5 240	8 200	
库存商品	1 900		8 720	8 700	？	
固定资产	10 800		？	0	20 800	
短期借款		4 000	4 000	0		？
应付账款		—	8 800	5 400		？
应交税费		10 000	8 000	？		7 200
实收资本		40 000	—	？		40 000

3. 要求

根据各类账户结构及上述资料，计算表4-22中"？"处代表的数字，从而使账户的期初余额、本期发生额和期末余额的借贷方合计数分别相等。

【业务二】

1. 目的

掌握借贷记账法。

2. 资料

（1）乙公司2×25年1月31日资产和权益的状况如表4-23所示。

表 4-23 资产和权益状况 单位：元

账户名称	借方余额	账户名称	贷方余额
固定资产	450 000	应交税费	2 000
原材料	26 000	实收资本	482 000
应收账款	2 900	资本公积	11 000
银行存款	18 000	应付账款	4 000
库存现金	100	短期借款	9 000
库存商品	6 000		
其他应收款	200		
生产成本	4 800		

（2）该公司2×25年2月发生下列交易或事项。

① 从银行提取现金300元。

② 将现金300元预借给采购员田某作为差旅费。

③ 以银行存款上缴上月税金2 000元。

④ 外购材料8 000元，货款尚未支付。

⑤ 接受B单位投入一台新设备，作为对该公司的投资，价值35 000元。

⑥ 从银行借入短期借款1 500 000元，存入银行。

⑦ 以银行存款偿还所欠材料款12 000元（上月所欠4 000元和本月所欠8 000元）。

⑧ 生产车间领用材料16 000元，全部投入产品生产。

⑨ 收到A厂上月所欠货款2 900元，存入银行。

⑩ 以银行存款偿还短期借款9 000元。

3. 要求

（1）根据2×25年2月发生的交易或事项编制会计分录。

（2）开设有关账户（采用"T"型账户），登记各账户的期初余额、本期发生额并计算期末余额。

（3）编制总分类账户本期发生额及余额试算平衡表。

【业务三】

1. 目的

练习总分类账户与明细分类账户的平行登记。

2. 资料

丙公司2×25年9月"应收账款"总分类账户的月初借方余额为300 000元；其所属明细分类账户的月初借方余额为：A公司80 000元，B公司120 000元，C公司100 000元。该月有关交易或事项如下。

（1）4日，收到A公司归还的前欠货款80 000元，存入银行。

（2）8日，向B公司销售产品一批，货款117 000元，款项尚未收到。

（3）15日，收到C公司归还前欠货款100 000元，存入银行。

（4）20日，向A公司销售产品一批，货款58 500元，款项尚未收到。

（5）29日，收到B公司前欠货款237 000元，存入银行。

3．要求

（1）根据以上交易或事项编制会计分录。

（2）根据所编制的会计分录登记"应收账款"总分类账户及其所属各明细分类账户。

【业务四】

1．目的

掌握借贷记账法下账户的对应关系。

2．资料

丁公司2×25年5月的交易或事项在"T"型账户中的登记情况如图4-7所示（单位：元）。

借方	库存现金	贷方	
期初余额	500		
④	80 000	⑤	600
		⑦	180

借方	银行存款	贷方	
期初余额	12 000		
①	75 000	④	80 000
③	15 000	⑧	820
⑥	4 000	⑨	24 800
		⑩	15 000

借方	应收账款	贷方	
期初余额	27 000		
⑥	5 000	③	15 000

借方	原材料	贷方	
期初余额	53 000		
②	27 000		

借方	固定资产	贷方	
期初余额	106 000		
⑩	55 000		

借方	应付账款	贷方	
		期初余额	18 500
⑨	24 800	②	27 000
		⑩	40 000

借方	管理费用	贷方	
⑤	600		
⑦	180		
⑧	820		

借方	短期借款	贷方	
		期初余额	180 000
		①	75 000

借方	主营业务收入	贷方	
		⑥	9 000

图4-7 "T"型账户登记情况

3．要求

根据登记的"T"型账户编写会计分录，并说明每笔交易或事项的内容。

【业务五】

1．目的

练习借贷记账法下会计分录的编制。

2．资料

戊公司2×25年6月发生下列交易或事项。

（1）收到P公司投资2 000 000元，其中：货币资金1 200 000元，存入银行；专利权一项，作价300 000元；新设备一套，价值500 000元。

（2）购入甲材料30 000元，以银行存款支付28 800元，以现金支付1 200元，材料入库。

（3）管理人员王永报销差旅费1 500元，交回现金500元（原借款2 000元），出纳人员已收妥。

（4）车间主任赵方报销差旅费2 200元，其原借款2 000元，差额由出纳人员付给现金。

（5）从Q公司购入乙材料50 000元入库，以银行存款支付30 000元，其余20 000元暂欠。

（6）销售给E单位产品一批，收入80 000元，收到50 000元存入银行，其余30 000元尚未收回。

（7）以银行存款归还前欠Q公司的货款20 000元，偿还银行短期借款80 000元。

（8）以银行存款支付广告费50 000元，支付行政管理部门办公费500元。

3．要求

根据上述交易或事项编制会计分录。

企业主要经济业务的核算

第五章

学习目标

本章旨在阐述制造业企业的主要经济业务设置的账户，运用借贷记账法进行相关业务处理。具体学习目标如下。

（1）了解企业的生产经营过程

（2）了解企业生产经营过程中的经济业务内容

（3）掌握生产经营过程中设置的主要账户

（4）掌握资金筹集业务、物资供应业务、产品生产业务、产品销售业务、财务成果形成与分配业务的核算

（5）了解企业的经济行为与社会责任，培养社会责任感和依法纳税意识

引导案例

中国中车

中国中车股份有限公司（以下简称中国中车）是规模领先、品种齐全、技术一流的轨道交通装备供应商，连续多年轨道交通装备业务销售规模位居全球首位。中国中车坚持产品与技术创新，建设了领先的轨道交通装备产品技术平台和制造基地，以高速动车组、大功率机车、铁路货车、城市轨道车辆为代表的系列产品，已经全面达到世界先进水平，满足多样化的市场需求。

2015年6月中国中车在上海证券交易所发行股票并上市交易，募集资金用于产品研发和增强生产能力。中国中车以生产产品为主业，通过销售轨道交通装备产品取得营业收入。它的主要经营活动是采购原材料、生产产品和销售产品。相对于商业及服务业等企业来说，作为制造业企业的中国中车生产经营过程较为完整，其主要经济业务涵盖了筹集资金、供应物资、生产产品、销售产品、归集和分配费用、计算与结转成本、确认营业收入、计算并分配利润等方面。如今，复兴号驰骋在祖国大江南北，中国中车制造以时速250公里和300公里高速动车组为代表的系列产品，已经成为向世界展示发展成就的国家名片。2023年中国中车实现营业收入2 342.62亿元，净利润117.12亿元，资产总额达到4 717.92亿元。

思考： 中国中车作为典型的制造业企业，会计核算要设置哪些账户？如何运用复式记账法在账户中登记？收入、费用和利润是如何确认与计量的？

第一节 企业主要经济业务概述

企业生产经营过程一般包括资金筹集过程、物资采购过程、产品生产过程和产品销售过程。因此，筹资活动是企业经营活动的开始。随着生产经营活动的进行，企业的资金经过供应、生产、销售等过程，从货币资金形态开始，依次经过储备资金形态、生产资金形态、成品资金形态、结算资金形态，又回到货币资金形态，如此周而复始，不断周转。产品制造企业的生产经营过程如图5-1所示。

5-1 企业主要经济业务

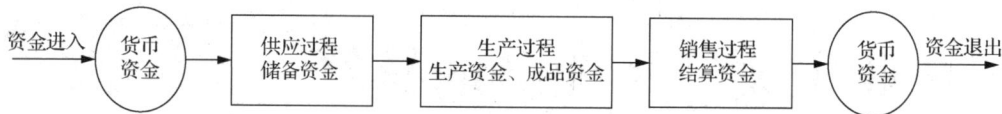

图 5-1 产品制造企业的生产经营过程

企业要从事生产经营活动，必须拥有一定数量的财产物资，这些财产物资的货币表现形式就是资金。企业通过各种渠道筹集资金，并将资金投入生产经营，为生产经营活动顺利进行奠定基础。筹资活动是企业的一项重要业务活动。

供应过程是生产的准备过程。企业的生产经营需要劳动资料和劳动对象，即房屋、建筑物、机器设备和材料等。劳动资料大多是固定资产，一旦购买可供企业长期使用。供应过程的日常经济活动主要是采购生产所需要的材料物资。在这一过程中，企业要用货币资金支付材料物资价款、税费等，要与供应单位发生货款结算业务，要计算材料的采购成本。这样，企业的生产经营资金从货币资金转化为储备资金。

生产过程是制造业企业的中心环节。在生产过程中，劳动者借助劳动资料对劳动对象进行加工，制造出能够满足社会需要的各种产品。生产过程既是产品的制造过程，又是物化劳动和活劳动的耗费过程。企业在产品生产过程中因投入各种材料、人工、固定资产损耗等，发生材料费用、人工费用、折旧费以及其他费用。这些费用构成了生产过程的费用，它们需要按照产品的种类进行归集和分配，从而计算产品的生产成本。从资金形态上看，资金从储备资金转化为生产资金和成品资金。

销售过程是产品价值的实现过程。在产品销售过程中，企业要将所生产的产品对外销售，向客户收取货款，实现销售收入。企业的资金形态从成品资金转化为结算资金，最后又回到货币资金。企业销售的产品不但在生产过程中要发生一定的生产成本，而且在销售过程中还要发生一定的销售费用，产品销售后还要依法缴纳税费。

财务成果是企业一定期间经营活动成果在财务上的表现，是企业在一定会计期间所实现的各种收入（收益）与相关费用（支出等）的差额。企业从生产经营过程中获得的营业收入，抵偿在生产经营过程中的成本、费用后就是企业的利润。利润是反映企业财务成果的主要指标。企业实现的利润扣除所得税费用就是企业净利润。按规定，税后净利润一部分在投资者之间进行分配，作为投资者的投资报酬；一部分则以留存收益的形式留在企业，供企业扩展生产经营之用。

综上所述，企业在经营过程中发生的主要交易或事项可以分为资金筹集、物资采购、产品生产、产品销售以及财务成果形成与分配等方面。企业必须根据各项交易或事项的具体内容设置相应的账户，运用这些账户和借贷记账法来加以核算。

第二节 资金筹集业务的核算

资金是企业开展生产经营活动的前提条件，筹集资金是资金运动全过程的起点。企业筹集资金主要有两个渠道：一是投资者投入，二是负债取得。投资者投入视企业组织形式有所不同，一般独资企业的投资者投入是业主本身投入的资金，合伙企业的投资者投入为合伙人投入的资金，股份制企业的投资者投入为股东购买公司发行的股票投入的资金。负债取得资金的方式主要表现为向金融机构借款、发行企业债券等。

一、投资者投入资本

投资者投入企业的资本是所有者权益的重要内容。企业收到投资者投入的资

5-2 投入资本核算

本通过"实收资本（或股本）"账户进行核算。投资主体可以是国家、法人和个人等。企业可以采取吸收现金、实物、无形资产和发行股票等形式筹集资本金。企业收到投资者投入的资金应按实际投资数额入账。对以现金或银行存款投资的，应按实际收到的款项入账；对以房屋、机器设备等实物资产投资的，应按资产评估机构评估确认的价值入账。

投资者投入企业的资本金，除国家另有规定外，一般不允许随意变动，更不准抽回，如果有增减变动，必须具备一定的条件。企业在经营过程中所取得的收入、发生的费用及财产物资的盘盈和盘亏等，不得直接减少所有者投资。

1. 主要账户设置

投资者投入资本业务的核算，一般应设置"实收资本（或股本）"和"资本公积"等账户。

（1）"实收资本（或股本）"账户属于所有者权益类账户，用于核算按照企业章程的规定，投资者投入企业的资本。该账户的贷方登记企业实际收到的投资者按注册资本或股本所占份额实际认缴的资本，借方登记投资者投入资本的减少额，期末余额在贷方，表示累计实收资本数额。该账户应按投资者设置明细账，进行明细核算。

（2）"资本公积"账户属于所有者权益类账户，用于核算企业收到投资者出资额超出其在注册资本或股本中所占份额的部分（资本溢价或股本溢价）以及其他资本公积。该账户贷方登记实际收到的投资者出资额超过其在注册资本或股本中所占份额的部分（资本溢价或股本溢价）等；借方表示减少的资本公积；期末余额在贷方，表示资本公积实有数额。

2. 投入资本核算

【例5-1】神州股份公司于2×25年1月1日发行股票100 000股，该股票每股面值1元，发行价6元。款项收到，存入银行。

这项交易或事项的发生，一方面使企业的银行存款增加600 000元，应记入"银行存款"账户的借方；另一方面使企业的投入资本增加600 000元，应记入"股本"账户的贷方100 000元、"资本公积"账户的贷方500 000元。该交易或事项应编制如下会计分录。

```
借：银行存款                           600 000
    贷：股本                             100 000
        资本公积                         500 000
```

【例5-2】神州股份公司接受E股东以厂房投资入股，该厂房经评估确认的价值为9 000 000元，按照协议可折成每股面值1元的股票1 500 000股。该厂房已验收交付使用。

这项交易或事项的发生，一方面使企业的固定资产增加9 000 000元，记入"固定资产"账户的借方；另一方面使企业的投入资本增加9 000 000元，记入"股本"账户的贷方1 500 000元、"资本公积"账户的贷方7 500 000元。该交易或事项应编制如下会计分录。

```
借：固定资产                         9 000 000
    贷：股本——E股东                   1 500 000
        资本公积——股本溢价             7 500 000
```

二、债务筹资

债务筹资是指企业通过负债来筹集资金，即企业以债务人身份通过向其他经济主体借入资金，并按照约定利率和期限还本付息的一种筹资方式。债务筹资的主要方式包括银行借款、发行债券、融资租赁和商业信用等。

5-3 债务筹资核算

企业从银行或其他金融机构取得借款是最常用的债务筹资方式之一。企业从银行等金融机构借入资金，必须按规定办理借款手续，按期支付利息并到期归还本金。企业向银行或其他金融机构借入的资金，按其借款期限的长短分为短期借款和长期借款。短期借款是指企业借入的期限在一年以内（含一年）的各种借款，长期借款是指企业借入的期限在一年以上的各种借款。这里主要介绍短期借款的核算。

1. 主要账户设置

短期借款的核算包括取得借款、支付利息和偿还借款本金三项内容。为此，企业应设置"短期借款""财务费用""应付利息"等账户。

（1）"短期借款"账户属于负债类账户，用于核算企业向银行或其他金融机构借入的期限在一年以内（含一年）的各种借款。该账户贷方登记借入的短期借款，借方登记归还的短期借款，期末余额在贷方，反映期末尚未偿还的短期借款本金。该账户应按债权人设置明细账，并按借款种类进行明细核算。

（2）"财务费用"账户属于损益类账户，用于核算企业为筹集生产经营所需资金等而发生的费用。该账户借方登记发生的财务费用，包括利息支出、汇兑损失及相关的手续费等；贷方登记应冲减财务费用的利息收入、汇兑收益以及期末转入"本年利润"账户借方的财务费用净额；期末结转后该账户无余额。该账户应按费用项目设置明细账，进行明细核算。

（3）"应付利息"账户属于负债类账户，用于核算企业按照合同约定应支付的利息，包括短期借款、分期付息到期还本的长期借款、企业债券等应支付的利息。该账户贷方登记应付未付的利息，借方登记实际支付的利息，期末余额在贷方，反映企业应付未付的利息。该账户按债权人设置明细账，进行明细核算。

2. 短期借款核算

【例5-3】神州股份公司因生产需要，于1月1日向G银行借入短期借款200 000元，年利率为6%，期限为6个月，到期日为6月30日，款项存入银行。

这项交易或事项的发生，一方面使企业的银行存款增加200 000元，应记入"银行存款"账户的借方；另一方面使企业的短期借款增加200 000元，应记入"短期借款"账户的贷方。这项交易或事项应编制如下会计分录。

借：银行存款 　　　　　　　　　　　　　　　　　　200 000
　　贷：短期借款——G银行 　　　　　　　　　　　　　　　200 000

【例5-4】神州股份公司按月计提【例5-3】中短期借款利息1 000元。

这项交易或事项的发生，一方面使企业利息费用增加，应记入"财务费用"账户的借方；另一方面使企业的应付利息增加，应记入"应付利息"账户的贷方。按照权责发生制要求，神州股份公司当月负担的利息费用=200 000×6%×1/12=1 000（元）。这项交易或事项应编制如下会计分录。

借：财务费用——利息支出 　　　　　　　　　　　　　1 000
　　贷：应付利息——G银行 　　　　　　　　　　　　　　　1 000

剩余5个月，神州股份公司每月都要计提借款利息1 000元。

【例5-5】【例5-3】中的短期借款到期，神州股份公司以银行存款206 000元支付借款本金及利息。

该项交易或事项的发生，一方面使企业的短期借款本金和应付利息减少，应记入"短期借款"和"应付利息"账户的借方；另一方面使企业的银行存款减少，应记入"银行存款"账户的贷方。这项交易或事项应编制如下会计分录。

借：短期借款——G银行   200 000
  应付利息——G银行   6 000
  贷：银行存款   206 000

第三节 物资供应业务的核算

为了保证生产经营活动的正常进行，企业就必须建造厂房、购置机器设备等资产和购买原材料，固定资产的购置业务和材料采购业务就构成了物资供应过程会计核算的主要内容。

一、固定资产购置

固定资产，是指同时具有以下特征的有形资产：（1）为生产商品、提供劳务、出租或经营管理而持有；（2）使用寿命超过一个会计年度。固定资产包括房屋、建筑物、机器、机械、运输工具以及其他与生产、经营有关的设备、器具、工具等。

固定资产一般应按取得时的成本入账。外购固定资产的成本，包括购买价款、相关税费、使固定资产达到预定可使用状态前发生的可归属于该项资产的运输费、装卸费、安装费和专业人员服务费等。

1. 主要账户设置

固定资产购置业务的核算主要应设置"固定资产""应交税费"等账户。

（1）"固定资产"账户，该账户属于资产类账户，用于核算企业固定资产原始价值的增减变动及其结存情况。该账户借方登记增加的固定资产原始价值，贷方登记减少的固定资产原始价值，期末余额在借方，反映企业现有固定资产的原始价值。该账户应按固定资产的种类设置明细账，进行明细核算。

（2）"应交税费"账户，该账户属于负债类账户，用于核算企业应缴纳的各种税费，如增值税、消费税、所得税、资源税、土地增值税、城市维护建设税、教育费附加和房产税等。该账户贷方登记应交的各种税费，借方登记实际缴纳的各种税费，期末余额在贷方，反映应交未交的税费。该账户可按应交税费的种类设置明细账，进行明细核算。

2. 固定资产购置核算

【例5-6】神州股份公司购入一台不需要安装的设备，取得增值税普通发票，注明设备款50 000元，增值税税额6 500元，款项以银行存款支付，设备验收交付使用。

这项交易或事项取得增值税普通发票，增值税税额不能抵扣，应计入设备价值，使企业的固定资产增加56 500元，应记入"固定资产"账户的借方；同时使企业的银行存款减少56 500元，应记入"银行存款"账户的贷方。该交易或事项应编制如下会计分录。

借：固定资产   56 500
  贷：银行存款   56 500

【例5-7】神州股份公司购入办公用计算机一批，取得增值税专用发票，注明计算机款100 000元，增值税税额13 000元，价税合计113 000元，以银行存款支付。

这项交易或事项取得增值税专用发票，增值税税额可以抵扣，不计入计算机价值。一方面使企业的固定资产增加100 000元，应记入"固定资产"账户的借方；增值税进项税额增加13 000元，应记入"应交税费——应交增值税（进项税额）"的借方。另一方面使企业的银行存款减少113 000元，应记入"银行存款"账户的贷方。该交易或事项应编制如下会计分录。

借：固定资产　　　　　　　　　　　　　　　　　　　　100 000
　　应交税费——应交增值税（进项税额）　　　　　　　　 13 000
　　贷：银行存款　　　　　　　　　　　　　　　　　　　　 113 000

二、材料采购

材料采购是生产经营过程的一项重要内容。企业要保证生产经营活动的正常进行，购买和储存一定品种和数量的材料是十分必要的。在材料采购过程中，企业要与供应单位办理货币结算，支付材料货款、运输费及装卸费等各种采购费用，同时还要支付增值税税款。材料的买价与各种采购费用，构成材料的采购成本。

5-4　材料采购核算

1. 主要账户设置

材料采购业务的核算，一般应设置"材料采购""原材料""应付账款""预付账款""应付票据""应交税费"等账户。

（1）"材料采购"账户属于资产类账户，用于核算企业购入材料等的采购成本。该账户借方登记购入材料的买价和采购费用，贷方登记已办理完规定的验收手续而转入"原材料"等账户的实际成本；期末若有借方余额，表示尚未验收入库的在途材料的实际成本。该账户可以按照材料的类别或品种设置明细账，进行明细核算。

（2）"原材料"账户属于资产类账户，用于核算企业库存的各种材料的实际成本。该账户借方登记已验收入库的材料的实际成本，贷方登记发出材料的实际成本；期末余额在借方，表示库存材料的实际成本。该账户可按照材料的类别、品种和规格分别设置明细账，进行明细核算。

（3）"应付账款"账户属于负债类账户，用于核算企业因购买材料、商品和接受劳务供应等而应付给供应单位的款项。该账户贷方登记应付给供应单位的款项，借方登记已归还给供应单位的款项；期末余额在贷方，表示尚未偿还供应单位的款项。该账户应按照供应单位设置明细账，进行明细核算。

（4）"预付账款"账户属于资产类账户，用于核算企业按照购货合同规定预付给供应单位的款项。该账户借方登记预付给供应单位的款项，贷方登记收到供应单位发来的物资冲销的预付款项；期末余额一般在借方，反映企业实际预付的款项，期末余额如在贷方，则反映企业尚未补付的款项。该账户应按照供应单位设置明细账，进行明细核算。

（5）"应付票据"账户属于负债类账户，用于核算企业购买材料、商品和接受劳务供应等而开出、承兑的商业汇票，包括银行承兑汇票和商业承兑汇票。该账户贷方登记企业开出、承兑的商业汇票，借方登记支付的到期商业汇票；期末余额在贷方，反映企业持有尚未到期的应付票据本息。

企业应设置"应付票据备查簿"，详细登记每一应付票据的种类、号数、签发日期、到期日、票面金额、票面利息、合同交易号、收款人姓名或单位名称以及付款日期和金额等信息。应付票据到期结清时，应当在备查簿内逐笔注销。

2. 材料采购核算

【例5-8】神州股份公司从A公司购入甲、乙两种材料，取得增值税专用发票，材料已到达企业，货款以银行存款支付，其中材料买价为28 800元，增值税税额为3 744元。

甲材料1 600千克　单价10元　　　16 000元

乙材料800千克　　单价16元　　　12 800元

合计　　　　　　　　　　　　　　28 800元

这项交易或事项的发生，一方面使材料采购成本增加28 800元，应记入"材料采购"账户的借方，增值税进项税额增加3 744元，应记入"应交税费——应交增值税（进项税额）"账户的借方；另一方面使企业的银行存款减少32 544元，应记入"银行存款"账户的贷方。该交易或事项应编制如下会计分录。

借：材料采购——甲材料　　　　　　　　　　　　　　16 000

　　　　　　——乙材料　　　　　　　　　　　　　　12 800

　　应交税费——应交增值税（进项税额）　　　　　　 3 744

　　贷：银行存款　　　　　　　　　　　　　　　　　　　　　32 544

这项交易或事项除在"材料采购"总分类账户的借方登记外，还应在"材料采购——甲材料""材料采购——乙材料"明细分类账户的借方分别进行登记。

【例5-9】神州股份公司以银行存款720元支付【例5-8】中甲、乙材料的运输费用，并取得增值税普通发票。

购买材料所发生的运输费用是材料采购成本的组成部分。在计算材料采购成本时，凡是能直接计入某种材料的直接费用，应直接计入该种材料的采购成本；不能直接计入某种材料的间接费用，即多种材料共同发生的采购费用，应按一定标准在有关各种材料之间进行分配，分别计入各种材料的采购成本。

本例中购入材料发生的720元运输费，应记入"材料采购"总分类账户的借方，反映材料采购成本的增加，同时记入"银行存款"账户的贷方，反映银行存款的减少。但这笔运输费用是由甲、乙材料共同负担的间接费用，因此需要按一定的标准在甲、乙材料之间进行分配，然后再计入两种材料的采购成本。现按甲、乙材料的重量比例分摊运输费用。计算如下。

每千克材料应分摊的运输费用=720÷（1 600+800）=0.3（元）

甲材料应分摊的运输费用=1 600×0.3=480（元）

乙材料应分摊的运输费用=800×0.3=240（元）

经过分配，可将甲、乙材料应分摊的运输费用分别记入"材料采购——甲材料"和"材料采购——乙材料"两个明细分类账户的借方。这项交易或事项应编制如下会计分录。

借：材料采购——甲材料　　　　　　　　　　　　　　480

　　　　　　——乙材料　　　　　　　　　　　　　　240

　　贷：银行存款　　　　　　　　　　　　　　　　　　　　　720

【例5-10】神州股份公司以银行存款15 000元偿还上月欠H公司的货款。

这项交易或事项的发生，一方面使企业的应付账款减少，应记入"应付账款"账户的借方；另一方面使企业的银行存款减少，应记入"银行存款"账户的贷方。这项交易或事项应编制如下会计分录。

借：应付账款——H公司 15 000

  贷：银行存款 15 000

【例5-11】神州股份公司以银行存款10 000元预付环宇公司甲材料款。

这项交易或事项使企业预付给供应单位的款项增加10 000元，应记入"预付账款"账户的借方；同时使企业的银行存款减少10 000元，应记入"银行存款"账户的贷方。这项交易或事项应编制如下会计分录。

借：预付账款——环宇公司 10 000

  贷：银行存款 10 000

【例5-12】神州股份公司收到环宇公司发来的甲材料800千克，单价10元，增值税专用发票载明材料价款8 000元，增值税税额1 040元，价税合计9 040元，以预付款抵扣。

这项交易或事项的发生，使材料采购成本增加8 000元，增值税进项税额增加1 040元，同时使企业预付账款减少9 040元。这项交易或事项应编制如下会计分录。

借：材料采购——甲材料 8 000

  应交税费——应交增值税（进项税额） 1 040

  贷：预付账款——环宇公司 9 040

这项交易或事项除在"材料采购"总分类账户的借方登记外，还应在"材料采购——甲材料"明细分类账户的借方进行登记。

【例5-13】神州股份公司签发并承兑商业汇票一张，购入乙材料1 200千克，单价16元，增值税专用发票载明价款19 200元，增值税税额2 496元，价税合计21 696元。

这项交易或事项的发生，使材料采购成本增加19 200元，增值税进项税额增加2 496元，同时使企业应付票据增加21 696元。这项交易或事项应编制如下会计分录。

借：材料采购——乙材料 19 200

  应交税费——应交增值税（进项税额） 2 496

  贷：应付票据 21 696

【例5-14】【例5-8】至**【例5-13】**中的材料已验收入库，神州股份公司结转已入库甲、乙材料的实际采购成本56 720元。

入库材料的实际采购成本已通过"材料采购"的明细分类账户计算求得，月末应将其从"材料采购"账户的贷方转入"原材料"账户的借方，以反映库存材料的增加。这项交易或事项应编制如下会计分录。

借：原材料——甲材料 24 480

    ——乙材料 32 240

  贷：材料采购——甲材料 24 480

      ——乙材料 32 240

这项交易或事项除在"材料采购"和"原材料"两个总分类账户的贷方和借方分别登记外，还应在有关的"材料采购"明细分类账户的贷方和有关的"原材料"明细分类账户的借方进行登记。**【例5-8】**至**【例5-14】**涉及的"材料采购"明细分类账户和"原材料"明细分类账户的登记如表5-1～表5-4所示。

表5-1　　　　　　　　　　　　　　"材料采购"明细分类账户（甲材料）

账户名称：甲材料　　　　　　　　　　　　　　　　　　　　　　　　　　　　　　　　　　　　　单位：元

| 2×25年 | | 凭证编号 | 摘要 | 借方 | | | 贷方 |
月	日			买价	运输费	合计	
略		8	购入材料	16 000		16 000	
		9	分摊运输费用		480	480	
		12	收到已预付货款的材料	8 000		8 000	
		14	结转材料实际采购成本				24 480
			本期发生额及余额	24 000	480	24 480	24 480

表5-2　　　　　　　　　　　　　　"材料采购"明细分类账户（乙材料）

账户名称：乙材料　　　　　　　　　　　　　　　　　　　　　　　　　　　　　　　　　　　　　单位：元

| 2×25年 | | 凭证编号 | 摘要 | 借方 | | | 贷方 |
月	日			买价	运输费	合计	
略		8	购入材料	12 800		12 800	
		9	分摊运输费用		240	240	
		13	购入材料	19 200		19 200	
		14	结转材料实际采购成本				32 240
			本期发生额及余额	32 000	240	32 240	32 240

表5-3　　　　　　　　　　　　　　"原材料"明细分类账户（甲材料）

账户名称：甲材料　　　　　　　　　　　　　　　　　　　　　　　　　　　　　　　　　　　金额单位：元

| 2×25年 | | 凭证编号 | 摘要 | 计量单位 | 收入 | | | 发出 | | | 结存 | | |
月	日				数量	单价	金额	数量	单价	金额	数量	单价	金额
略			期初余额	千克							1 000	10	10 000
		14	购入材料	千克	2 400		24 480						
			本期发生额及期末余额		5 600		58 800	5 800	10.4	60 320	800	10.6	8 480

表5-4　　　　　　　　　　　　　　"原材料"明细分类账户（乙材料）

账户名称：乙材料　　　　　　　　　　　　　　　　　　　　　　　　　　　　　　　　　　　金额单位：元

| 2×25年 | | 凭证编号 | 摘要 | 计量单位 | 收入 | | | 发出 | | | 结存 | | |
月	日				数量	单价	金额	数量	单价	金额	数量	单价	金额
略			期初余额	千克							500	16	8 000
		14	购入材料	千克	2 000		32 240						
			本期发生额及期末余额		4 500		73 120	4 600	16.2	74 520	400	16.5	6 600

根据"材料采购"明细分类账户的记录，计算各种材料的总成本和平均单位成本，如表5-5所示。

表5-5   材料采购成本计算表   单位：元

项目	甲材料		乙材料	
	总成本（2 400千克）	平均单位成本	总成本（2 000千克）	平均单位成本
买价	24 000	10	32 000	16
运输费	480	0.2	240	0.12
材料采购成本	24 480	10.2	32 240	16.12

第四节 产品生产业务的核算

生产过程是制造业企业主要经营过程，生产过程既是产品的制造过程，也是材料物资、固定资产和劳动力等生产要素的消耗过程。企业需要对这个过程中的生产要素消耗和生产成本进行核算。

一、产品生产业务的核算内容

产品生产过程是劳动者借助劳动资料，对劳动对象进行加工，制造出各种新的劳动产品的过程；同时会产生各种活劳动和物化劳动的耗费，主要包括各种材料费用、职工薪酬、固定资产折旧费和其他费用等。产品生产过程中发生的费用，按其计入产品成本的方式不同，可以分为直接费用和间接费用。

直接费用是指直接为生产产品和提供劳务所发生的费用，主要包括直接材料和直接人工等。直接材料是指企业在生产产品和提供劳务过程中所消耗的，直接用于产品生产，构成产品实体的原料及主要材料、外购半成品、修理用备件、包装物、有助于产品形成的辅助材料及其他直接材料。直接人工是指企业在生产产品和提供劳务过程中，直接从事产品生产的生产工人的职工薪酬。直接费用应当根据实际发生数进行核算，并按照成本计算对象进行归集，直接计入产品的生产成本。

间接费用主要指制造费用。制造费用是指企业为生产产品和提供劳务而发生的各项间接费用，包括企业生产部门（如生产车间）发生的水电费、固定资产折旧费、无形资产摊销费、车间管理人员的职工薪酬及劳动保护费等支出。间接费用需要按一定的标准分配计入产品成本，若企业属于生产单一产品的企业，制造费用可以直接计入产品成本。

对于不应计入产品成本的期间费用（管理费用、销售费用和财务费用），应直接从当期损益中扣除。

企业对产品生产业务的核算主要包括：确认发生的各种费用、归集与分配间接费用、计算并分配产品成本。

二、主要账户设置

为了反映企业的产品生产业务，正确计算产品的生产成本，企业应设置"生产成本""制造费用""应付职工薪酬""累计折旧""库存商品""管理费用"等账户。

（1）"生产成本"账户属于成本类账户，用于核算企业生产各种产品、自制材料、自制工具及自制设备等所发生的各项生产费用。该账户借方登记应计入产品生产成本的各项费用，包括直接材料、直接人工及期末按照一定的方法分配计入产品生产成本的制造费用；贷方登记结转完工入库产品的生产成本；期末借方余额，反映尚未制造完成的各项在产品的成本。该账户一般按产品的品种或类别设置明细账，进行明细核算。

（2）"制造费用"账户属于成本类账户，用于核算企业为生产产品和提供劳务而发生的各项间接费用，包括工资和福利费、折旧费、办公费、水电费、机物料消耗及劳动保护费等。该账户借方登记当期发生的各项制造费用，贷方登记期末经分配转入"生产成本"账户的制造费用；该账户期末应无余额。该账户应按不同车间、部门设置明细账，并按费用项目设置专栏，进行明细核算。

（3）"应付职工薪酬"账户属于负债类账户，用于核算企业应付给职工的各种薪酬，包括工资、职工福利、社会保险费及住房公积金等。该账户贷方登记期末经计算并按用途进行分配的职工薪酬，借方登记实际支付的职工薪酬；期末贷方余额，反映尚未支付的职工薪酬。

（4）"累计折旧"账户反映固定资产的累计损耗价值，用于核算固定资产由于使用而逐渐损耗的价值。该账户贷方登记按期计提的固定资产折旧额，借方登记企业由于出售、报废、毁损及盘亏等原因减少固定资产而相应减少的折旧数。期末贷方余额，反映累计折旧数。

"累计折旧"账户属于资产类账户，是"固定资产"账户的备抵账户，以"累计折旧"账户的贷方余额，抵销"固定资产"账户的借方余额，即可确定固定资产的净值。

（5）"库存商品"账户属于资产类账户，用于核算企业库存的各种商品的实际成本，包括库存的外购商品、自制产成品、存放在门市准备出售的商品及寄存在外库的商品等。制造业企业的库存商品主要指产成品。产成品，是指企业已经完成全部生产过程，按标准与规格已验收入库，可以按照合同规定的条件送交购货单位，或者可以作为商品对外出售的产品。该账户借方登记企业生产完成并验收入库的产品的实际成本，贷方登记发出各种产品的实际成本，期末借方余额，反映企业各种库存商品的实际成本。该账户应按库存商品的种类、品种和规格设置明细账，进行明细核算。

（6）"管理费用"账户属于损益类（费用）账户，用于核算企业为组织和管理生产经营而发生的管理费用，包括企业行政管理部门职工薪酬、物料消耗、办公费、折旧费、修理费等。该账户借方登记当期发生的各项管理费用，贷方登记期末转入"本年利润"账户的管理费用，期末结转后该账户应无余额。该账户可按费用项目设置明细账，进行明细核算。

三、产品生产核算

【例5-15】 神州股份公司生产领用甲材料一批，其中生产M产品领用5 320元，生产N产品领用8 920元，车间一般耗用2 050元，行政管理部门领用1 825元，合计18 115元。

5-5 产品生产核算

这项交易或事项的发生，一方面使库存材料减少，应记入"原材料"账户的贷方；另一方面，原材料投入生产，构成生产费用的一部分。直接用于生产M、N产品的材料，应记入"生产成本"账户的借方，车间一般耗用的材料和行政管理部门耗用的材料分别属于间接费用和期间费用，应分别记入"制造费用"和"管理费用"账户的借方。这项交易或事项应编制如下会计分录。

```
借：生产成本——M产品                      5 320
         ——N产品                      8 920
    制造费用                           2 050
    管理费用                           1 825
    贷：原材料——甲材料                        18 115
```

按照平行登记要求，这项交易或事项除了应在"生产成本""制造费用""管理费用"等总

分类账户借方分别登记外，还应在"生产成本——M产品""生产成本——N产品""制造费用""管理费用"明细分类账户的借方分别登记；除了应在"原材料"总分类账户贷方登记外，还应在"原材料——甲材料"明细分类账户的贷方登记。

【例5-16】神州股份公司以银行存款支付本月车间水电费1 000元。

这项交易或事项的发生，一方面使制造费用增加，应记入"制造费用"账户的借方；另一方面使银行存款减少，应记入"银行存款"账户的贷方。这项交易或事项应编制如下会计分录。

```
借：制造费用                                        1 000
    贷：银行存款                                     1 000
```

【例5-17】神州股份公司从银行提取现金61 560元，准备发放职工工资。

这项交易或事项的发生，使库存现金增加，应记入"库存现金"账户的借方；同时，使银行存款减少，应记入"银行存款"账户的贷方。这项交易或事项应编制如下会计分录。

```
借：库存现金                                       61 560
    贷：银行存款                                    61 560
```

【例5-18】神州股份公司以现金61 560元支付职工工资。

以现金支付工资，是企业对职工的负债进行清偿，应记入"应付职工薪酬"账户的借方；现金减少，应记入"库存现金"账户的贷方。这项交易或事项应编制如下会计分录。

```
借：应付职工薪酬——工资                             61 560
    贷：库存现金                                    61 560
```

【例5-19】神州股份公司根据当月的考勤记录和产量记录等，分配本月工资费用54 000元，其中M产品生产工人工资14 000元，N产品生产工人工资21 000元，车间管理人员工资11 000元，行政管理人员工资8 000元。

分配本月工资费用54 000元，形成企业对职工的负债，应记入"应付职工薪酬"账户的贷方，同时企业的生产费用也相应增加54 000元。生产产品工人工资费用属于直接费用，应直接记入"生产成本"账户；车间管理人员和行政管理人员的工资费用属于间接费用和期间费用，应分别记入"制造费用"和"管理费用"账户。这项交易或事项应编制如下会计分录。

```
借：生产成本——M产品                               14 000
          ——N产品                                21 000
    制造费用                                       11 000
    管理费用                                        8 000
    贷：应付职工薪酬——工资                          54 000
```

这项交易或事项除在"生产成本"等总分类账户的借方登记外，还应在"生产成本——M产品"和"生产成本——N产品"明细分类账户的借方分别登记。

【例5-20】神州股份公司分配本月职工福利费7 560元，其中M产品生产工人福利费1 960元，N产品生产工人福利费2 940元，车间管理人员福利费1 540元，行政管理人员福利费1 120元。

职工福利费一方面要计入有关费用，另一方面形成企业的一笔负债。因此，这项交易或事项要按照费用归属分别记入"生产成本""制造费用""管理费用"等账户的借方和"应付职工薪酬"账户的贷方。这项交易或事项应编制如下会计分录。

借：生产成本——M产品 1 960
     ——N产品 2 940
  制造费用 1 540
  管理费用 1 120
  贷：应付职工薪酬——职工福利 7 560

这项交易或事项除在"生产成本"总分类账户的借方登记外，还应在"生产成本——M产品"和"生产成本——N产品"明细分类账户的借方分别登记。

【例5-21】神州股份公司以银行存款支付车间办公费1 900元，行政管理部门办公费1 637元。

这项交易或事项的发生，一方面使银行存款减少3 537元，另一方面使企业的制造费用增加1 900元、管理费用增加1 637元。这项交易或事项应编制如下会计分录。

借：制造费用 1 900
  管理费用 1 637
  贷：银行存款 3 537

【例5-22】神州股份公司计提本月固定资产折旧费9 000元，其中车间固定资产折旧费6 400元，行政管理部门固定资产折旧费2 600元。

固定资产是企业价值较高、使用期限较长的劳动资料，固定资产在使用过程中会发生有形损耗和无形损耗，由于损耗而转移到成本费用中的那部分价值称为固定资产折旧。企业计提的固定资产折旧费用应计入成本费用。生产车间计提的固定资产折旧费，应记入"制造费用"账户的借方；行政管理部门计提的固定资产折旧费，应记入"管理费用"账户的借方；同时，增加的折旧费用应记入"累计折旧"账户的贷方。这项交易或事项应编制如下会计分录。

借：制造费用 6 400
  管理费用 2 600
  贷：累计折旧 9 000

【例5-23】神州股份公司以银行存款1 800元预付下季度财产保险费。

预付财产保险费，按照权责发生制进行处理。该交易或事项使企业的银行存款减少1 800元，应作为下季度费用，由下季度的三个月平均分摊。支付财产保险费时，应记入"预付账款"账户的借方和"银行存款"账户的贷方。这项交易或事项应编制如下会计分录。

借：预付账款 1 800
  贷：银行存款 1 800

【例5-24】神州股份公司本月分摊以前已预付的由生产车间负担的租入固定资产租金610元。

以前预付的租赁费应由本月负担的部分，应记入"预付账款"账户的贷方；同时，本月负担的部分应构成本月的费用，记入"制造费用"账户的借方。这项交易或事项应编制如下会计分录。

借：制造费用 610
  贷：预付账款 610

【例5-25】神州股份公司以银行存款支付本月固定资产日常维修费用400元，其中车间固定资产维修费300元，行政管理部门固定资产维修费100元。

与固定资产有关的更新改造支出、修理费用等后续支出，符合资本化条件的计入固定资产成本；不符合资本化条件的，应当直接计入当期损益。本月发生固定资产日常维修费用不符合资本化条件，应计入管理费用。因此，该项交易或事项应记入"银行存款"账户的贷方和"管理费用"账户的借方。这项交易或事项应编制如下会计分录。

借：管理费用 400
　　贷：银行存款 400

【例5-26】神州股份公司将本月发生的制造费用24 500元按生产工人工资比例分配，计入M、N产品的生产成本。

经过【例5-15】至【例5-25】的处理，本月发生的制造费用已全部归集在"制造费用"账户的借方，并最终由本月生产的产品来负担。"制造费用"明细分类账户如表5-6所示。

表5-6　　　　　　　　　　　　　"制造费用"明细分类账户

账户名称：制造费用　　　　　　　　　　　　　　　　　　　　　　　　　　　　　单位：元

| 2×25年 | | 凭证号数 | 摘要 | 借方 | | | | | | 贷方 | 借或贷 | 余额 |
月	日			物料消耗	人工费用	折旧费	办公费	其他	合计			
略		15	车间一般耗用材料	2 050					2 050		借	2 050
		16	支付水电费					1 000	1 000		借	3 050
		19	分配职工薪酬		11 000				11 000		借	14 050
		20	分配职工福利费		1 540				1 540		借	15 590
		21	支付办公费				1 900		1 900		借	17 490
		22	计提折旧费			6 400			6 400		借	23 890
		24	分摊租金					610	610		借	24 500
		26	分配转出制造费用							24 500	平	—
			合计	2 050	12 540	6 400	1 900	1 610	24 500	24 500	平	—

会计期末，应将制造费用总额按照一定的标准分配给各有关产品，进而计算各种产品的生产成本。制造费用的分配标准有许多，如生产工人工资、生产工人工时和机器工时等，企业可根据实际情况自行选择。制造费用的分配可通过编制制造费用分配表进行，如表5-7所示。

表5-7　　　　　　　　　　　　　　制造费用分配表　　　　　　　　　　　　　单位：元

产品名称	分配标准（生产工人工资）	分配率	分配金额
M产品	14 000	0.70	9 800
N产品	21 000	0.70	14 700
合计	35 000	—	24 500

表5-7中相关数据的计算过程如下。

以生产工人工资为标准计算的制造费用分配率＝24 500÷35 000＝0.70

M产品应分摊的制造费用＝14 000×0.70＝9 800（元）

N产品应分摊的制造费用＝21 000×0.70＝14 700（元）

这项交易或事项应编制如下会计分录。

借：生产成本——M产品 9 800
　　　　　　——N产品 14 700
　　贷：制造费用 24 500

这项交易或事项除在"生产成本"等总分类账户的借方登记外，还应在"生产成本——M产品"和"生产成本——N产品"明细分类账户的借方登记。

【例5-27】 神州股份公司本月生产的M产品100件、N产品200件全部完工，并已验收入库。根据【例5-15】至【例5-26】，结转本月M、N产品的生产成本。

核算完工产品成本时，直接材料费用和直接人工费用已在发生时直接记入了"生产成本"明细分类账户中，制造费用也于期末分配记入了"生产成本"明细分类账户中。这样，就可以根据"生产成本"明细分类账户计算各种产品的生产成本（假定M、N产品无期初在产品）。

这项交易或事项，一方面因月末结转完工验收入库产品成本而使企业生产成本减少，应贷记"生产成本"账户；另一方面使库存商品增加，应借记"库存商品"账户。这项交易或事项应编制如下会计分录。

借：库存商品——M产品　　　　　　　　　　　　　　　　31 080
　　　　　　——N产品　　　　　　　　　　　　　　　　47 560
　　贷：生产成本——M产品　　　　　　　　　　　　　　　　31 080
　　　　　　　——N产品　　　　　　　　　　　　　　　　47 560

这项交易或事项除在"生产成本"和"库存商品"总分类账户的贷方和借方分别登记外，还应在相应的明细分类账户的贷方和借方分别登记。"生产成本"明细分类账户一般按照直接材料、直接人工、制造费用设置专栏。根据【例5-15】至【例5-26】，"生产成本"明细分类账户如表5-8、表5-9所示。

表5-8　　　　　　　　　　　"生产成本"明细分类账户（M产品）

账户名称：M产品　　　　　　　　　　　　　　　　　　　　　　　　　　　　　　　　　单位：元

| 2×25年 | | 凭证号数 | 摘要 | 借方 | | | | 贷方 | 借或贷 | 余额 |
月	日			直接材料	直接人工	制造费用	合计			
		15	生产领用材料	5 320			5 320		借	5 320
		19	应付职工薪酬		14 000		14 000		借	19 320
略		20	应付职工福利		1 960		1 960		借	21 280
		26	分配制造费用			9 800	9 800		借	31 080
		27	结转完工产品成本					31 080	平	—
			合计	5 320	15 960	9 800	31 080	31 080	平	—

表5-9　　　　　　　　　　　"生产成本"明细分类账户（N产品）

账户名称：N产品　　　　　　　　　　　　　　　　　　　　　　　　　　　　　　　　　单位：元

| 2×25年 | | 凭证号数 | 摘要 | 借方 | | | | 贷方 | 借或贷 | 余额 |
月	日			直接材料	直接人工	制造费用	合计			
		15	生产领用材料	8 920			8 920		借	8 920
		19	应付职工薪酬		21 000		21 000		借	29 920
略		20	应付职工福利		2 940		2 940		借	32 860
		26	分配制造费用			14 700	14 700		借	47 560
		27	结转完工产品成本					47 560	平	—
			合计	8 920	23 940	14 700	47 560	47 560	平	—

根据M、N产品"生产成本"明细分类账户的记录，计算完工产品的总成本和单位成本，编制产品成本计算表，如表5-10所示。

表 5-10   产品成本计算表   单位：元

成本项目	M产品（100件）		N产品（200件）	
	总成本	单位成本	总成本	单位成本
直接材料	5 320	53.20	8 920	44.60
直接人工	15 960	159.60	23 940	119.70
制造费用	9 800	98.00	14 700	73.50
产品成本	31 080	310.80	47 560	237.80

第五节 产品销售业务的核算

企业经过生产过程进行产品生产，已完工产成品进入销售过程。企业需要对销售产品的收入和发生的费用成本进行确认与计量，进行产品销售业务的核算。

一、产品销售业务的核算内容

销售过程是企业产品价值实现的过程，是企业经营过程的最后阶段。企业要将所生产的产品销售给客户，形成营业收入，以补偿在产品生产上的资金耗费，保证再生产过程的正常进行。

企业在产品销售过程中履行了合同中的履约义务，即在客户取得相关商品控制权时确认收入。当企业与客户之间的合同同时满足下列条件时，企业应当在客户取得相关商品控制权时确认收入。

（1）合同各方已批准该合同并承诺将履行各自义务。

（2）该合同明确了合同各方与所转让商品或提供劳务相关的权利和义务。

（3）该合同有明确的与所转让商品相关的支付条款。

（4）该合同具有商业实质，即履行该合同将改变企业未来现金流量的风险、时间分布或金额。

（5）企业因向客户转让商品而有权取得的对价很可能收回。

在产品销售过程中，企业将所生产的产品发给客户，在与客户进行货款结算的同时，还要结转销售产品的营业成本，发生销售费用，并按照规定计算税金及附加。

营业成本是指企业已售产品的实际生产成本，它是根据已售产品的数量和单位生产成本计算出来的。

销售费用是指企业销售商品过程中发生的费用，如企业销售产品过程中发生的广告费等。

税金及附加是指企业经营活动应负担的相关税费，包括消费税、城市维护建设税、教育费附加等。

产品销售业务的核算包括确认和记录产品销售收入、结算价款、结转已售产品的营业成本、支付销售费用、计算和缴纳税金及附加等。

二、主要账户设置

为了反映企业在销售过程中发生的交易或事项，需要设置"主营业务收入""其他业务收入""主营业务成本""其他业务成本""税金及附加""销售费用""应收账款""预收账款""应收票据"等账户。

（1）"主营业务收入"账户属于损益类账户，用于核算企业在销售商品、提供劳务及让渡资产使用权等日常活动中所产生的收入。该账户贷方登记企业实现的销售收入；借方登记发生的销货退回、销售折让和销售折扣等冲减的主营业务收入，以及期末转入"本年利润"账户的主营业务收入净额；期末结转后该账户无余额。该账户应按主营业务的种类设置明细账，进行明细核算。

（2）"其他业务收入"账户属于损益类账户，用于核算企业除主营业务收入以外的其他业务实现的收入，如销售材料、代购代销业务、出租包装物等实现的收入。该账户贷方登记实现的其他业务收入，借方登记期末转入"本年利润"账户的其他业务收入，期末结转后该账户无余额。该账户应按其他业务的种类设置明细账，进行明细核算。

（3）"主营业务成本"账户属于损益类账户，用于核算企业因销售商品、提供劳务或让渡资产使用权等日常活动而发生的实际成本。该账户借方登记已销售商品的实际成本；贷方登记退回已销售商品的实际生产成本，以及期末转入"本年利润"账户的主营业务成本；期末结转后该账户无余额。该账户应按主营业务的种类设置明细账，进行明细核算。

（4）"其他业务成本"账户属于损益类账户，用于核算企业除主营业务成本以外的其他业务发生的成本，如销售材料、提供劳务等而发生的相关成本、费用以及相关税金及附加等。该账户借方登记发生的其他业务成本，贷方登记期末转入"本年利润"账户的其他业务成本，期末结转后该账户无余额。该账户应按其他业务的种类设置明细账，进行明细核算。

（5）"税金及附加"账户属于损益类账户，用于核算企业日常活动应负担的税金及附加，包括消费税、城市维护建设税、教育费附加等。该账户借方登记按照规定计算的应负担的税金及附加，贷方登记期末转入"本年利润"账户的税金及附加，期末结转后该账户无余额。

（6）"销售费用"账户属于损益类账户，用于核算企业在销售商品和材料、提供劳务过程中发生的费用，包括运输费、装卸费、包装费、保险费、展览费和广告费等，以及为销售本企业商品而专设的销售机构的职工薪酬、业务费等经营费用。该账户借方登记发生的销售费用，贷方登记期末转入"本年利润"账户的销售费用，期末结转后该账户无余额。

（7）"应收账款"账户属于资产类账户，用于核算企业因销售商品或材料、提供劳务等应向客户或接受劳务单位收取的款项。该账户借方登记应向购货方收取的货款及代垫运费等，贷方登记已经收回的应收账款，期末借方余额，反映企业尚未收回的应收账款。该账户应按不同的客户或接受劳务单位设置明细账，进行明细核算。

（8）"预收账款"账户属于负债类账户，用于核算企业按照合同规定向客户预收的款项。该账户贷方登记向客户预收的款项；借方登记销售实现时冲减的预收账款；期末贷方余额，反映企业向客户预收的款项，期末如为借方余额，反映应由客户补付的款项。该账户应按客户设置明细账，进行明细核算。

（9）"应收票据"账户属于资产类账户，用于核算企业因销售商品或材料、提供劳务等而收到的商业汇票，包括银行承兑汇票和商业承兑汇票。该账户借方登记企业因销售商品或材料、提供劳务等而收到对方开出、承兑的商业汇票，贷方登记汇票到期或购买单位兑付的票据的款项，期末借方余额反映企业持有的商业汇票的票面价值和应计利息。该账户可设"应收票据备查登记簿"进行登记。

三、产品销售核算

　　【例5-28】神州股份公司向A公司销售M产品50件，每件售价800元，价款40 000元，增值税税额5 200元，价税合计45 200元，产品已发出，货款尚未收到。

5-6　产品销售核算

　　这项交易或事项的发生，一方面使企业的应收销货款增加，应记入"应收账款"账户的借方；另一方面使企业的销售收入和应交增值税增加，应记入"主营业务收入"及"应交税费——应交增值税（销项税额）"账户的贷方。这项交易或事项应编制如下会计分录。

借：应收账款——A公司   45 200

  贷：主营业务收入——M产品   40 000

    应交税费——应交增值税（销项税额） 5 200

【例5-29】神州股份公司向B公司销售N产品100件，每件500元，价款50 000元，增值税税额6 500元，收到B公司开出并承兑的商业汇票一张，面额56 500元。

神州股份公司收到商业汇票形成企业的债权，应记入"应收票据"账户的借方；同时，企业也取得了汇票到期日索取货款的权利。所以，N产品的销售已经实现，应记入"主营业务收入"账户的贷方和"应交税费——应交增值税（销项税额）"账户的贷方。这项交易或事项应编制如下会计分录。

借：应收票据——B公司   56 500

  贷：主营业务收入——N产品   50 000

    应交税费——应交增值税（销项税额） 6 500

【例5-30】神州股份公司收到A公司偿还的本月购货款及税款45 200元，存入银行。

这项交易或事项的发生，一方面使企业的银行存款增加45 200元，另一方面使企业的应收账款减少45 200元。这项交易或事项应编制如下会计分录。

借：银行存款   45 200

  贷：应收账款——A公司   45 200

【例5-31】神州股份公司收到昌盛公司预定M产品的货款18 080元，存入银行。

收到预收货款并不代表企业实现了销售，而是表明企业负债的增加。预收的货款应记入"预收账款"账户的贷方；预收的货款存入银行，应记入"银行存款"账户的借方。这项交易或事项应编制如下会计分录。

借：银行存款   18 080

  贷：预收账款——昌盛公司   18 080

【例5-32】神州股份公司根据合同发出已预收昌盛公司货款的M产品20件，共计价款16 000元，增值税税额2 080元。

发出已预收货款的产品，是对以前收到预收货款所形成的负债的清偿，企业因此实现了销售，应确认销售收入及增值税销项税额。企业应将M产品的价款及税款冲减预收账款，因此，应记入"预收账款"账户的借方；同时，记入"主营业务收入"账户的贷方和"应交税费——应交增值税（销项税额）"账户的贷方。这项交易或事项应编制如下会计分录。

借：预收账款——昌盛公司   18 080

  贷：主营业务收入——M产品   16 000

    应交税费——应交增值税（销项税额） 2 080

【例5-33】神州股份公司计算本期应缴纳的城市维护建设税2 744元及教育费附加1 176元。

这项交易或事项表明，企业因从事营业活动而应负担的税金及附加增加了3 920元，同时企业应交税费这项负债增加了3 920元。这项交易或事项应编制如下会计分录。

借：税金及附加   3 920

  贷：应交税费——应交城市维护建设税   2 744

      ——应交教育费附加   1 176

【例5-34】神州股份公司销售N产品40件，单价500元，价款20 000元，增值税税额2 600元，价税合计22 600元，全部款项收到存入银行。

这项交易或事项的发生，使企业银行存款、主营业务收入和应交增值税同时增加，因此，应分别记入"银行存款"账户的借方和"主营业务收入""应交税费——应交增值税（销项税额）"账户的贷方。这项交易或事项应编制如下会计分录。

借：银行存款 22 600
　　贷：主营业务收入——N产品 20 000
　　　　应交税费——应交增值税（销项税额） 2 600

【例5-35】神州股份公司销售剩余材料一批，价款1 500元，增值税税额195元，价税合计1 695元，款项收到存入银行。

这项交易或事项属于产品销售以外的其他销售业务，收到款项时，应记入"其他业务收入""应交税费——应交增值税（销项税额）"账户的贷方，同时记入"银行存款"账户的借方。这项交易或事项应编制如下会计分录。

借：银行存款 1 695
　　贷：其他业务收入 1 500
　　　　应交税费——应交增值税（销项税额） 195

【例5-36】神州股份公司结转本期已销售M、N产品的生产成本。本月销售M产品70件，每件生产成本310.80元，共计21 756元；销售N产品140件，每件生产成本237.80元，共计33 292元。

这项交易或事项的发生，一方面使企业的库存商品减少，应记入"库存商品"账户的贷方；另一方面使企业商品销售成本增加，应记入"主营业务成本"账户的借方。这项交易或事项应编制如下会计分录。

借：主营业务成本——M产品 21 756
　　　　　　　　　——N产品 33 292
　　贷：库存商品——M产品 21 756
　　　　　　　　——N产品 33 292

【例5-37】神州股份公司结转已销售材料成本1 000元。

这项交易或事项的发生，一方面使材料销售成本增加，应记入"其他业务成本"账户的借方；另一方面使库存材料减少，应记入"原材料"账户的贷方。这项交易或事项应编制如下会计分录。

借：其他业务成本 1 000
　　贷：原材料 1 000

【例5-38】神州股份公司以银行存款支付M产品的广告费2 000元。

支付广告费，表示产品销售费用增加，应记入"销售费用"账户的借方；同时，以银行存款支付广告费，使银行存款减少，应记入"银行存款"账户的贷方。这项交易或事项应编制如下会计分录。

借：销售费用 2 000
　　贷：银行存款 2 000

第六节 财务成果形成与分配业务的核算

财务成果是企业一定期间经营活动成果在财务上的最终反映，即利润（或亏损），它是考核企业经营管理水平的一个综合指标。财务成果形成与分配业务的核算主要包括利润形成及利润分配的核算。

一、利润形成

1. 利润的构成

利润是指企业在一定会计期间的经营活动成果。按照配比原则的要求，企业一定时期的各项收入（包括收益）与各项费用（包括支出）相抵，若收入大于费用，其差额为利润，反之为亏损。企业在产品销售过程中形成的利润还不是最终的经营成果，因为企业在经营活动中，还会产生一些管理费用、财务费用、公允价值变动收益、投资收益、营业外收入和营业外支出等。也就是说，反映企业经营成果的利润，就其构成来看，既有通过生产经营活动而获得的，也有通过投资活动而获得的，还有与生产活动没有直接关系的各项收入和支出等。

5-7 利润形成核算

（1）营业利润

营业利润是企业最基本的经营活动成果，也是企业在一定时期内获得的利润中最主要、最稳定的来源。营业利润等于营业收入减去营业成本、税金及附加、期间费用、研发费用、信用减值损失、资产减值损失，加上其他收益、投资收益、公允价值变动收益、资产处置收益等。营业利润用公式表示如下。

$$营业利润=营业收入-营业成本-税金及附加-销售费用-管理费用-财务费用-$$
$$研发费用-信用减值损失-资产减值损失+其他收益+投资收益（或-投资损失）+$$
$$公允价值变动收益（或-公允价值变动损失）+资产处置收益（或-资产处置损失）$$

管理费用是指企业为组织管理生产经营所发生的费用，包括企业行政管理部门职工薪酬、修理费、物料消耗、低值易耗品摊销、办公费、差旅费、工会经费、董事会费、中介机构费、咨询费、诉讼费、业务招待费、折旧费、技术转让费、无形资产摊销、排污费等。

研发费用是指企业进行研究与开发过程中发生的费用化支出，以及自行开发无形资产的摊销。

信用减值损失是指企业计提各项金融工具信用减值准备所确认的信用损失。

资产减值损失是指企业计提各项资产减值准备所确认的损失。

其他收益是指计入其他收益的政府补助，以及其他与日常活动相关且计入其他收益的项目。

公允价值变动收益（或损失）是指企业以公允价值计量且其变动计入当期损益的金融资产等公允价值变动形成的利得（或损失）。

投资收益（或损失）是指企业对外投资所取得的收益，减去发生的投资损失的净额。

资产处置收益（或损失）是指企业处置固定资产、无形资产等而产生的处置利得（或损失）。

（2）利润总额

利润总额是指营业利润加上营业外收入减去营业外支出后的金额。利润总额用公式表示如下。

$$利润总额=营业利润+营业外收入-营业外支出$$

营业外收入是指企业发生的除营业利润以外的收益，主要包括与企业日常活动无关的政府补助、盘盈利得、捐赠利得等。

营业外支出是指企业发生的除营业利润以外的支出，主要包括捐赠支出、非常损失、盘亏损失、非流动资产毁损报废损失等。

（3）净利润

净利润是指利润总额减去所得税费用后的金额。净利润用公式表示如下。

净利润＝利润总额-所得税费用

所得税费用是指企业实现利润后按税法规定计算应缴纳的企业所得税。企业在实现利润之后，应按税法规定计算并缴纳企业所得税。通常情况下，应纳企业所得税额是根据应纳税所得额乘以企业所得税税率计算的，而不是直接根据利润总额乘以企业所得税税率计算。应纳企业所得税的计算公式如下。

应纳企业所得税＝应纳税所得额×规定的税率

企业应缴纳的企业所得税是企业的一项费用，是企业为获得利润必须支付的代价，因此，应作为利润的减项处理。从本期实现的利润中减去应缴纳的企业所得税，余额即为企业的净利润。

2. 主要账户设置

利润形成业务涉及的会计核算中，除销售业务核算中已涉及的损益类账户外，还需设置下列主要账户。

（1）"研发费用"账户。该账户属于损益类账户，用于核算企业内部研究与开发项目发生的不符合资本化条件的支出以及无形资产的摊销等。该账户借方登记研究开发发生的不符合资本化条件的支出和无形资产的摊销等，贷方登记期末转入"本年利润"账户的研发费用，期末结转后该账户无余额。

（2）"营业外收入"账户。该账户属于损益类账户，用于核算企业发生的与其生产经营无直接关系的各项收入。该账户贷方登记取得的各项营业外收入，借方登记期末转入"本年利润"账户的营业外收入，期末结转后该账户无余额。该账户应按收入项目设置明细账，进行明细核算。

（3）"投资收益"账户。该账户属于损益类账户，用于核算企业对外投资所取得的收益或发生的损失。该账户贷方登记已确认的投资收益，以及期末转入"本年利润"账户借方的投资净损失；借方登记发生的投资损失，以及期末转入"本年利润"账户贷方的投资净收益；期末结转后该账户应无余额。

（4）"营业外支出"账户。该账户属于损益类账户，用于核算企业发生的与其生产经营无直接关系的各项支出。该账户借方登记发生的营业外支出，贷方登记期末转入"本年利润"账户的营业外支出，期末结转后该账户无余额。该账户应按费用项目设置明细账，进行明细核算。

（5）"所得税费用"账户。该账户属于损益类账户，用于核算企业按规定从本期损益中减去的企业所得税。该账户借方登记按应纳税所得额和企业所得税税率计算的所得税费用，贷方登记期末转入"本年利润"账户的所得税费用，期末结转后该账户无余额。

（6）"本年利润"账户。该账户属于利润类账户，用于核算企业当期实现的净利润或发生的净亏损。该账户贷方登记会计期末转入的各项收入，包括主营业务收入、其他业务收入和营业外收入等；借方登记会计期末转入的各项费用，包括主营业务成本、其他业务成本、税金及附加、销售费用、管理费用、研发费用、财务费用、营业外支出和所得税费用等；期末余额如果在贷方，表示实现的累计利润，如果在借方，表示发生的累计亏损。年末应将该账户的余额转入"利润分配——未分配利润"账户（如果是净利润，自该账户的借方转入"利润分配"账户的贷方；如果是净亏损，自该账户的贷方转入"利润分配"账户的借方），结转后该账户无余额。

3. 利润形成的核算

【例5-39】神州股份公司职工李良出差预借差旅费800元，以现金支付。

预借的差旅费并未真正构成企业的费用，但应增加企业的债权，因此该交易或事项应记入"其他应收款"账户的借方。员工预借差旅费，使企业现金减少，因此该交易或事项应记入"库存现金"账户的贷方。这项交易或事项应编制如下会计分录。

借：其他应收款——李良　　　　　　　　　　　　　　　　　　　800

　　贷：库存现金　　　　　　　　　　　　　　　　　　　　　　　　800

【例5-40】神州股份公司用银行存款支付律师咨询费8 000元。

律师咨询费属于管理费用。这项交易或事项的发生，一方面应增加企业的管理费用8 000元，另一方面应减少企业的银行存款8 000元。这项交易或事项应编制如下会计分录。

借：管理费用   8 000

    贷：银行存款   8 000

【例5-41】神州股份公司职工李良出差归来报销差旅费585元，原借款800元，以现金方式交回余款。

报销差旅费已构成企业的费用，使企业的管理费用增加，应记入"管理费用"账户的借方；退回余款215元使企业的现金增加，应记入"库存现金"账户的借方。报销差旅费后，要减少企业债权，应记入"其他应收款"账户的贷方，表示对原借款的冲销。这项交易或事项应编制如下会计分录。

借：管理费用   585

    库存现金   215

    贷：其他应收款——李良   800

【例5-42】神州股份公司本期分摊前期预付的应由行政管理部门负担的房租1 600元。

这项交易或事项的发生，一方面使企业的预付账款减少，应记入"预付账款"账户的贷方；同时使企业的管理费用增加，应记入"管理费用"账户的借方。这项交易或事项应编制如下会计分录。

借：管理费用   1 600

    贷：预付账款   1 600

【例5-43】神州股份公司因生产经营需要，组织研究人员进行一项技术开发，发生费用化的研发费用5 500元，以银行存款支付（为了简化，直接记入"研发费用"账户）。

这项交易或事项的发生，一方面使企业的研发费用增加，应记入"研发费用"账户的借方；同时使企业的银行存款减少，应记入"银行存款"账户的贷方。这项交易或事项应编制如下会计分录。

借：研发费用   5 500

    贷：银行存款   5 500

【例5-44】神州股份公司核销因债权人原因确实无法支付的应付账款10 000元。

因债权人原因确实无法支付的应付账款属于企业的利得，计入营业外收入。这项交易或事项一方面使企业的应付账款减少，应记入"应付账款"账户的借方；另一方面使企业的营业外收入增加，应记入"营业外收入"账户的贷方。这项交易或事项应编制如下会计分录。

借：应付账款   10 000

    贷：营业外收入   10 000

【例5-45】神州股份公司以银行存款向"希望工程"项目捐款3 265元。

向"希望工程"项目捐款属于营业外支出。这项交易或事项，一方面使企业的营业外支出增加，应记入"营业外支出"账户的借方；另一方面使企业的银行存款减少，应记入"银行存款"账户的贷方。这项交易或事项应编制如下会计分录。

借：营业外支出   3 265

    贷：银行存款   3 265

【例5-46】期末，神州股份公司结转本期实现的各项收入（根据本章前面例中的损益类账户结转）。

本期实现的各项收入如下。

主营业务收入（贷方）=40 000+50 000+16 000+20 000=126 000（元）

其他业务收入（贷方）=1 500（元）

营业外收入（贷方）=10 000（元）

期末，本期实现的各项收入和发生的费用均反映在不同的损益类账户上，为了正确计算企业的盈亏，就需将本期的各项收入与费用全部转入"本年利润"账户。这项交易或事项的发生，一方面使企业所记录的各种收入减少，应记入有关收入类账户的借方；同时使企业的所有者权益增加，应记入"本年利润"账户的贷方。这项交易或事项应编制如下会计分录。

借：主营业务收入　　　　　　　　　　　　　　　　　　126 000

　　其他业务收入　　　　　　　　　　　　　　　　　　　1 500

　　营业外收入　　　　　　　　　　　　　　　　　　　 10 000

　　贷：本年利润　　　　　　　　　　　　　　　　　　137 500

【例5-47】期末，神州股份公司结转本期发生的各项成本费用（根据本章前面例中的损益类账户结转）。

本期发生的各项成本费用如下。

主营业务成本（借方）=21 756+33 292=55 048（元）

其他业务成本（借方）=1 000（元）

税金及附加（借方）=3 920（元）

销售费用（借方）=2 000（元）

管理费用（借方）=1 825+8 000+1 120+1 637+2 600+400+8 000+585+1 600=25 767（元）

财务费用（借方）=1 000（元）

研发费用（借方）=5 500（元）

营业外支出（借方）=3 265（元）

"管理费用"明细分类账户如表5-11所示。

表5-11　　　　　　　　　　　　　　"管理费用"明细分类账户

账户名称：管理费用　　　　　　　　　　　　　　　　　　　　　　　　　　　　　　　　　单位：元

2×25年		凭证号数	摘要	借方							
月	日			物料消耗	人工费用	折旧费	办公费	修理费	差旅费	其他	合计
		15	耗用材料	1 825							1 825
		19	分配职工薪酬		8 000						8 000
		20	分配职工福利费		1 120						1 120
		21	支付办公费				1 637				1 637
略		22	计提折旧费			2 600					2 600
		25	固定资产修理费					400			400
		40	支付咨询费							8 000	8 000
		41	报销差旅费						585		585
		42	分摊房租							1 600	1 600
			本月合计	1 825	9 120	2 600	1 637	400	585	9 600	25 767
		46	本月转出	-1 825	-9 120	-2 600	-1 637	-400	-585	-9 600	-25 767

这项交易或事项一方面使企业所记录的各项成本、费用减少，应记入有关成本、费用类账户的贷方；另一方面使企业所有者权益减少，应记入"本年利润"账户的借方。这项交易或事项应编制如下会计分录。

借：本年利润　　　　　　　　　　　　　　　　　97 500
　　贷：主营业务成本　　　　　　　　　　　　　　55 048
　　　　其他业务成本　　　　　　　　　　　　　　 1 000
　　　　税金及附加　　　　　　　　　　　　　　　 3 920
　　　　销售费用　　　　　　　　　　　　　　　　 2 000
　　　　管理费用　　　　　　　　　　　　　　　　25 767
　　　　研发费用　　　　　　　　　　　　　　　　 5 500
　　　　财务费用　　　　　　　　　　　　　　　　 1 000
　　　　营业外支出　　　　　　　　　　　　　　　 3 265

将各收入、成本费用类账户余额结转到"本年利润"账户后，可据以计算本期实现的利润。

利润总额=137 500-97 500=40 000（元）

【例5-48】神州股份公司本期利润总额与应纳税所得额相同（即40 000元），按25%的企业所得税税率计算应交的企业所得税。

应交所得税=40 000×25%=10 000（元）

这项交易或事项一方面使企业的所得税费用增加，应记入"所得税费用"账户的借方；另一方面使企业的应交税费增加，应记入"应交税费——应交所得税"账户的贷方。这项交易或事项应编制如下会计分录。

借：所得税费用　　　　　　　　　　　　　　　　10 000
　　贷：应交税费——应交所得税　　　　　　　　10 000

【例5-49】期末，神州股份公司将所得税费用10 000元转入"本年利润"账户。

这笔交易或事项一方面使企业所得税费用减少，应记入"所得税费用"账户的贷方；另一方面使企业所有者权益减少，应记入"本年利润"账户的借方。这项交易或事项应编制如下会计分录。

借：本年利润　　　　　　　　　　　　　　　　　10 000
　　贷：所得税费用　　　　　　　　　　　　　　　10 000

根据上述结果，可以计算出本期净利润如下。

本期净利润=40 000-10 000=30 000（元）

二、利润分配

1. 利润分配的内容

利润分配是对企业纯收益的分配。企业实现的净利润，应当按照有关规定进行分配。企业当期实现的净利润，加上年初未分配利润（或减去年初未弥补的亏损），其余额为可供分配的利润。企业当年实现的净利润应按下列顺序分配。

（1）提取法定盈余公积。法定盈余公积是指企业按照规定的比例从净利润中提取的盈余公积。公司法规定公司制企业按净利润的10%提取法定盈余公积，企业提取的法定盈余公积累计额超过注册资本50%以上的，可以不再提取。

5-8　利润分配核算

（2）提取任意盈余公积。任意盈余公积是指企业根据企业章程或股东会决议于法定盈余公积外提取的公积金。

（3）向投资者分配利润。企业可供分配的利润减去提取的法定盈余公积、任意盈余公积等后，为可供投资者分配的利润。

经过上述分配后，剩余的利润是未分配利润（或未弥补的亏损）。未分配利润可留待以后年度进行分配。企业如发生亏损，可以按规定由以后年度利润进行弥补。盈余公积与未分配利润构成留存收益。

2. 主要账户设置

为了反映利润分配的过程及结果，企业需要设置"利润分配""盈余公积""应付股利"等账户。

（1）"利润分配"账户属于所有者权益类账户，用于核算企业利润的分配（或亏损的弥补）和历年分配（或弥补）后的积存余额。该账户借方登记企业已分配的利润，包括提取的盈余公积和分配给投资者的利润等以及年末从"本年利润"账户转入的全年发生的净亏损；贷方登记用盈余公积弥补的亏损以及年末从"本年利润"账户转入的全年实现的净利润等。年末贷方余额反映历年累积的未分配利润，借方余额反映历年累积的未弥补亏损。

"利润分配"账户一般应设置"提取法定盈余公积""提取任意盈余公积""应付股利""未分配利润"等明细分类账户。年末，应将"利润分配"账户下的其他明细分类账户的余额转入"未分配利润"明细分类账户，经过结转后，除"未分配利润"明细分类账户外，其他明细分类账户均无余额。"利润分配——未分配利润"明细分类账户的贷方余额反映企业尚有未分配利润，借方余额反映企业尚有未弥补的亏损。"利润分配——未分配利润"明细分类账户的余额等于"利润分配"总分类账户的余额。

（2）"盈余公积"账户属于所有者权益类账户，用于核算企业从净利润中提取的盈余公积，包括提取的法定盈余公积和任意盈余公积。提取的盈余公积记入该账户的贷方；使用的盈余公积，即用盈余公积弥补亏损或转增资本，记入该账户的借方；期末贷方余额，为结余的盈余公积。该账户一般应设置"法定盈余公积"和"任意盈余公积"明细分类账户，进行明细核算。

（3）"应付股利"账户属于负债类账户，用于核算企业经董事会或股东大会，或类似机构决议确定分配的现金股利或利润。该账户贷方登记应付给投资者的现金股利或利润，借方登记实际支付给投资者的现金股利或利润，期末贷方余额反映尚未支付的现金股利或利润。

3. 利润分配的核算

【例5-50】 期末，神州股份公司将本期实现的净利润30 000元转入"利润分配"账户。

这项交易或事项使企业"本年利润"账户的本期净利润减少，应记入"本年利润"账户的借方，同时使企业可供分配的利润增加，应记入"利润分配"账户的贷方。这项交易或事项应编制如下会计分录。

借：本年利润　　　　　　　　　　　　　　　　　　30 000
　　贷：利润分配——未分配利润　　　　　　　　　　　　30 000

【例5-51】 神州股份公司本期实现税后利润30 000元，按10%提取法定盈余公积。根据公司章程，按5%提取任意盈余公积。

从净利润中提取盈余公积是对已实现的净利润的分配，一方面使企业可供分配的利润减少，应记入"利润分配"账户的借方；另一方面使企业的盈余公积增加，应记入"盈余公积"账户的贷方。这项交易或事项应编制如下会计分录。

借：利润分配——提取法定盈余公积 3 000

        ——提取任意盈余公积 1 500

  贷：盈余公积——法定盈余公积 3 000

        ——任意盈余公积 1 500

【例5-52】期末，神州股份公司决定向投资者分配利润7 200元。

企业应付给投资者的利润，一方面使企业可供分配的利润减少，应记入"利润分配"账户的借方；另一方面应付而未付的利润形成了企业的一项负债，使企业的应付利润增加，应记入"应付股利"账户的贷方。这项交易或事项应编制如下会计分录。

借：利润分配——应付股利 7 200

  贷：应付股利 7 200

【例5-53】期末，神州股份公司结转"利润分配"账户所属的各明细分类账户（根据【例5-50】至【例5-52】结转）。

这项交易或事项要求，将"利润分配——提取法定盈余公积""利润分配——提取任意盈余公积""利润分配——应付股利"等明细分类账户的余额，转入"利润分配——未分配利润"明细分类账户。年终结账后，只有"利润分配——未分配利润"明细分类账户有余额，而"利润分配"账户的其他明细分类账户年末无余额。这项交易或事项应编制如下会计分录。

借：利润分配——未分配利润 11 700

  贷：利润分配——提取法定盈余公积 3 000

        ——提取任意盈余公积 1 500

        ——应付股利 7 200

结转后，"利润分配——未分配利润"明细分类账户贷方余额为18 300（30 000-11 700）元，转入下期后，作为下期的未分配利润。

本章习题

一、单项选择题

1. 企业向银行等金融机构筹集的借款发生的利息费用一般计入（   ）。

    A. 管理费用   B. 销售费用   C. 财务费用   D. 开发费用

2. 企业发行股票超过股票面值部分的股本溢价，计入（   ）。

    A. 股本   B. 资本公积   C. 盈余公积   D. 未分配利润

3. 为了反映供应过程购入材料的采购成本，应设置（   ）账户，该账户期末借方余额表示在途材料的实际成本。

    A. 原材料   B. 库存商品   C. 在途材料   D. 材料采购

4. 下列项目中，对增值税一般纳税人不构成材料采购实际成本的是（   ）。

    A. 买价   B. 采购费用   C. 进口关税   D. 增值税进项税额

5. 企业行政管理部门为组织和管理生产经营活动而发生的各项费用为（   ）。

    A. 制造费用   B. 生产成本   C. 管理费用   D. 销售费用

6. 本期已经支付，并应由生产车间负担的各项费用为（   ）。

    A. 管理费用   B. 财务费用   C. 制造费用   D. 研发费用

7. 企业内部研究与开发所发生的不符合资本化条件的支出记入（　　）账户。

　　A. 研发费用　　　B. 财务费用　　　C. 管理费用　　　D. 销售费用

8. 企业在销售商品过程中发生的费用记入（　　）账户。

　　A. 财务费用　　　B. 销售费用　　　C. 管理费用　　　D. 研发费用

9. 通过"累计折旧"账户对固定资产进行调整，反映固定资产的（　　）。

　　A. 重置价值　　　B. 原始价值　　　C. 净值　　　　　D. 现值

10. 企业在销售环节发生的各种税费，除了（　　）外，一般应在"税金及附加"账户中核算。

　　A. 城市维护建设税　　　　　　　　B. 地方教育附加

　　C. 增值税　　　　　　　　　　　　D. 教育费附加

二、多项选择题

1. 制造业企业的供、产、销三个阶段，应计算的成本有（　　）。

　　A. 产品销售成本　B. 材料采购成本　C. 采购费用成本　D. 产品生产成本

2. 产品成本的构成项目主要有（　　）。

　　A. 直接材料费　　B. 直接人工费　　C. 制造费用　　　D. 研发费用

3. 下列项目中，对增值税一般纳税人构成材料采购实际成本的有（　　）。

　　A. 材料买价　　　　　　　　　　　B. 采购费用

　　C. 相关税费　　　　　　　　　　　D. 增值税（进项税额）

4. 制造业企业发生的下列费用记入"制造费用"账户的有（　　）。

　　A. 车间管理人员工资　　　　　　　B. 车间固定资产折旧费

　　C. 车间固定资产日常维修费　　　　D. 车间办公费

5. 产品销售环节发生的税费，应在"税金及附加"账户中核算的有（　　）。

　　A. 城市维护建设税　　　　　　　　B. 企业所得税

　　C. 增值税　　　　　　　　　　　　D. 教育费附加

6. 下列各项属于销售费用的有（　　）。

　　A. 销售部门人员的薪酬　　　　　　B. 专设销售机构经费

　　C. 产品展览费　　　　　　　　　　D. 广告费

7. 企业分配工资费用，贷记"应付职工薪酬"账户，可以借记的账户有（　　）。

　　A. 制造费用　　　B. 销售费用　　　C. 管理费用　　　D. 财务费用

8. 利润总额计算涉及的项目有（　　）。

　　A. 所得税费用　　B. 营业利润　　　C. 营业外收入　　D. 营业外支出

9. 期间费用一般包括（　　）。

　　A. 财务费用　　　B. 管理费用　　　C. 销售费用　　　D. 研发费用

10. 下列账户属于损益类账户的有（　　）。

　　A. 税金及附加　　B. 所得税费用　　C. 营业外收入　　D. 研发费用

三、简答题

1. 制造业企业生产经营过程中主要交易或事项有哪些？

2. 怎样计算确定材料的采购成本？

3. 产品生产成本与期间费用在会计处理上有什么不同？

4. 企业利润总额由哪些部分组成？

5. 利润的形成主要通过哪些账户来核算？如何理解这些账户的性质？

6. 如何利用"本年利润"账户进行经营成果核算？

7. 企业净利润是如何确定的？利润应按什么顺序进行分配？

8. 利润分配核算主要通过哪些账户进行？为什么要将利润分配明细账中除"未分配利润"外的明细账全部清零？

四、业务题

【业务一】

1. 目的

练习企业筹集资金过程的会计处理。

2. 资料

永安公司2×25年1月发生下列交易或事项。

（1）接受东方公司投资，投入货币资金900 000元，存入银行。

（2）接受光电公司投资，投入一台价值80 000元的生产用设备、一批价值100 000元的原材料。

（3）向工商银行借入款项2 000 000元，存入存款户，期限为2×25年1月1日至2×25年6月30日，年利率6%，利息到期一次支付。

（4）接受莱宝公司投资，投入一项专利权，评估价值40 000元。

（5）月末计提本月借款利息。

3. 要求

根据上述交易或事项编制会计分录。

【业务二】

1. 目的

练习企业材料采购过程的会计处理。

2. 资料

华南公司2×25年6月发生下列交易或事项。

（1）向红星公司购入甲材料100千克，每千克50元，取得增值税专用发票，增值税税额650元，材料已验收入库，货款及税款尚未支付。

（2）以现金支付上述材料运杂费100元。

（3）以银行存款归还上述红星公司购货款。

（4）向红星公司购入乙材料500千克，每千克40元，取得增值税专用发票，增值税税额2 600元。发生运杂费400元，取得增值税普通发票。上述款项以银行存款支付，材料尚在运输途中。

（5）向嘉阳公司购入甲材料200千克，每千克52元；购入乙材料400千克，每千克45元；取得增值税专用发票，货款共计28 400元，增值税税额3 692元。另发生运杂费900元，取得增值税普通发票。以上款项均以银行存款支付，材料已验收入库。

（6）向红星公司购入的乙材料已运达本公司并已验收入库，以现金支付装卸费200元，取得增值税普通发票。

（7）结转本月已验收入库材料的实际采购成本。

3. 要求

（1）设置"材料采购"总分类账户及明细分类账户，设置"原材料"总分类账户及明细分类账户（"原材料"账户期初余额：甲材料50千克，2 400元；乙材料80千克，3 520元）。

（2）根据上述交易或事项编制会计分录，登记有关账户。

（3）编制材料采购成本计算表（购入材料运杂费按材料重量比例分配）。

【业务三】

1. 目的

练习企业产品生产过程的会计处理。

2. 资料

北疆公司2×25年7月发生下列交易或事项。

（1）本月发料单汇总如下。

	甲材料	乙材料
A产品生产投料	25 000元	5 000元
B产品生产投料	36 000元	4 000元
车间一般耗用	3 800元	
厂部管理部门耗用	2 000元	

（2）开出支票从银行提取现金20 000元，准备发放工资。

（3）以现金20 000元发放工资。

（4）以银行存款预付第三季度车间租入固定资产租金12 000元。

（5）计提本月固定资产折旧费4 600元，其中车间应负担固定资产折旧费3 000元，厂部应负担固定资产折旧费1 600元。

（6）以银行存款支付车间修理费用120元。

（7）分配本月工资费用20 000元，其中A产品生产工人工资8 000元，B产品生产工人工资6 000元，车间管理人员工资2 000元，行政管理部门工作人员工资4 000元。

（8）本月分配职工福利费2 800元，其中A产品生产工人福利费1 120元，B产品生产工人福利费840元，车间管理人员福利费280元，行政管理部门人员福利费560元。

（9）分摊本月应由车间负担的（4）中的租入固定资产租金。

（10）以银行存款支付本月电费3 500元，其中生产产品电费2 500元，厂部管理部门电费1 000元。

（11）计算本月发生的制造费用，并转入生产成本。

（12）本月生产的A产品100件、B产品200件已全部完工入库，计算并结转完工产品的实际生产成本。

3. 要求

（1）设置"生产成本"总分类账户及明细分类账户。

（2）根据上述交易或事项编制会计分录，登记"生产成本"总分类账户和明细分类账户。

（3）编制产品成本计算表（制造费用按照生产工人工资比例进行分配）。

【业务四】

1. 目的

练习企业产品销售过程的会计处理。

2. 资料

正大公司2×25年10月发生下列交易或事项。

（1）销售给信阳公司A产品100件，每件售价400元，价款共计40 000元，增值税税额5 200元，价税合计45 200元，款项尚未收到。

（2）以银行存款支付销售上述A产品运费200元。

（3）销售给利达公司B产品200件，每件售价500元，增值税税额13 000元，价税合计113 000元，款项存入银行。

（4）收到（1）中销售给信阳公司的价款45 200元，存入银行。

（5）以银行存款支付A产品电视广告费用10 000元。

（6）销售给百利公司B产品150件，每件售价480元，增值税税额9 360元，价税合计81 360元，收到该公司开出的期限为六个月的商业承兑汇票一张。

（7）计算本月应交城市维护建设税8 600元。

（8）结转本月已售产品的生产成本，其中A产品单位成本280元，B产品单位成本360元。

（9）计算本月营业利润，并将有关账户余额转入"本年利润"账户。

3. 要求

根据上述资料编制会计分录。

【业务五】

1. 目的

练习企业利润形成与分配过程的会计处理。

2. 资料

安阳公司2×25年12月发生下列交易或事项。

（1）结转本月实现产品销售收入150 000元。

（2）用现金支付捐赠款10 000元。

（3）结转本月发生的产品销售成本60 000元。

（4）收到南方公司的合同违约金4 400元，款项存入银行。

（5）计算出应由本月负担的银行短期借款利息400元。

（6）厂部李某报销差旅费3 000元，出差前已预借2 500元现金，不足款项以现金支付。

（7）分摊应由本月负担的财产保险费2 000元。

（8）用银行存款支付违约罚款20 000元。

（9）结转本月发生的管理费用、财务费用、营业外收入和营业外支出。

（10）按25%的企业所得税税率计算应交所得税。

（11）按税后利润的10%提取法定盈余公积。

（12）确认应向投资者分配股利15 500元，并用银行存款支付。

（13）将实现的净利润转入"利润分配——未分配利润"账户。

3. 要求

根据上述交易或事项编制会计分录。

【业务六】

1. 目的

练习企业日常经营过程的会计处理。

2. 资料

丽景公司2×25年12月发生下列交易或事项。

（1）从银行取得短期借款100 000元，年利率6%，存入存款户。

（2）生产的甲产品1 000件完工入库，单位成本5元。

（3）购入一台新设备，取得增值税专用发票，价款80 000元，增值税税额10 400元，以银行存款支付。另以现金200元支付运杂费，取得增值税普通发票。

（4）以银行存款支付短期借款手续费200元。

（5）用银行存款支付第四季度短期借款利息6 500元（其中前两个月已计提5 000元）。

（6）本月应付职工薪酬86 000元，其中生产工人工资50 000元，车间管理人员工资6 000元，厂部行政管理人员工资30 000元。

（7）从银行提取现金88 000元，其中86 000元用于支付职工薪酬。

（8）计提本月固定资产折旧费5 000元，其中车间生产设备折旧费4 000元，管理部门办公设备折旧费1 000元。

（9）购入材料一批，取得增值税专用发票，价款80 000元，增值税税额10 400元，以银行存款支付63 800元，余款暂欠。

（10）以银行存款缴纳企业所得税15 000元。

（11）本月摊销书报杂志费2 000元。

（12）以现金支付业务招待费500元。

（13）收回购买单位前欠货款50 000元存入银行。

（14）计提本月银行短期借款利息3 200元。

（15）以银行存款偿还短期借款100 000元。

（16）职工李平预借差旅费1 000元，以现金付讫。

（17）李平报销差旅费800元，并交回多余现金。

（18）购买办公用品350元，以现金付讫。

（19）销售产品一批，价款5 000元，增值税税额650元，款项前期已预收。

（20）将本年亏损的30 000元转入"利润分配"账户。

3. 要求

根据上述交易或事项编制会计分录。

【业务七】

1. 目的

练习企业主要经济业务的会计处理。

2. 资料

万泉公司2×25年12月发生下列交易或事项。

（1）收到海河公司投入一台机器，价值为1 000 000元，交付使用。

（2）12月1日向招商银行借款1 000 000元，存入存款户；该借款期限为半年，年利率为3%，到期一次还本付息。

（3）12月1日用银行存款支付厂部管理租入固定资产的租金60 000元，租期为2×25年12月至次年5月。

（4）从东方公司购进A材料5 000千克，单价80元；B材料2 000千克，单价50元。增值税专用发票上注明增值税税额65 000元，款项尚未支付。

（5）用银行存款支付上述A、B材料的外地运杂费14 000元，按采购材料的重量比例分配。

（6）上述A、B材料运达公司，并验收入库。结转A、B材料的采购成本。

（7）本月发出材料如下：生产甲产品耗用A材料150 000元、B材料50 000元；生产乙产品耗用A材料100 000元、B材料40 000元；车间一般耗用A材料30 000元。

（8）用银行存款支付广告费60 000元。

（9）收到某单位违约罚款收入40 000元，款项存入银行。

（10）月末公司根据当月的产量及考勤记录，计算确定的职工工资总额为1 050 000元，其中甲产品生产工人的工资为500 000元，乙产品生产工人的工资为200 000元，车间管理人员的工资为100 000元，厂部管理人员的工资为250 000元。

（11）月末计提本月固定资产折旧费300 000元，其中车间折旧费200 000元，厂部管理部门折旧费100 000元。

（12）月末分摊（3）中应由本月负担的租金。

（13）月末计提（2）中本月应负担的利息费用。

（14）月末，将本月发生的制造费用计入甲、乙两种产品的生产成本（按甲、乙产品的生产工人工资比例分配）。

（15）基本生产车间本月生产的甲、乙两种产品全部完工，结转完工产品的成本。甲产品完工50件，总成本1 000 000元；乙产品完工50件，总成本500 000元。

（16）经计算，本月应缴纳的城市维护建设税为7 000元，教育费附加为3 000元。

（17）本月销售甲产品40件，单价30 000元，销售乙产品30件，单价15 000元，增值税专用发票注明增值税税额214 500元，款项存入银行。

（18）结转（17）中已售的甲、乙两种产品的销售成本。甲产品的单位成本为20 000元，乙产品的单位成本为10 000元。

（19）月末，将本月（前述业务中列示的）发生的收入转入"本年利润"账户。

（20）月末，将本月（前述业务中列示的）发生的费用、成本转入"本年利润"账户。

（21）计算本期所得税费用60 000元。

（22）将（21）中的所得税费用转入"本年利润"账户。

（23）2×25年1—12月实现净利润2 000 000元，将净利润转入"利润分配——未分配利润"账户。

（24）按2×25年1—12月实现净利润的10%提取法定盈余公积，向投资者分配现金股利500 000元。

（25）将2×25年"利润分配"账户所属其他明细分类账户余额转入"利润分配——未分配利润"账户。

3．要求

根据上述交易或事项编制会计分录。

会计凭证 第六章

学习目标

本章旨在阐述会计凭证的基本知识，内容包括会计凭证的含义与分类、会计凭证的填制与审核。具体学习目标如下。

（1）了解会计凭证的含义

（2）掌握会计凭证的分类与内容

（3）了解原始凭证与记账凭证的格式

（4）掌握会计凭证的填制方法与审核内容

（5）了解会计凭证的保管

（6）理解会计凭证是诚信的标识

引导案例

安达信

安达信会计师事务所的倒闭事件是会计界的一个重大事件，它揭示了会计是维护公众利益和企业诚信的关键角色，以及当这种角色被忽视或滥用时可能产生的严重后果。

安达信作为曾经与普华永道、德勤、毕马威、安永比肩的五大会计师事务所之一，其声誉和业务规模都是业界翘楚。然而，它与安然公司的紧密关系以及后续的财务造假事件，让人们对其专业性和独立性产生了严重质疑。特别是在安然公司财务丑闻曝光后，安达信销毁相关文件和计算机记录的行为，更是加剧了其信任危机。这一事件对安达信和整个会计行业都产生了深远的影响。监管部门对安达信进行严厉处罚，向整个会计行业传递了一个明确的信息：任何违反职业道德和法律规定的行为都将受到严厉的制裁。这种违法行为不仅严重违背了诚信原则，也破坏了市场的公平竞争秩序，损害了投资者的利益。

思考： 对于抑制财务造假，会计凭证在其中扮演什么角色？发挥什么作用？

第一节 会计凭证及其种类

会计凭证是会计工作的起点和基础，填制与审核会计凭证是会计核算的专门方法和会计工作中的重要环节，对会计信息质量具有至关重要的作用。

一、会计凭证的含义

会计凭证是用于记录交易或事项、明确经济责任，据以登记账簿的一种书面证明。任何单位办理交易或事项，都要办理凭证手续，由执行和完成该项交易或事项的有关人员填制会计凭证，说明交易或事项的内容和数量，并且在会计凭证上签字或盖章，对会计凭证的真实性和正确性负责。一切会计凭证都要经过有关人员严格审核，只有审核无误以后，才能据以登记账簿。因此，会计凭证的填制和审核，是反映和监督企业交易或事项、财务收支情况不可缺少的核算方法，是会计工作的一项重要内容。会计凭证对完成会计任务、发挥会计在经济管理中的作用，具有重要的意义。

（1）通过会计凭证的填制和审核，可以对交易或事项是否合理、合法进行监督和检查，保护企业财产的安全和合理使用，严肃财经纪律，防止发生违法违纪现象。

（2）通过会计凭证的填制和审核，可以正确地、及时地反映各项交易或事项的完成情况，为账簿记录提供可靠的依据，为分析和检查交易活动和财务收支情况提供必要的原始资料。

（3）通过会计凭证的填制和审核，可以明确经济责任，促使经办人员加强责任感，同时也有利于会计岗位责任制的建立。

二、会计凭证的种类

企业发生的交易或事项内容多种多样，反映每一项交易或事项的会计凭证格式也是多种多样的。会计凭证按其填制程序和用途不同，可以分为原始凭证和记账凭证两种。

1. 原始凭证

原始凭证亦称单据，用来记载交易或事项的发生和完成情况，是明确经济责任的最初书面证明，也是会计核算的原始资料和重要依据。原始凭证按其来源不同，可以分为外来原始凭证和自制原始凭证两种。

6-1 原始凭证

（1）外来原始凭证

外来原始凭证是指在交易或事项发生时，从其他单位或个人直接取得的一种原始凭证。购货时从供应单位或个人取得的发票、差旅费报销单据、对外付款时取得的收据、从银行转来的各种结算凭证等，都是外来原始凭证。外来原始凭证一般都是一次凭证。增值税专用发票是外来凭证，如表 6-1 所示。

表 6-1   增值税专用发票

发票联   开票日期：

购货方	名称： 纳税人识别号： 地址、电话： 开户行及账号：			密码区				
货物或应税劳务、服务名称	规格型号	单位	数量	单价	金额		税率	税额
合计								
价税合计（大写）				（小写）				
销货方	名称： 纳税人识别号： 地址、电话： 开户行及账号：			备 注				

收款人：   复核：   开票人：

销货方（章）：

（2）自制原始凭证

自制原始凭证，是指由本单位内部经办业务的有关部门或有关人员在执行或完成某项交易或事项时自行填制的凭证。财务部门在收、付款时填制的收款单、付款单，车间领用材料时填制的领料单，仓库保管部门在材料验收入库时填制的收料单等，都是自制原始凭证。

自制原始凭证按其填制次数，可以分为一次凭证、累计凭证和汇总凭证。

一次凭证是指对一项交易或事项、若干项同类交易或事项，在其发生后一次填制完毕的原始凭证。大部分自制原始凭证都是一次凭证，如收货单、发货单、收款收据、费用报销单、领料单等。领料单如表6-2所示。

表6-2 　　　　　　　　　　　　　××公司领料单

领料单位：××车间　　　　　　　　　　　　　　　　　　　　　　凭证编号：××
材料用途：××产品　　　　　　　　　××××年××月××日　　　发料仓库：××

材料编号	材料名称及规格	计量单位	数量		单价/元	金额/元
			请领	实发		
101	10 圆钢	吨	1	1	2 500	2 500

供应部门负责人：　　　　　审批人：　　　　　　会计人员：　　　　　　　发料人：

累计凭证是指在一定时期内连续记载同类交易或事项，至期末按其累计数作为记账依据的自制原始凭证。这种凭证的填制手续不是一次完成的，而是随着交易或事项的发生分次进行的。它主要适用于某些经常重复发生的交易或事项，工业企业常用的限额领料单就是一种典型的累计凭证。采用累计凭证，不仅可以减少凭证数量、简化核算手续，而且可以对材料消耗、成本管理起到事前控制的作用，是企业实施计划管理的手段之一。限额领料单如表6-3所示。

表6-3 　　　　　　　　　　　　××公司限额领料单

领料单位：××车间　　　　　　　　　　　　　　　　　　　　　　料单编号：××
材料用途：××产品　　　　　　　　　××××年××月××日　　　发料库号：××

材料类别	材料编号	材料名称	材料规格	计量单位	领料限额	全月实发数量	计划单价/元	全月实发金额/元	备注
钢材	76051	圆钢	10cm	吨	24	23	2 300	52 900	

领料日期	请领		实发			退库		限额余额
	数量	领料单位负责人签字	数量	发料人签字	收料人签字	数量	退料单编号	
××	6	×××	6	××	××			41 400
××	9	×××	9	××	××			20 700
××	8	×××	8	××	××			2 300
合计	23		23					2 300

供应部门负责人：　　　　　生产计划部门负责人：　　　　　　仓库负责人：

汇总凭证是指在会计核算工作中，为简化记账凭证的编制工作，汇总编制一定时期内若干份记录同类经济业务的原始凭证，用于集中反映某项经济业务总体发生情况的原始凭证。

为了集中反映某类交易或事项，可以将记录一定时期内经常重复发生的同类交易或事项的原始凭证定期（如每日、每旬或每月）汇总编制成原始凭证汇总表，以汇总数作为记账的根据。汇总凭证既可以提供管理所需的指标，又可以简化核算手续。发料凭证汇总表就是一种汇总凭证，如表6-4所示。

表6-4 　　　　　　　　　　　　发料凭证汇总表

××××年××月　　　　　　　　　　　　　　　　　　　　　　　　　单位：元

应借科目	应贷科目		
	原材料	燃料	合计
生产成本			
1—10 日	3 248	176	3 424

续表

应借科目	应贷科目		
	原材料	燃料	合计
11—20日	3 365	183	3 548
21—30日	3 476	181	3 657
小计	10 089	540	10 629
制造费用			
1—10日	986		986
11—20日	974		974
21—30日	952		952
小计	2 912		2 912
合计	13 001	540	13 541

由于原始凭证是用来证明交易或事项发生或完成情况的凭证，并且是会计核算的原始依据，所以凡是不能证明交易或事项发生或完成情况的单据或凭证都不是原始凭证，如经济合同、车间填制的请购单、银行存款对账单等。

2. 记账凭证

交易或事项发生后，会计人员根据审核后的原始凭证编制会计分录，将其作为记账的依据。在实际工作中，会计分录一般填制在专门的表单中，这种表单就是记账凭证。

记账凭证亦称传票，是根据原始凭证或原始凭证汇总表编制，用来确定会计分录，作为记账依据的会计凭证。有了原始凭证，已经能证明交易或事项的发生，为什么还要填制记账凭证呢？一是原始凭证种类繁多，所反映的交易或事项的内容不同、格式不一，有外来的，有自制的，大小不整齐；二是原始凭证没有标明会计科目的对应关系，没有编制会计分录，直接根据原始凭证记账容易发生差错。因此，有必要将各种原始凭证反映的经济内容加以归类整理，编制记账凭证，即在记账凭证上确定会计分录，并简单记录交易或事项的内容，把原始凭证附在记账凭证后面作为原始依据。这样，记账凭证就成了记账的直接依据，就可避免许多差错，从而提高会计工作的质量。应该说明的是，有些交易或事项，如更正错账、调整账项和结账等，无法取得原始凭证，这类交易或事项也可以根据有关数据资料编制记账凭证。

6-2 记账凭证

记账凭证与原始凭证虽然都属于会计凭证，但二者是有区别的。原始凭证由本单位或外单位经办人员或部门填制，记账凭证则由本单位会计部门的会计人员填制。原始凭证是交易或事项发生或完成情况的书面证明，仅对交易或事项进行客观反映或说明；记账凭证则对交易或事项进行了初步的归类整理，明确了交易或事项应借、应贷的会计科目、记账方向和记账金额，并可直接作为记账的依据。原始凭证的填制或取得，以交易或事项的实际发生或完成情况为基础；记账凭证通常以原始凭证为基础填制。

记账凭证可以按不同标准进行分类。

（1）记账凭证按其记录交易或事项内容的不同，分为收款凭证、付款凭证和转账凭证三种。

收款凭证是用来记录库存现金和银行存款收入业务的记账凭证，付款凭证是用来记录库存现金和银行存款付出业务的记账凭证，转账凭证是用来记录不涉及库存现金和银行存款收付款业务的记账凭证。

由于收款凭证、付款凭证和转账凭证是专门用于记录某一类交易或事项的记账凭证，所以，它们又统称为专用记账凭证。收款凭证、付款凭证、转账凭证的格式分别如表 6-5～表 6-7 所示。

表6-5　　　　　　　　　　　　　收款凭证

借方科目：银行存款　　　　　　　　　　　××××年××月××日　　　　　　　　　　　　　　银收字第××号

摘要	贷方科目		金额	过账
	一级科目	二级或明细科目		
收回A公司前欠货款	应收账款	A公司	15 000	
合计			15 000	

会计主管：　　　　　记账：　　　　　审核：　　　　　出纳：　　　　　填制：

表6-6　　　　　　　　　　　　　付款凭证

贷方科目：银行存款　　　　　　　　　　　××××年××月××日　　　　　　　　　　　　　　银付字第××号

摘要	借方科目		金额	过账
	一级科目	二级或明细科目		
从银行提取现金	库存现金		8 000	
合计			8 000	

会计主管：　　　　　记账：　　　　　审核：　　　　　出纳：　　　　　填制：

表6-7　　　　　　　　　　　　　转账凭证

××××年××月××日　　　　　　　　　　　　　　转字第××号

摘要	会计科目		借方金额	贷方金额	过账
	一级科目	二级或明细科目			
生产A产品领用甲材料	生产成本 原材料	A产品 甲材料	3 000	3 000	
合计			3 000	3 000	

会计主管：　　　　　记账：　　　　　审核：　　　　　出纳：　　　　　填制：

　　在实际工作中，为了便于区别这三种专用记账凭证，一般采用不同颜色的文字或纸张印刷。在一些交易或事项比较简单的小型企业里，通常对收款、付款和转账业务不加区分，统一使用一种记账凭证，这种记账凭证称为通用记账凭证。通用记账凭证的格式与转账凭证的格式基本相同。

　　（2）记账凭证按其填列会计科目数目不同，分为单式记账凭证、复式记账凭证两种。

　　单式记账凭证是指反映一个会计科目内容的记账凭证。一项交易或事项的会计分录涉及几个会计科目，就要分别填制几张记账凭证。只记录借方会计科目的单式记账凭证称为借项记账凭证，只记录贷方会计科目的单式记账凭证称为贷项记账凭证。

　　采用单式记账凭证时，每笔会计分录至少要填制两张记账凭证，有助于汇总交易或事项、实行会计部门内部的岗位责任制、防止差错和舞弊。单式记账凭证的凭证填制工作量较大，凭证数量较多，不易保管，故使用的单位较少。单式记账凭证的格式如表6-8、表6-9所示。

表6-8　　　　　　　　　　　　　借项记账凭证

对应科目：银行存款　　　　　　　　　　　××××年××月××日　　　　　　　　　　　　　　编号：1-1/2

摘要	一级科目	二级或明细科目	金额	记账
从银行提取现金	库存现金		5 000	

会计主管：　　　　　记账：　　　　　审核：　　　　　出纳：　　　　　填制：

表 6-9 贷项记账凭证

对应科目：库存现金　　　　　　　　　　　×××年××月××日　　　　　　　　　　编号：1-2/2

摘要	一级科目	二级或明细科目	金额	记账
从银行提取现金	银行存款		5 000	

会计主管：　　　　记账：　　　　审核：　　　　出纳：　　　　填制：

复式记账凭证是指能反映一项完整交易或事项的记账凭证，即凡属于同一笔交易或事项的会计分录，不论涉及几个会计科目，一般都填制在一张记账凭证上。复式记账凭证可以反映会计科目的对应关系，便于用来了解交易或事项的全貌，同时可以减少凭证的数量。复式记账凭证不便于分工记账及汇总会计科目。上述专用记账凭证和通用记账凭证均为复式记账凭证。

除了上述记账凭证外，还有一种汇总的记账凭证，它是根据同类业务的记账凭证进行整理汇总编制而成的。汇总的记账凭证有科目汇总表和汇总记账凭证两种形式。汇总的记账凭证的作用与一般记账凭证相同，但填制汇总的记账凭证可以减少登记总账的工作量。

第二节　原始凭证

原始凭证是进行会计核算的原始资料和重要依据，它记载着大量的经济信息，又是证明经济业务发生的初始文件，因此具有较强的法律效力。

一、原始凭证的基本内容

原始凭证记录的交易或事项是多种多样的，每一种原始凭证所记录的具体内容也不完全一致。例如，收料单记录的是材料收入事项，而领料单记录的是材料领用事项，两者的内容显然不同。但无论哪一种原始凭证，都应该说明交易或事项的执行和完成情况，都应该明确经办业务的部门和人员以及其他有关单位的经济责任。因此，各种原始凭证都应该具备一些共同内容，这些共同内容也就是每一种原始凭证必须具备的要素。

原始凭证的基本内容如下。

（1）原始凭证的名称。

（2）填制凭证的日期。

（3）填制凭证单位名称或填制人姓名。

（4）接受凭证单位名称。

（5）交易或事项内容摘要。

（6）交易或事项数量、单价和金额。

（7）经办人员的签字或盖章。

为满足管理的需要，有些原始凭证还可列入一些补充项目，如计划任务、工作令号、合同号数、预算项目等。有些原始凭证附有相关附件，如发票附有运单和货物明细单等。对于这些附件，也应在原始凭证中加以注明（包括号码和件数），以达到保证凭证完整的目的。

二、原始凭证的填制

原始凭证的填制具体分为一次凭证的填制和累计凭证的填制。外来原始凭证和大多数自制原始凭证都是根据一项或若干项同类交易或事项按规定的要求和内容一次编制完成的。填制累计凭证，则是在凭证的有效期内，对同类交易或事项按时间顺序逐笔记录，直至期末，加计总数作为记账的原始依据。此外，填制原始凭证汇总表是将同类的一次或累计原始凭证定期汇总，将汇总数作为记账依据。企业的发料凭证汇总表就是根据全月的所有领料单、限额领料单定期汇总编制的。

原始凭证是企业核算工作最原始的资料，它的填制手续必须符合一定的要求，才能保证整个会计核算资料的正确性。要求如下。

（1）真实可靠。真实可靠是填制原始凭证最重要的要求。填制原始凭证时，必须根据实际发生的交易或事项，按照规定的格式如实地填写，不可估计或匡算。

（2）内容完整。原始凭证需要按照规定的格式和内容逐项填写，不得省略和遗漏。对于需要用文字说明的内容，说明应该既简要又清晰。

（3）数字正确。原始凭证记载的内容要用蓝色或黑色墨水填写，不得任意涂改。原始凭证有错误的，按规定应当由出具单位重开或者更正。企业自行编制的原始凭证或原始凭证汇总表填写错误时，可采用划线更正法更正，即将错误的文字或数字划去，使原来错误的文字或数字清晰可见，然后将正确的文字或数字写在原来的文字或数字上面，并加盖更改人印章。

对涉及现金、银行存款收付的原始凭证，如支票、收据等，均应事先编好顺序号。这类凭证如发生填写上的错误，不能采用划线更正法更正，而应将其作废注销，即在原始凭证上加盖"作废"戳记，连同存根一起保存，不得撕毁。

凡填有大写和小写金额的原始凭证，大写与小写金额必须相符。

（4）书写规范。凭证上的文字或数字必须字迹端正、清晰，易于辨认。合计的小写金额前要标明人民币符号"¥"。人民币符号与阿拉伯数字之间不得留有空白。所有以元为单位的阿拉伯数字，除表示单价等情况外，一律填写到角、分，无角、分的要以"0"补位。汉字大写金额数字，一律用正楷或行书书写，如壹、贰、叁、肆、伍、陆、柒、捌、玖、拾、佰、仟、万、亿、元、角、分、零、整。大写金额后无角、分的，在"元"字后用"整"字结尾。

（5）填制及时。交易或事项结束，应按规定由经办人填制或取得原始凭证，并按规定的程序及时传递，及时送交会计部门审核，作为会计核算的依据。

（6）手续完备。从外单位取得的原始凭证，必须加盖填制单位的公章。从个人处取得的原始凭证，必须有填制人员的签字或盖章。自制原始凭证必须有经办单位领导人或者其指定的人员的签字或盖章。对外开出的原始凭证，必须加盖本单位公章。购买实物的原始凭证，必须有验收证明。支付款项的原始凭证，必须有收款单位和收款人的收款证明。一式几联的发票和收据，必须用双面复写纸套写，并连续编号。

货物发生销售退回的，除填制退货发票外，还必须有退货验收证明；退款时，必须取得对方的收款收据或者汇款银行的凭证，不得以退货发票代替收据。

三、原始凭证的审核

为了保证会计记录的真实、正确，发挥会计工作的监督作用，在记账前，原始凭证必须经过指定人员的审核。原始凭证的审核主要有以下三个方面的内容。

（1）合法性、合规性与合理性审核。审查原始凭证所反映的交易或事项是否合法、合规与合理，即是否符合有关政策、法令、制度、计划、预算和合同等规定，有无违法乱纪行为，费用开支是否合理、是否符合开支标准，有无弄虚作假行为等。

（2）完整性审核。审核原始凭证的手续是否完备，应填写的项目是否填写齐全，有关经办人员是否都已签字或盖章，是否经过主管人员审批同意等。对于内容填写不全、手续不完备的凭证，应退还给经办人员补办完善后，才能据以登记入账。

（3）正确性审核。审核原始凭证的摘要和数字是否填写清楚、正确，数量、单价、金额、合计数等有无差错，大写与小写金额是否相等。对于数字填写有差错的凭证，应退还给经办人员进行更正后才能据以入账。

原始凭证的审核是一项十分细致的工作，也是非常严肃的工作。为做好原始凭证的审核，正确发挥会计监督作用，会计人员应当做好两方面的工作。首先，会计人员要熟悉与各项交易或事项有关的政策、法令、规章制度和计划、预算的规定，全面了解本单位业务经营情况。这样，会计人员才能正确地确定哪些交易或事项是合法、合理的，哪些交易或事项是不合法、不合理的，从而发现问题，堵塞漏洞。其次，会计人员应该坚持原则，认真履行职责。对于违法、违纪、违反制度规定的行为，如超出计划、预算或者超过规定标准的各项开支，违反制度规定的预付款项等，会计人员有权拒绝付款或拒绝报销，但应当向有关人员讲清道理，促使其自觉地执行有关政策和制度；对于内容或手续不完备、数据有错误的凭证，会计人员应当退回，要求经办人员补填或更正；如发现有伪造或涂改的凭证，应及时向有关人员报告，进行处理。

原始凭证的质量决定了会计信息的真实性和可靠性。会计机构、会计人员必须按照会计制度的规定对原始凭证进行审核：对于不真实、不合法的原始凭证有权不予接受，并向单位负责人报告；对于记载不准确、不完整的原始凭证有权予以退回，并要求按照会计制度的规定予以更正、补充。

总之，原始凭证是一切交易或事项入账的依据，严格审核原始凭证是加强企业内部控制的必要手段。因此，做好这项工作的意义十分重大。

第三节 | 记账凭证

记账凭证是由会计部门根据已经审核无误的原始凭证或原始凭证汇总表编制而成的。它记载了经济业务的简要内容，是记账的直接依据。

一、记账凭证的基本内容

记账凭证是专门对原始凭证的信息内容进行归类整理，运用账户和复式记账方法，编制会计分录，作为登记账簿依据的会计凭证。记账凭证虽然种类不一，但不论哪一种记账凭证，都必须具备一些共同的内容。

记账凭证的基本内容如下。

（1）记账凭证的名称。

（2）填制单位的名称。

（3）填制凭证日期和凭证编号。

（4）交易或事项的内容摘要。

（5）应借、应贷会计科目的名称和金额。

（6）所附原始凭证的张数。

（7）会计主管、记账、复核、出纳、制证等有关人员的签字或盖章。

二、记账凭证的填制

1. 记账凭证的填制方法

记账凭证应当根据经过审核无误的原始凭证及有关资料填制。具体来说，记账凭证可以根据每一张原始凭证填制，也可以根据若干张同类原始凭证汇总填制，还可以根据原始凭证汇总表填制。填制记账凭证时，要根据原始凭证所记录的交易或事项的内容，运用复式记账方法，确定会计分录，从而把大量的原始凭证进一步按会计科目加以归类。这对分类保管和查阅原始凭证、简化记账工作具有重要的作用。由此可见，根据原始凭证填制记账凭证，是会计核算工作的重要环节。

（1）收款凭证的填制方法

收款凭证是用来记录库存现金和银行存款收款业务的凭证，它是根据库存现金或银行存款收款业务的原始凭证填制的。在收款凭证左上方固定设置"借方科目"，用于填列"库存现金"或"银行存款"科目。在凭证内所反映的"贷方科目"栏，应填列与收入库存现金或银行存款相对应的一级科目、二级或明细科目，金额数也就是"库存现金"或"银行存款"科目借方金额合计数。

（2）付款凭证的填制方法

付款凭证是用来记录库存现金和银行存款付款业务的凭证，它是根据库存现金或银行存款付款业务的原始凭证填制的。在付款凭证左上方固定设置"贷方科目"，用于填列"库存现金"或"银行存款"科目。在凭证内所反映的"借方科目"栏，应填列与支出库存现金或银行存款相对应的一级科目、二级或明细科目，金额数也就是"库存现金"或"银行存款"科目贷方金额合计数。

库存现金与银行存款之间的相互划转业务，如将库存现金存入银行，或从银行存款中提取现金，应填制一张付款凭证。例如，将现金存入银行，既涉及银行存款的收入，又涉及库存现金的支出，如果同时填制银行存款收款凭证和库存现金付款凭证，并按两张凭证分别记入"库存现金"和"银行存款"会计科目，就会造成重复记账。因此，为避免重复记账，实际工作中，对库存现金和银行存款之间的相互收付业务，统一规定只填制付款凭证，而不填制收款凭证。

收付款凭证不仅是登记账簿的依据，也是出纳人员收付款的依据。因此，为加强对货币资金的管理，出纳人员不能只根据收付款的原始凭证办理收付款业务，而必须根据经过会计主管或其指定人员审批的收付款凭证办理收付款业务。

（3）转账凭证的填制方法

转账凭证是用于记录与库存现金和银行存款收付无关的转账业务的凭证，它是由会计人员根据审核无误的转账业务原始凭证填制的。转账凭证中一级科目、二级或明细科目应分别填列应借、应贷的会计科目，发生的金额分别在"借方金额"和"贷方金额"栏填制，其合计数相等。

（4）通用记账凭证的填制方法

通用记账凭证的填制方法与转账凭证的填制方法相同，其填制依据是经审核无误的原始凭证或汇总原始凭证。采用通用记账凭证时，库存现金与银行存款之间相互收付的业务只填制一张记账凭证，因而没有重复记账的问题。

（5）单式记账凭证的填制方法

单式记账凭证的填制依据是经审核无误的原始凭证或汇总原始凭证。在单式记账凭证中，每张凭证都要填列对应会计科目的名称，以便相互对照。由于使用单式记账凭证时，一笔交易或事项的会计分录要同时编制两张或两张以上的凭证，所以在凭证编号项目下，除按交易或事项顺序编列总号外，还要按该项业务的记账凭证数量编列分号。例如，在表 6-8 和表 6-9 中，一笔提取现金的交易或事项共涉及"库存现金"和"银行存款"两个会计科目，于是填制了两张单式记账凭证。其中，第一张借项记账凭证的编号为 1-1/2，第二张贷项记账凭证的编号为 1-2/2。编号前面的整数 1 为总号，表示交易或事项的顺序；后面的分数 1/2 和 2/2 为分号，分母表示该项业务共填制了两张单式记账凭证，分子分别表示两张记账凭证中的第一张和第二张。

2. 记账凭证的填制要求

记账凭证的填制要求与前述原始凭证的填制要求基本相同，相关人员必须严格遵守。同时，填制记账凭证还必须注意以下几点。

（1）摘要简明、准确。会计人员必须根据不同性质的交易或事项的特点简明扼要地填写摘要，不得漏填或错填。收付款业务要写明收付款对象的名称、款项内容，使用银行支票的还应填写支票号码。

（2）正确编制会计分录。会计人员必须按照会计制度的统一规定选用会计科目，应填写会计科目的全称，不能任意用会计科目的编号或简称来代替，必要时写明二级科目和三级科目。用借贷记账法编制会计分录时，一般编制一借一贷、一借多贷或多借一贷的会计分录，少数情况下，也可编制多借多贷的会计分录。

（3）不能将不同类型的交易或事项合并填制一张记账凭证。记账凭证可以根据一项交易或事项单独填制，也可以根据同类交易或事项合并填制，但不能把不同内容、不同类型的交易或事项合并编制一组会计分录，否则会造成交易或事项的具体内容含混不清。

（4）填写完交易或事项后，记账凭证如有空行，应当自金额栏最后一笔数字下的空行处至合计数的空行处划线注销。

（5）除结账和更正错误的记账凭证可以不附原始凭证外，其他记账凭证必须附有原始凭证。

（6）为了加强经济责任，在填制记账凭证过程中，相关人员应依次在记账凭证上签字或盖章，收、付款凭证还应由出纳人员签字并加盖"收讫""付讫"戳记。

三、记账凭证的审核

正确填制记账凭证是正确登记账簿的前提。为了保证记账凭证的正确性，必须对记账凭证进行严格的审核。审核记账凭证的主要内容如下。

（1）记账凭证是否附有原始凭证，所附原始凭证的内容和张数是否与记账凭证记录的内容相符。

（2）应借、应贷的会计科目名称和金额是否与交易或事项的内容相符，会计科目对应关系是否清晰。所用的会计科目名称、核算内容，必须符合会计制度的规定。

（3）记账凭证中的有关项目是否填列齐全，有关人员是否签字或盖章。

审核中如发现记账凭证有差错，应查明原因，要求相关人员重填或用划线更正法更正，并在更正处由更正人员盖章。

第四节 会计凭证的保管

会计凭证是重要的经济档案，是各项交易或事项的历史记录。为了保证会计凭证的安全和完整，在需要的时候方便查询，必须加强对会计凭证的保管。会计凭证的保管主要是指对会计凭证在记账后的整理、装订、编目和归档保管。会计凭证的保管应注意以下几个方面。

（1）会计凭证要及时传递，不得积压，以保证会计核算的及时、正常进行。

（2）每月记账工作结束后，首先，应将本月所有记账凭证及其附件加以整理，并编好顺序排列整齐，连同汇总表和银行对账单等，加上封面和封底，装订成册，并在装订处加贴封签，盖上公章，以防任意拆装。然后，在封面上写明单位名称，所属年份、月份，记账凭证的起止日期、起讫编号，本期的总册数和分册数等，并将附件折叠整齐，加以归档保管。如果某一张记账凭证所附的原始凭证较多，如收、发料单，销货单等，可将这些原始凭证另行装订保管，并在记账凭证中注明，以备查考。

（3）会计凭证应按年月顺序排列，指定专人负责保管；查阅时应有一定的手续制度，一般不能任意出借。遇到特殊情况，如发生经济案件，需用某一会计凭证作证时，经本单位会计主管人员批准，可以复制，但不得直接抽出原始凭证。向外单位提供的原始凭证复印件，应当在专设的登记簿上登记，并由提供人员和收取人员共同签字或盖章。

（4）会计凭证的保管期限。根据规定，原始凭证、记账凭证和汇总凭证保管期一般为30年。保管期满需销毁时，除特殊规定外，可以按照规定程序予以销毁。

本章习题

一、单项选择题

1. 用于记录交易或事项、明确经济责任、登记账簿的书面证明是（   ）。
   A. 账户   B. 会计凭证   C. 会计报表   D. 会计分录
2. 会计凭证分为原始凭证和记账凭证的依据是（   ）。
   A. 填制方式不同   B. 反映经济业务的方法不同
   C. 填制程序和用途不同   D. 取得的来源不同
3. 下列关于一次凭证的表述错误的是（   ）。
   A. 一次凭证是原始凭证的一种
   B. 一次凭证是用于记录一项或若干项同类经济业务的原始凭证
   C. 一次凭证的填制手续是一次完成的，已填列的凭证不能重复使用
   D. 一次凭证是会计人员根据原始凭证填制的记账凭证
4. 下列不属于原始凭证基本内容的是（   ）。
   A. 应借应贷科目   B. 经济业务内容
   C. 填制日期   D. 有关人员签章
5. 记账凭证是根据审核无误的（   ）填制的。
   A. 经济合同   B. 原始凭证   C. 账簿记录   D. 银行对账单
6. 限额领料单是一种（   ）。
   A. 累计凭证   B. 一次凭证
   C. 单式记账凭证   D. 复式记账凭证
7. 从银行提取现金业务，一般应编制（   ）。
   A. 银行存款的收款凭证   B. 银行存款的付款凭证
   C. 现金的收款凭证   D. 现金的付款凭证
8. 企业以银行存款归还银行借款的业务，企业应编制（   ）。
   A. 转账凭证   B. 收款凭证   C. 付款凭证   D. 累计凭证
9. 记账凭证按其记录交易或事项内容的不同，可以分为（   ）
   A. 单式凭证和复式凭证   B. 收款凭证、付款凭证和转账凭证
   C. 通用凭证和专用凭证   D. 一次凭证、累计凭证和汇总凭证
10. 关于原始凭证审核，做法错误的是（   ）
   A. 对于不真实、不合法的原始凭证有权不予接受，并向单位负责人报告

B. 对于记载不准确、不完整的原始凭证有权予以退回，并要求按照会计制度的规定予以更正、补充

C. 发现有伪造或涂改的凭证，应及时向有关人员报告，进行处理

D. 原始凭证的金额出现错误，由出具单位另开证明，作为原始凭证的附件

二、多项选择题

1. 会计凭证可以用于（　　　）
   A. 记录经济业务　　B. 明确经济责任　　C. 登记账簿　　　D. 编制报表

2. 会计凭证按用途和填制程序分为（　　　）。
   A. 原始凭证　　　　B. 累计凭证　　　　C. 记账凭证　　　D. 转账凭证

3. 原始凭证的审核，主要审核内容有（　　　）。
   A. 经济性审核　　　　　　　　　　B. 完整性审核
   C. 正确性审核　　　　　　　　　　D. 合法性、合规性与合理性审核

4. 下列凭证中属于原始凭证的有（　　　）。
   A. 产品成本计算单　　　　　　　　B. 提货单
   C. 购货发票　　　　　　　　　　　D. 发出材料汇总表

5. 银行存款付款凭证可以作为出纳人员（　　　）的依据。
   A. 登记库存现金总账　　　　　　　B. 登记银行存款总账
   C. 登记库存现金日记账　　　　　　D. 登记银行存款日记账

6. 下列证明文件中，属于原始凭证的有（　　　）。
   A. 银行存款余额调节表　　　　　　B. 实存账存对比表
   C. 限额领料单　　　　　　　　　　D. 经济合同

7. 限额领料单属于（　　　）。
   A. 原始凭证　　　B. 汇总凭证　　　C. 一次凭证　　　D. 累计凭证

8. 记账凭证审核内容有（　　　）。
   A. 记账凭证是否附有原始凭证，是否与记账凭证记录的内容相符
   B. 应借、应贷的会计科目名称和金额是否与交易或事项的内容相符
   C. 记账凭证中的有关项目是否填列齐全，有关人员是否签字或盖章
   D. 记账凭证是否附有经济合同，是否与记账凭证记录的内容相符

9. 发料凭证汇总表属于（　　　）。
   A. 原始凭证　　　B. 汇总凭证　　　C. 一次凭证　　　D. 记账凭证

10. 对于库存现金和银行存款之间相互划转的经济业务，通常需要编制（　　　）。
    A. 银行存款收款凭证　　　　　　　B. 银行存款付款凭证
    C. 库存现金付款凭证　　　　　　　D. 库存现金付款凭证

三、简答题

1. 会计核算的依据是什么？它对做好会计工作有何意义？
2. 什么是原始凭证？原始凭证按其不同标准可分几类？
3. 什么是记账凭证？记账凭证按其不同标准可分几类？
4. 原始凭证审核的主要内容有哪些？
5. 收款凭证、付款凭证、转账凭证的填制方法有何不同？
6. 涉及库存现金与银行存款之间相互划转的交易或事项应填制什么凭证？为什么？
7. 记账凭证的填制要求是什么？
8. 记账凭证审核的主要内容有哪些？

9. 原始凭证与记账凭证有何区别？

10. 如何做好会计凭证保管工作？

四、业务题

【业务一】

1. 目的

练习记账凭证的填制。

2. 资料

天宝公司2×25年5月发生下列交易或事项。

（1）5月2日接受大洋公司投资60 000元，款项已存入银行。

（2）5月5日开出支票支付广告费1 200元。

（3）5月7日从甲公司购进材料40 000元，取得增值税专用发票，增值税税率为13%，货款及税款未付。

（4）5月10日从银行提取现金5 000元，以备日常开支。

（5）5月15日销售商品一批，货款为11 000元，增值税税率为13%，款项已存入银行。

（6）5月19日生产产品领用甲材料25 000元。

（7）5月24日用库存现金购买办公用品420元。

（8）5月26日用银行存款支付本月水电费680元。

（9）5月28日开出支票支付从甲公司购入材料的部分货款20 000元。

（10）5月30日收回职工张兰借款600元。

3. 要求

（1）根据上述资料确定应填列的收款凭证、付款凭证和转账凭证的种类。

（2）根据上述资料填制收款凭证、付款凭证和转账凭证。

【业务二】

1. 目的

练习记账凭证的填制。

2. 资料

天山公司2×25年3月发生下列交易或事项。

（1）1日，开出现金支票从银行提取现金36 000元，准备发放工资。

（2）2日，以库存现金发放工资36 000元。

（3）2日，签发转账支票偿还前欠A单位货款50 000元。

（4）3日，收回E单位前欠货款80 000元，存入银行。

（5）3日，签发转账支票购买甲材料100 000元，增值税13 000元，取得增值税专用发票，材料已入库。

（6）4日，收到F单位还来的欠款30 000元，款项已存入银行。

（7）5日，将库存现金18 000元送存银行。

（8）5日，销售给C单位M产品100 000元，增值税税额13 000元，货款尚未收到。

（9）6日，厂部行政人员王浩出差，预借差旅费2 000元，出纳人员付给现金。

（10）6日，签发现金支票从银行提取现金3 000元备用。

（11）7日，签发转账支票缴纳上月企业所得税60 000元。

（12）8日，为救助失学儿童，向希望工程捐款100 000元，通过银行汇出。

（13）8日，收到C单位还来前欠货款14 400元，存入银行。

（14）8日，签发转账支票支付电视广告费60 000元。

（15）8日，签发转账支票购买一台机器设备300 000元（不考虑增值税）。

（16）9日，签发转账支票购买厂部办公用品12 000元。

（17）9日，李扬出差预借差旅费2 500元，出纳人员办理借出现金业务。

（18）10日，签发现金支票从银行提取现金5 000元备用。

（19）10日，以银行存款支付电话费3 000元，其中行政管理部门2 000元，销售部门1 000元。

（20）11日，签发转账支票预付给B单位货款100 000元。

（21）12日，向C单位销售N产品90 000元，增值税税率13%，款项收到后存入银行。

（22）12日，三个月前收到的C单位的商业汇票到期，收回票款150 000元存入银行。

（23）12日，从A单位购进甲材料120 000元，增值税税率13%，取得增值税专用发票，材料入库，货款暂欠。

（24）13日，向外地D单位销售M产品80 000元，增值税税率13%，货款尚未收到。

（25）15日，签发转账支票偿还前欠B单位货款14 600元。

（26）15日，从B单位购进丙材料180 800元（含税价，增值税税率13%），取得增值税专用发票，预付货款抵顶，材料已入库。

（27）16日，收到D单位汇来93 600元欠款，存入银行。

（28）16日，王浩出差归来，报销差旅费1 600元，剩余400元交回现金。

（29）17日，李扬出差归来，报销差旅费2 800元，差额300元由出纳人员支付现金给李扬。

（30）17日，从工商银行借入六个月期借款500 000元，存入银行存款户。

（31）18日，从A单位购进甲材料80 000元，增值税10 400元，取得增值税专用发票，以银行存款支付，材料已验收入库。

（32）19日，经批准，从建设银行借入两年期借款1 000 000元，存入银行存款户。

（33）19日，以库存现金支付行政管理部门办公费600元。

（34）20日，签发转账支票偿还前欠A单位货款43 600元。

（35）21日，从B单位购进丙材料50 000元，增值税税额6 500元，取得增值税专用发票，货款以银行存款支付；另以库存现金200元支付搬运费。

（36）22日，向C企业销售M产品，实现收入200 000元，增值税税率13%，收到一张113 000元的转账支票，存入银行，余款暂欠。

（37）23日，向D企业销售N产品，收入50 000元，增值税税额6 500元，货款尚未收到。

（38）23日，支付本季度短期借款利息12 000元，其中前两个月已预提9 000元。

（39）25日，收到C企业还来的欠款37 000元。

（40）26日，收到D企业交来的银行承兑汇票一张，面值56 500元，期限两个月，抵付前欠货款。

3. 要求

根据上述交易或事项填制记账凭证。

学习目标

本章旨在阐述会计账簿的基本知识，内容主要包括会计账簿的含义和种类、会计账簿的设置与登记、会计账簿的使用规则、对账和结账等。具体学习目标如下。

（1）了解会计账簿的含义、会计账簿的使用规则

（2）掌握会计账簿的分类，掌握日记账、总账、明细账的格式与登记方法

（3）掌握错账更正方法、对账与结账的内容

（4）了解账簿的管理

（5）理解账簿是企业诚信经营和合规管理的重要载体

引导案例

华为

华为投资控股有限公司（以下简称华为）创立于1987年。在过去的三十多年里，从一个小型的电话交换网络供应商发展成为全球领先的信息与通信技术（Information and Communication Technology，ICT）基础设施和智能终端提供商。华为在ICT基础设施、终端、数字能源、云计算、智能汽车解决方案及其他领域，为运营商客户、企业客户和消费者提供有竞争力的ICT解决方案、产品和服务，并致力于实现未来信息社会、构建更美好的全连接世界。

2023年《财富》公布世界500强（企业名单），华为排名第111位。2023年实现销售收入7 041.74亿元，同比增长9.6%；净利润为869.50亿元。华为2023年营业收入增长情况如表7-1所示。

表 7-1　　　　　　　　　　　　华为 2023 年营业收入增长情况

收入类别	2023 年/亿元	2022 年/亿元	同比增长/%
ICT 基础设施业务	3 619.97	3 539.78	2.3
终端业务	2 514.96	2 144.63	17.3
云计算业务	552 87	453.42	21.9
数字能源业务	526.07	508.06	3.5
智能汽车解决方案业务	47.37	20.77	128.1
其他业务	86.24	39.78	116.8
抵销	（305.74）	（283.06）	8.0
合计	7 041.74	6 423.38	9.6

2023年华为的业务遍及170多个国家和地区，为全球30多亿人口提供服务。华为的财务组织为更好地服务企业在全球范围内拓展业务的发展战略，推行财务工作标准化，要求"科目统一、编码统一、制度统一、流程统一"，通过信息化技术与公司业务处理的相互支撑，建立财务共享中心，实现业财融合，提高了会计工作的效率和准确性，使财务系统可以更好地支撑业务的发展。

思考：华为的财务系统中账簿是如何设置的呢？如何保证账簿记录的正确性？

第一节 会计账簿及其种类

设置和登记账簿是会计核算方法之一，是连接会计凭证与财务报表的中间环节，是会计核算的基础工作，对保障会计信息质量具有至关重要的作用。

一、会计账簿的含义

会计账簿简称账簿，是由一定格式、互有联系的账页组成，用来序时地、分类地记录和反映各项交易或事项的簿籍。账簿是记录会计信息的载体。记账是对交易或事项的原始数据进行加工，使账簿记录的数据成为有用的会计信息的重要步骤。

企业日常发生的交易或事项，通过填制会计凭证，已经如实加以反映。由于会计凭证数量多且零散，如果不把它们集合在一处，会计凭证就容易散失，也不便于保管，于是需要设置账簿。通常说的记账就是根据记账凭证所确定的会计分录，在账簿中按账户进行登记。设置账簿及在账簿中进行登记，有利于全面地、系统地记录和反映企业生产经营的情况，把大量而分散的核算资料进行归类整理。

账簿和账户既有区别，又有密切联系。账户是在账簿中按规定的会计科目开设的户头，用来反映某一个会计科目所要核算的内容。账簿中的账页是账户的存在形式和载体。账簿按照账户归类反映各项交易或事项，可以提供总括的和明细的核算指标。

设置和应用账簿是会计工作的一个重要环节，其重要作用可以概括如下。

（1）账簿记录是编制财务报表的重要依据。会计部门在定期编制财务报表时，报表中的各项数字，有的是根据账簿记录直接填列，有的则是根据账簿记录计算分析填列。因此，账簿记录是否真实、正确、及时，将会直接影响财务报表的真实性、正确性和及时性。

（2）账簿是重要的经济档案。设置账簿有利于保存会计资料，供日后查考。

（3）在规模大的企业里，设置账簿便于会计工作的分工。

（4）账簿是会计分析和会计检查的重要依据。

任何企业都必须根据交易或事项的特点和经营管理的要求，设置必要的账簿，认真做好记账工作。账簿的设置和登记，既要满足企业日常经营管理和定期编制财务报表的需要；又要使账簿简明实用，节约记账的人力和物力，避免重复设账和记账。

二、会计账簿的种类

由于各企业的经济业务和经营管理要求不同，账簿的种类也有所不同。为了正确地设置和运用账簿，可以从不同的角度对其进行分类。

1. 会计账簿按用途分类

会计账簿按其用途不同，一般可分为序时账簿、分类账簿和备查账簿三种。

（1）序时账簿

序时账簿简称序时账，又称日记账，是对各项交易或事项按照其发生时间的先后顺序进行登记的账簿。它既可以用来记录全部交易或事项的发生情况，又可以用来记录某一类交易或事项的发生情况。序时账又可分为普通日记账和特种日记账两种。

普通日记账是用来登记全部交易或事项发生情况的日记账。早期的会计核算一般采用普通日记账。一个企业往往只设一本账簿用于记录当天发生的全部交易或事项。通常把每天发生的交易或事项，按照时间先后顺序，在普通日记账中编成会计分录，作为过入分类账的依据，因此普通日记账又叫分录簿。这种日记账登记工作量太大，查阅也不方便，所以，目前会计实际工作中很少使用。

特种日记账是用来记录某一类交易或事项发生情况的日记账。由于交易或事项的增多，仅使用一本普通日记账很不方便，因此有必要设置若干本特种日记账分别记录各类交易或事项，并确定会计分录，作为过入分类账的根据。特种日记账是用来记录某一类交易或事项发生情况的日记账。常用的特种日记账有库存现金日记账和银行存款日记账。

序时账要求逐日逐笔地根据会计凭证记录交易或事项的发生情况，这有利于会计人员及时地了解有关交易或事项的发生或完成情况，了解货币资金的来源及去向，从而更好地管理货币资金。

（2）分类账簿

分类账簿简称分类账，是根据交易或事项的性质和类别进行登记的账簿。从分类账的每个账户里可以得到各个会计要素及其构成内容的增减变动资料。分类账按其提供会计资料的详细程度和范围，又可分为总分类账和明细分类账两种。

总分类账简称总账，是按照总分类账户进行登记的账簿，用来提供交易或事项的总括核算资料。明细分类账简称明细账，是按照明细分类账户进行登记的账簿，用来提供交易或事项的详细核算资料。总账和明细账有一定的统驭关系，总账的金额与其所属明细账的金额之和相等。

（3）备查账簿

备查账簿又称备查簿，是对在日记账和分类账中未能记录和反映的事项进行补充登记的辅助账簿。备查簿可以对某些交易或事项的内容提供必要的参考资料，如租入固定资产备查簿、委托加工材料备查簿、合同备查簿等。备查簿实际上是上述两种账簿以外的辅助账簿，主要起备忘录和补充某些信息的作用。

2．会计账簿按外表形式分类

会计账簿按其外表形式不同，可以分为订本式账簿、活页式账簿和卡片式账簿三种。

（1）订本式账簿

订本式账簿简称订本账，是在使用前就把若干账页固定地装订成册的账簿。总账、库存现金日记账和银行存款日记账一般都用订本账。采用订本账，可以避免账页散失，防止抽换账页的不正当行为。但是采用订本账也有缺点，就是同一本账簿在同一时间只能由一人登记，不能分工，也不能使用机器记账。订本账账页固定，不能根据需要增减，因此必须预先估计每一账户需要的账页数，保留空白账页。如果账页不够，就会影响账户的连续登记；如果账页有剩余，又会造成浪费。

（2）活页式账簿

活页式账簿简称活页账，是把零散的账页放置在活页账夹内，账簿的页数不固定，可以根据实际需要随时增减页数的账簿。明细账一般多采用活页账。活页账的优点在于伸缩性、灵活性较强，可以同时由多人分工记账，也可使用机器记账，从而提高工作效率。活页账的缺点在于账页容易散失或被抽换。

（3）卡片式账簿

卡片式账簿简称卡片账，是把许多分散的、具有一定格式的卡片存放在卡片箱中，由记账人员保管，可以随时取放的账簿。数量众多的材料、固定资产明细账等一般多采用卡片账。卡片账的优缺点与活页账相同。

第二节　会计账簿的设置与登记

为了充分发挥账簿的作用，提供全面、准确、及时的会计信息，企业按管理需要进行账簿设置，根据会计凭证登记账簿。

一、会计账簿的设置原则

企业进行会计核算，需要设置账簿，至于设置哪些账簿、账簿的结构如何等，应根据企业管理需要及交易或事项的特点而定。设置账簿一般应遵循以下原则。

（1）满足需要。账簿设置要满足企业的规模、特点和管理需要。必须保证便于记账、算账，能够正确、及时地从账簿中直接取得经营管理和编制财务报表所需的资料，全面系统地反映经济活动和财务收支情况，如实反映和监督企业财产的安全、完整情况，如实计算成本和盈亏。

（2）组织严密。账簿组织应当严密，避免重复或遗漏。各种账簿既要有明确分工，又要有联系。有关账簿之间，还要有统驭关系（从属关系）或制约关系（相互联系）。这样，账簿记录才能全面、系统、正确地提供管理所需要的各项经济指标。

（3）精简灵便。要在保证会计记录系统完整的前提下，力求精简，以节省人力和物力，提高会计工作效率。账簿中账页的格式要简单明了，账本册数不宜过多，账面不宜过大。账页灵便，不但便于日常使用，也便于保存。

（4）便于检查。账簿要资料齐全、数字正确、方法科学、通俗易懂，便于有关部门检查，以便更好地发挥账簿在经济管理中的作用。

二、序时账的设置与登记

序时账是按时间先后顺序逐日逐笔登记业务的账簿，也称日记账。

1. 普通日记账的设置与登记

普通日记账是用来序时地记录和反映全部交易或事项的发生或完成情况的日记账。会计人员按照交易或事项发生的先后顺序，确定应借应贷的会计科目、方向、金额等，并登记普通日记账。普通日记账可以采用两栏式（借方金额和贷方金额两栏），也可以采用多栏式，其格式分别如表7-2、表7-3所示。

表7-2 　　　　　　　　　　　　普通日记账（两栏式）　　　　　　　　　　　　单位：元

2×25年 月	日	凭证号数	摘要	会计科目	借方金额	贷方金额	过账
3	2	略	收回A单位欠款	银行存款	3 800		
				应收账款		3 800	
	4		提取现金	库存现金	500		
				银行存款		500	
	8		未付购买材料款	材料采购	1 000		
				应付账款		1 000	
	9		偿还短期借款	短期借款	2 000		
				银行存款		2 000	

表7-3 　　　　　　　　　　　　普通日记账（多栏式）　　　　　　　　　　　　单位：元

2×25年 月	日	凭证号数	摘要	银行存款 借方	贷方	库存现金 借方	贷方	材料采购 借方	其他科目 科目名称	借方	贷方	过账
3	2	略	收回A单位欠款	3 800					应收账款		3 800	
	4		提取现金		500	500						
	8		未付购买材料款					1 000	应付账款		1 000	
	9		偿还短期借款		2 000				短期借款	2 000		
			合计	12 000	6 500	4 500		3 900				

在会计发展的初级阶段，由于交易或事项不多，人们只需要根据每天发生的交易或事项，逐笔地记入普通日记账，以反映每天发生的业务的金额，然后根据普通日记账上的数额逐日地过入各有关总账。凡是过入总账的数额都应在"过账"栏内注明"√"符号，以免重记或漏记。采用普通日记账，可以逐日反映交易或事项的发生或完成情况。但由于只有一本日记账，不便于分工记账，也不能归类反映各类交易或事项的发生或完成情况，工作也比较繁重。因此，普通日记账被特种日记账取代。

2. 特种日记账的设置与登记

特种日记账是用来专门序时地记录某一类交易或事项的日记账。特种日记账是普通日记账的进一步发展，其作用主要是汇总登记同一类交易或事项，然后根据汇总数过入分类账，减少登记分类账的工作量，便于会计人员分工记账，从而提高工作效率。

常用的特种日记账主要有库存现金日记账和银行存款日记账。此外，有的单位还设置转账日记账等。采用库存现金日记账和银行存款日记账，能够逐日反映库存现金和银行存款收入的来源、支出的用途和结存的金额，有利于对货币资金的保管、使用以及对库存现金管理制度的执行情况进行严格监督。同时，利用库存现金日记账和银行存款日记账的记录，还可以检查收款凭证和付款凭证有无丢失的情况，保证账证相符。利用转账日记账的记录，还可以检查转账凭证有无丢失的情况，保证账证相符。下面主要介绍库存现金日记账和银行存款日记账。

（1）库存现金日记账是序时地登记库存现金收付款业务的日记账，通常由出纳人员根据审核无误的库存现金收款凭证和付款凭证逐日逐笔登记。同时，会计人员根据收款凭证和付款凭证，汇总登记总账。库存现金日记账的格式一般采用"借方""贷方""余额"三栏式。其中"借方"栏应根据收款凭证登记，"贷方"栏应根据付款凭证登记。但对于从银行提取现金的业务，由于只填制银行存款付款凭证，不填制库存现金收款凭证，因而库存现金的收入数应根据银行存款付款凭证登记。每日收付款项逐笔登记完毕后，应分别计算库存现金借方合计数和贷方合计数及余额，并将库存现金日记账的账面余额与库存现金实存数相核对，借以检查每日现金收、支和结存情况。库存现金日记账的格式如表 7-4 所示。

表 7-4　　　　　　　　　　　　库存现金日记账　　　　　　　　　　　　单位：元

| 2×25 年 | | 凭证号数 | 摘要 | 对方科目 | 借方 | 贷方 | 余额 |
月	日						
3	1		月初余额				2 000
	2		李俊预借差旅费	其他应收款		1 000	1 000
	3	略	从银行提取现金	银行存款	5 000		6 000
	4		购买办公用品	管理费用		720	5 280
	6		收回张宏欠款	其他应收款	800		6 080
	31		本期发生额及期末余额		23 000	16 500	8 500

当企业规模较大，货币资金收付款业务较多时，为简化过账手续，库存现金日记账的账页格式就要采用多栏式。多栏式日记账是把经常重复发生的交易或事项，在日记账中分设专栏，其中收入栏按贷方科目设专栏，支出栏按借方科目设专栏，月末汇总对应科目的发生额，一次过入总分类账。多栏式日记账的格式和登记方法将在第十章详细阐述。

（2）银行存款日记账是序时地反映银行存款增减变动和结存情况的账簿，通常由出纳人员根据银行存款收款凭证和付款凭证逐日逐笔登记。银行存款日记账的格式和登记方法与库存现金日记账的格式和登记方法类似。

库存现金日记账和银行存款日记账必须采用订本式账簿，不得用银行对账单或者其他资料代替日记账。

三、分类账的设置与登记

通过日记账可以了解一定时期特种交易或事项或全部交易或事项的发生情况，但是日记账不能提供每类交易或事项发生情况的资料，因此还必须设置分类账。分类账是账簿体系的主干。会计记账的主要目的，是确定每一会计科目的借贷总额及其余额，以便定期编制财务报表，供报表使用者参考。分类账是将记账凭证内各会计分录所记业务按相同科目予以汇总，最终为编制财务报表和加强管理提供有关资产、负债、所有者权益、收入、费用及利润总括和详细资料的一类账簿。

分类账按照其所提供的会计资料的详细程度不同，分为总账和明细账。

1. 总账的设置和登记

总账是总括反映交易或事项的账簿。总账按照总分类账户或一级会计科目开设账页，以全面、总括地反映交易或事项的情况。由于总账能全面、总括地反映经济活动情况，并为编制财务报表提供资料，因此任何一个会计主体都要设置总账。总账的格式一般采用"借方""贷方""余额"三栏式，如表7-5所示。

表7-5 总账

账户名称：短期借款 单位：元

| 2×25年 | | 凭证号数 | 摘要 | 借方 | 贷方 | 借或贷 | 余额 |
月	日						
3	1		期初余额			贷	150 000
	6	略	归还短期借款	120 000		贷	30 000
	18		向银行借款		40 000	贷	70 000
	31		本期发生额及期末余额	160 000	90 000	贷	80 000

总账账页中除设有"借方""贷方""余额"三栏外，为了便于了解交易或事项的具体情况，便于检查，还应设置日期、凭证号数、摘要等栏目。

为了便于了解交易或事项的来龙去脉和会计科目之间的对应关系，在总账账页中还可增设"对方科目"一栏，用于记录会计分录的对应科目。设有"对方科目"的总账格式如表7-6所示。

表7-6 总账（设"对方科目"）

账户名称：原材料 单位：元

| 2×25年 | | 凭证号数 | 摘要 | 对方科目 | 借方 | 贷方 | 借或贷 | 余额 |
月	日							
3	1		期初余额				借	18 000
	15	略	购入材料	银行存款	3 000		借	21 000
	18		生产领用材料	生产成本		14 000	借	7 000
	31		本期发生额及期末余额		16 000	25 000	借	9 000

总账可以根据记账凭证进行登记，也可以根据科目汇总表或汇总记账凭证登记，还可以根据多栏式日记账在月末汇总登记。总之，总账的登记方法主要取决于所采用的会计核算程序。

2. 明细账的设置和登记

明细账是对各项交易或事项按照各个明细分类账户进行分类登记的账簿。一般来说，企业的各种财产物资、债权、债务、收入和成本费用等有关总账下都应设置明细账。

明细账是对总账的明细记录，它能够详细地反映各项交易或事项的增减变动情况，并可提供编制财务报表所需的必要资料。明细账一般按照明细分类科目分设账户，并为每个账户预留账页。明细账一般采用活页式账簿或卡片式账簿，明细账的格式很多，一般有以下 3 种。

（1）三栏式明细账。三栏式明细账设有借方、贷方和余额三个栏目，适用于只需进行金额明细核算，不需进行数量明细核算的账户。应收账款、应收票据、预收账款、应付账款、应付票据、预付账款等的明细核算就可以采用三栏式明细账。三栏式明细账的格式与三栏式总账的格式基本相同。

（2）数量金额式明细账。数量金额式明细账分别设有收入、发出和结存的数量栏、单价栏和金额栏，它适用于既需要进行金额明细核算，又需要进行数量明细核算的账户。原材料、库存商品等的明细核算，就可以采用数量金额式明细账。数量金额式明细账的格式如表 7-7 所示。

表 7-7　　　　　　　　　　　　　（材料）数量金额式明细账

材料名称：机油　　　　　　　　　　　　　　　　　　　　存放地点：1 号库
材料规格：（略）　　　　　　　　　　　　　　　　　　　最高储备量：（略）
数量单位：千克　　　　　　　　　　　　　　　　　　　　最低储备量：（略）
金额单位：元

2×25年		凭证号数	摘要	收入			发出			结存		
月	日			数量	单价	金额	数量	单价	金额	数量	单价	金额
3	1		期初余额							500	20	10 000
	6		车间领用				300	20	6 000	200	20	4 000
	18		购入	800	20	16 000				1 000	20	20 000
	31		本期发生额及余额	1 500	20	30 000	850	20	17 000	1 150	20	23 000

（3）多栏式明细账。多栏式明细账根据交易或事项的特点和经营管理的需要，对发生额按明细项目设置若干专栏，以便归类反映。它适用于有关成本、费用、收入等的明细核算。对"材料采购""生产成本""管理费用""制造费用"等总分类科目的明细核算，就可以采用多栏式明细账。至于设置哪些明细项目，根据交易或事项的内容及管理要求而定。多栏式明细账的格式如表 7-8 所示。

表 7-8　　　　　　　　　　　　　　（管理费用）多栏式明细账　　　　　　　　　　单位：元

2×25年		凭证号数	摘要	工资	福利费	水电费	折旧费	修理费	办公费	材料费	合计
月	日										
3	8		付电费			3 400					3 400
	12		支付办公费						2 800		2 800
	24		付修理费					1 200			1 200
	31		本期发生额及余额	58 000	8 120	3 400	1 500	1 200	4 500		67 720

各种明细账的登记方法，应根据本单位业务量的大小、经营管理需要以及所记录的交易或事项内容而定，可以根据原始凭证或汇总原始凭证登记，也可以根据记账凭证登记。

第三节　会计账簿的使用规则

会计账簿是会计核算的载体，登记账簿是会计工作的重要环节。为了保证账簿记录的正确性，记账时必须遵循一定的规则，对发生的记账错误要及时进行更正。

一、启用会计账簿的规则

启用会计账簿时，应当在账簿封面写明单位名称和账簿名称。在账簿扉页应当附启用表，内容包括启用日期、账簿页数、记账人员和会计机构负责人姓名、会计主管人员姓名，并加盖相关人员名章和单位公章。记账人员或者会计机构负责人、会计主管人员调动时，应当注明交接日期、接办人员或者监交人员姓名，并由交接双方签字或盖章。

启用订本账，应当从第一页到最后一页按顺序编定页数，不得跳页、缺页。使用活页式账页，应当按账页顺序编号，并须定期装订成册，装订后再按实际使用的账页顺序编定页码。使用活页式账页须另加目录，写明每个账户的名称和页次。

二、登记会计账簿的规则

会计人员应当根据审核无误的会计凭证登记账簿。登记账簿的基本要求如下。

（1）登记账簿时，应当将会计凭证日期、编号、业务内容摘要、金额和其他有关资料逐项记入账页内，做到数字准确、摘要清楚、登记及时、字迹工整。

（2）登记完毕后，要在记账凭证上签字或盖章，并注明已经登账的符号，表示已经记账。

（3）账簿中书写的文字或数字上面要留有适当空格，不要写满格，一般应占格距的二分之一。

（4）登记账簿要用蓝黑墨水或者碳素墨水书写，不得使用圆珠笔或者铅笔书写。但下列情况可以用红色墨水书写：①按照红字冲账的记账凭证，冲销错误记录；②在不设借贷等栏的多栏式账页中，登记减少数；③在三栏式账页的余额栏前，如未印明余额方向，在余额栏内登记负数余额；④根据会计制度的规定可以用红字登记的其他会计记录。

（5）各种账簿按页次顺序连续登记，不得跳行、隔页。如果发生跳行、隔页，应当将空行、空页划线注销，或者注明"此行空白""此页空白"字样，并由记账人员签字或盖章。

（6）凡需要结出余额的账户，结出余额后，应当在"借或贷"等栏内写明"借"或者"贷"等字样。没有余额的账户，应当在"借或贷"等栏内写"平"字，并在余额栏内用"0"表示。

库存现金日记账和银行存款日记账必须逐日结出余额。

（7）每一账页登记完毕结转下页时，应当结出本页合计数及余额，写在本页最后一行和下页第一行有关栏内，并在摘要栏内注明"过次页"和"承前页"字样；也可以将本页合计数及金额只写在下页第一行有关栏内，并在摘要栏内注明"承前页"字样。

三、错账的更正方法

账簿记录发生错误，不准涂改、挖补、刮擦或者用药水消除字迹，不准重新抄写。若发生记账错误，应视错误的具体情况，分别采用不同的错账更正方法进行更正。

7-1 错账的更正方法

1. 划线更正法

划线更正法是指划线注销原有错误记录，然后在划线内容上面写上正确记录的方法。它主要适用于登记账簿前发现记账凭证记录有错误，或者在结账前发现账簿记录有错误而记账凭证没有错的情况。

划线更正时，应当将错误的文字或者数字划红线注销，但必须使原有字迹仍可辨认；然后在划线内容上方填写正确的文字或数字，并由记账人员在更正处盖章。对于错误的数字，应当全部划掉，不得只划掉其中的错误数字。对于文字错误，可只划去错误的部分。

2. 红字更正法

红字更正法是指用红字冲销或冲减原有错误记录，以更正或调整记账错误的一种方法。它主要适用于以下两种情形。

（1）记账后发现记账凭证中应借、应贷账户或金额有误，从而使账簿记录发生错误。更正时，先用红字填制一张内容与错误的记账凭证完全相同的记账凭证（金额用红字填写），并在摘要栏注明"更正××号记账凭证错误"，以冲销原来的错误记录；再用蓝字填一张正确的记账凭证，重新据此登记入账即可。

【例7-1】甲公司管理部门以现金购买办公用品560元，会计人员在编制记账凭证时会计分录发生错误，并已登记入账。

原错误记录如下。

借：制造费用 560
　　贷：库存现金 560

更正时，先用红字填制一张与上述错误记账凭证完全相同的记账凭证（金额用红字填写），并据以入账，冲销原错误记录。

借：制造费用 560（红字）
　　贷：库存现金 560（红字）

然后用蓝字填制一张正确的记账凭证，并据此登记入账。

借：管理费用 560
　　贷：库存现金 560

上述会计分录在账户中登记后的情形如图7-1所示（带括号数字表示红字）。

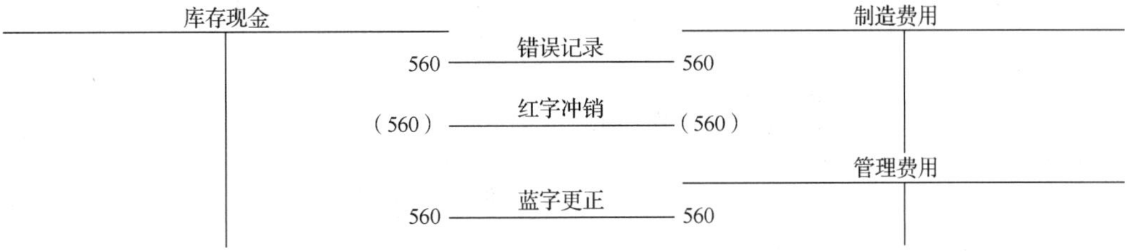

图7-1　红字更正法——情形（1）

（2）记账后发现记账凭证上的应借、应贷账户无误，只是记账金额大于实际发生额。更正时，只需用红字填制一张金额为多记数，内容与原错误的记账凭证完全相同的记账凭证（金额用红字填写），并在摘要栏注明"冲销××记账凭证多记数"，并据此登记入账，即可冲销原多记金额。

【例7-2】甲公司生产车间领用材料1 000元，会计人员填制记账凭证时误记为10 000元，所记账户无错。

原错误记录如下。

借：制造费用 10 000
　　贷：原材料 10 000

用红字按多记金额填制一张冲销凭证（金额用红字填写），并据此入账，冲销多记金额9 000元。

借：制造费用 9 000（红字）
　　贷：原材料 9 000（红字）

上述会计分录在账户中登记后的情形如图7-2所示（带括号数字表示红字）。

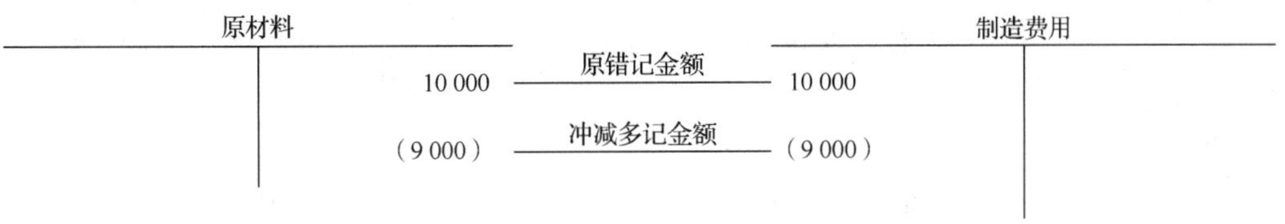

图7-2　红字更正法——情形（2）

3. 补充登记法

在记账以后，发现记账凭证中文字无误，只是记账金额小于实际发生金额时，针对少记金额可采用补充登记法更正。更正时，将少记金额用蓝字填制一张记账凭证，在摘要栏中注明"补记××记账凭证少记数"，并据此登记入账，即可补记少记金额。

【例7-3】甲公司在验收材料时，错将5 480元记为4 580元，所记账户无错。

原错误记录如下。

借：原材料　　　　　　　　　　　　　　　　　　　　　　　　　4 580

　　贷：材料采购　　　　　　　　　　　　　　　　　　　　　　　　4 580

用蓝字编制一张补充记账凭证，补足少记金额900元。

借：原材料　　　　　　　　　　　　　　　　　　　　　　　　　 900

　　贷：材料采购　　　　　　　　　　　　　　　　　　　　　　　　 900

上述会计分录在账户中登记后的情况如图7-3所示。

材料采购		原材料
4 580	原错记金额　4 580	
900	补充少记金额　900	

图 7-3　补充登记法

第四节　对账和结账

为了保证账簿记录的真实、可靠和准确，并对有关账簿记录进行汇总，为编制财务报表提供依据，必须定期进行对账和结账。

一、对账

对账就是核对账目。会计核算要求账簿登记清晰、准确，但在实际工作中由于种种原因，账簿记录难免会出现错误，如填制会计凭证的差错，记账、过账的差错，数量或金额计算上的差错，财产物资的盘盈或盘亏等。这些差错有的是由于工作疏忽或存在不正当的行为所致，有的是由于财产物资本身的性质或自然因素所致。因此，在将有关交易或事项入账后，必须进行账簿记录的核对，即将会计账簿记录的有关数字与库存实物、货币资金、有价证券、往来单位或者个人等进行相互核对，以保证账簿记录的真实、完整，保证账证相符、账账相符、账实相符。

7-2　对账内容

对账工作包括日常核对和定期核对两个方面。日常核对是对账的基础性工作，即对日常填制的记账凭证进行审核。日常核对应随时进行，以便及时发现并更正错误。定期核对一般是在会计期末（月末、季末、年末）结账前进行，以确保账簿记录的正确性。对账工作每年至少进行一次。对账主要包括以下内容。

1. 账证核对

账证核对是指将各种账簿记录与有关会计凭证进行核对。一般来讲，总账的记录应同有关记账凭证的记录核对相符；而明细账的记录除了同有关记账凭证的记录核对相符外，有的还应同有关原

始凭证的记录核对相符。账证核对的具体内容是将账簿记录与会计凭证记录中的时间、凭证字号、摘要、金额和记账方向等进行核对，以确保二者相符。

2. 账账核对

账账核对是指将各种账簿进行核对。账账核对是在账证核对的基础上，将各种账簿之间的有关数字进行核对，以确保账账相符。账账核对具体内容如下。

（1）总账各账户的借方期末余额合计数与贷方期末余额合计数相互核对。

（2）总账各账户的余额与有关的明细账各账户的余额合计相互核对。

（3）总账各账户的余额与相关日记账账户的余额相互核对。

（4）会计部门的财产物资明细账与财产物资保管和使用部门的有关明细账相互核对。

3. 账实核对

账实核对是指将账簿记录与财产物资实有数进行核对。账实核对是在账账核对的基础上进行的，具体内容如下。

（1）库存现金日记账余额与库存现金实际数额相互核对。

（2）银行存款日记账账面余额与银行对账单余额相互核对。

（3）各种财产物资明细账账面余额与财产物资实存数额相互核对。

（4）各种应收、应付款明细账账面余额与有关债务、债权单位或者个人的账面记录相互核对。

二、结账

结账是指企业在会计期末对各账簿记录进行的结算工作。具体地说，结账就是在会计期末将资产、负债和所有者权益类账户的本期发生额和余额计算出来，并将余额结转至下期，以反映资产、负债和所有者权益的实有金额；同时将有关的收入、费用类账户本期发生额结平，以确定本期损益。

企业在某一会计期间的经济活动的发生和完成情况，于期末都已全部登记入账并已完成了对账工作。但管理上为了总结经济活动情况的全貌及其结果，取得有关财务状况和经营成果的核算资料，就相应地要求编制财务报表。这就必须通过结账工作，提供编制财务报表所需的数据。因此，结账工作是必不可少的。

1. 结账的基础工作

（1）检查本期内发生的所有交易或事项是否均已填制或取得原始凭证，并据以记账。

（2）按照权责发生制的原则，对应收收入、预收收入、应付费用、预付费用等项目进行调整入账，对财产清查中确定的盘盈、盘亏和损失等调整入账，以确认本期的收入和费用。

（3）检查有关收入、费用类账户是否完成了结转，即企业各收入和费用类账户在会计期末余额都应为零。同时，要将各收入和费用类账户的期末余额分别转入"本年利润"账户。

总之，企业应在本期已发生的业务、账项调整及账项结转业务都已登记入账的基础上结算出各个账户的本期发生额和期末余额。企业不应为赶制财务报表而提前结账，也不应先编制财务报表而后结账。

2. 结账的基本方法

企业应当依照规定的结账日进行结账，不得提前或者延迟。年度结账日为公历年度每年的 12 月 31 日，半年度、季度、月度结账日分别为公历年度每半年、每季、每月的最后一天。

（1）月结。月末结账时，应在各账户月末最后一笔记录下面通栏划单红线，表示本月记录到此为止；在这条红线下面一行的"摘要"栏内注明"本期发生额及余额"字样，然后在借、贷栏内，计算出本月借方发生额和贷方发生额合计，同时计算出期末余额，并在"借/贷"栏内标明余额的性质。若期末无余额，则应在"借/贷"栏内填上"平"字，在"余额"栏内填上"0"符号。最后，在本期发生额和期末余额这一行下面再通栏划单红线，表明本月结账完毕，也便于和下月的发生额相区别。在第二条红线下面一行"日期"栏内，写明下月的1日，在"摘要"栏写明"上月结转"，在"借/贷"栏标明余额的性质，并将刚刚结出的期末余额登记在"余额"栏内，作为下期的期初余额。对于月末没有余额的各收入、成本、费用类账户，是在借贷双方相等的金额下面通栏划单红线，以表示该账户本期记录已结束，下月在红线之下登记。月结的具体做法如表7-9所示。

表7-9 　　　　　　　　　　　　　　　　　月结举例

账户名称：银行存款　　　　　　　　　　　　　　　　　　　　　　　　　　　　　　　单位：元

| 2×25年 | | 凭证字号 | 摘要 | 借方 | 贷方 | 借/贷 | 余额 |
月	日						
11	1		上月结转			借	12 000
	5	略	销售产品收款	60 000		借	72 000
	12		购买材料付款		35 000	借	37 000
	30		支付办公费		1 800	借	15 000
	30		本期发生额及余额	172 000	169 000	借	15 000
12	1		上月结转			借	15 000

注：------------表示单红线。

（2）季结。季末结账时，将本季度三个月的借、贷方月结数加总，并结出季末余额，分别记入本季末最后一个月月结数字的红线下面一行的"借方""贷方""余额"栏内，并在"摘要"栏内注明"本季累计"字样。最后，在该行下面通栏划单红线，表示季结工作完成。季结的具体做法与半年度结账方法参见月结。

（3）年结。年末结账时，应在第四季度季结的红线下面一行，或在12月月结下面一行，结计各账户全年借方发生额、贷方发生额及期末余额，并在"摘要"栏内写明"本年累计发生额及余额"字样，在本年累计下面通栏划双红线，表示本年度结账工作结束。年度终了，要把各账户的余额结转到下一会计年度，并在"摘要"栏内注明"结转下年"字样。在下一会计年度新建有关账簿的第一行余额栏填写上年结转的余额，并在"摘要"栏注明"上年结转"字样。将年末余额转入新账，不必填制记账凭证，可直接根据有关账户的余额结转新账。年结的具体做法如表7-10所示。

表7-10 　　　　　　　　　　　　　　　　　年结举例

账户名称：应收账款　　　　　　　　　　　　　　　　　　　　　　　　　　　　　　　单位：元

| 2×25年 | | 凭证字号 | 摘要 | 借方 | 贷方 | 借/贷 | 余额 |
月	日						
1	1		上年结转			借	8 000
	31		本期发生额及余额	15 000	18 000	借	5 000
2	1		上月结转			借	5 000
12	31		本期发生额及余额	10 000	9 000	借	4 000
	31		本年累计发生额及余额	60 000	64 000	借	4 000
12	31		结转下年			借	4 000

注：━━━━表示双红线。

3. 结账后的试算

为了检查期末结账工作是否正确，在月度、季度、半年度及年度结账后，往下期结转余额之前，企业可编制结账后试算平衡表，检查各账户的借方余额合计数与贷方余额合计数是否相等。如果借贷不相等，说明结账有错误，应查明原因，予以更正。

第五节

会计账簿的管理

账簿是重要的会计信息和经济档案，必须按照国家及会计制度规定妥善加以保管。

账簿日常管理应由各分管的记账人员专门负责，未经会计负责人或有关人员批准，不许非经管人员翻阅、查看、摘抄或复制。除非特殊需要或司法介入要求，一般不允许携带账簿外出。

交接账簿时，应将该账簿的页数、记账人员姓名、启用日期、交接日期等列表附在账簿的扉页上，并由有关人员签字或盖章。

新会计年度开始，在将账簿归档以前，应将已更换的账簿装订成册或封扎，编制归档目录，办理移交手续，由专人保管。

根据规定，各种账簿的保管期限一般不得少于 30 年。其中，固定资产卡片在固定资产报废清理后保管 5 年。保管期满需销毁时，除特殊规定外，可以按照规定程序予以销毁。

本章习题

一、单项选择题

1. 用来序时地、分类地记录和反映各项交易或事项，记录会计信息的载体是（ ）。

    A. 会计科目　　　B. 会计报表　　　C. 会计凭证　　　D. 账簿

2. 下列账簿中，与其他账簿之间不存在相互依存和勾稽关系的是（ ）。

    A. 银行存款日记账　　　　　　　B. 租入固定资产登记簿

    C. 应付职工薪酬账簿　　　　　　D. 制造费用总账

3. 总分类账簿应采用（ ）外表形式。

    A. 活页式　　　B. 卡片式　　　C. 订本式　　　D. 备查式

4. "应收账款""原材料""制造费用"账户分别适用于（ ）明细账。

    A. 三栏式、数量金额式和多栏式　　　B. 三栏式、多栏式、数量金额式

    C. 多栏式、三栏式、数量金额式　　　D. 数量金额式、多栏式、三栏式

5. 活页式账簿与卡片式账簿适用于（ ）。

    A. 库存现金日记账　　　　　　　B. 联合账簿

    C. 通用日记账　　　　　　　　　D. 明细账

6. 月末企业将银行存款日记账的账面余额与银行对账单余额进行核对，属于（ ）。

    A. 账证核对　　　B. 账账核对　　　C. 账实核对　　　D. 账表核对

7. 会计人员在结转前发现，因记账凭证有误，登记账簿时误将9 600元记成6 900元，一般采用（ ）。

    A. 蓝字登记　　　　　　　　　　B. 划线更正法

    C. 红字更正法　　　　　　　　　D. 补充登记法

8. 会计人员在编制记账凭证时，将车间一般耗用材料38 000元错记为"生产成本"并已登

记入账，则应采用的更正方法是（　　）。

    A. 划线更正法   B. 红字更正法   C. 补充登记法   D. 调换凭证法

9. 下列各项中，能采用划线更正法更正的是（　　）。

    A. 记账凭证正确，在记账时发生错误，导致账簿记录金额错误

    B. 记账凭证上会计科目和借贷方向正确，所记金额大于应记金额，导致账簿记录错误

    C. 记账凭证上会计科目或借贷方向错误，导致账簿记录错误

    D. 记账凭证上会计科目或借贷方向正确，所记金额小于应记金额，导致账簿记录错误

10. 年初启用新账时，可以继续使用，不必更换新账的是（　　）。

    A. 银行存款日记账   B. 总账

    C. 利润分配明细账   D. 固定资产卡片

二、多项选择题

1. 甲企业有经营性租入固定资产和应收票据贴现业务，需要设置的账簿有（　　）。

    A. 库存现金或银行存款总账及日记账   B. 租入固定资产总账

    C. 应收票据总账   D. 备查账

2. 企业必须每年更换的账簿有（　　）。

    A. 特种日记账   B. 总账   C. 明细账   D. 备查账

3. 企业的银行存款对账，要做到（　　）。

    A. 银行存款日记账与收付款凭证相核对，保证账证相符

    B. 银行存款日记账与银行存款总账相核对，保证账账相符

    C. 银行存款日记账余额与银行对账单余额核对，保证余额相符

    D. 银行存款日记账与银行对账单逐笔核对，做到账实相符

4. 多栏式明细账的账页格式适用于（　　）。

    A. 应收账款明细账   B. 管理费用明细账

    C. 主营业务收入明细账   D. 材料采购明细账

5. 任何企业都必须设置的账簿有（　　）。

    A. 日记账   B. 明细账   C. 总账   D. 备查账

6. "库存商品"账户对账至少要包括（　　）。

    A. "库存商品"账户记录与其有关的会计凭证核对

    B. "库存商品"总账与其所属的明细账核对

    C. "库存商品"账户余额与会计报表中"存货"项目金额核对

    D. "库存商品"账户记录与其实物相核对

7. 启用会计账簿时，应做到（　　）。

    A. 在账簿封面写明单位名称和账簿名称

    B. 在账簿扉页附启用表（包括启用日期、页数、记账人员等）

    C. 启用订本账应按顺序编定页数，不得跳页、缺页

    D. 使用活页式账簿应当按账页编号定期装订成册

8. 登记账簿时可用红色墨水记录的情况包括（　　）。

    A. 因记账凭证所记金额大于应记金额，致使账簿多记金额，进行更正

    B. 在不设借方或贷方专栏的多栏式账页中登记减少数

    C. 在不设借方或贷方专栏的多栏式账页中登记增加数

    D. 在账簿登记发生跳行、隔页时划线注销空行和空页

9. 期末需要进行结账，结转后一般没有余额的账户有（   ）。

　　A. 生产成本　　　　B. 财务费用　　　　C. 管理费用　　　　D. 制造费用

10. 账簿的管理应做到（   ）。

　　A. 归档前装订成册　　　　　　　　B. 相关人员签字或盖章

　　C. 保管期满后，可按规定程序销毁　　D. 归档保管

三、简答题

1. 设置和登记账簿的意义是什么？

2. 账簿按用途分类有哪几种？

3. 账簿按外表形式分类有哪几种？其特点如何？

4. 什么是分类账？为什么要设置分类账？

5. 简述总账与明细账的基本格式及其适用范围。

6. 发生记账错误有哪几种更正方法？每种方法的适用情况如何？

四、业务题

【业务一】

1. 目的

练习总账与明细账的登记。

2. 资料

新华公司2×25年3月发生下列交易或事项。

（1）用银行存款支付行政管理部门的办公费3 000元。

（2）经批准，将盘盈材料450元冲减管理费用。

（3）用银行存款支付行政管理部门通信费9 000元。

（4）计提本月行政管理部门使用的固定资产折旧费32 000元。

（5）月末，结转本月发生的管理费用。

3. 要求

（1）根据上述交易或事项填制记账凭证（即会计分录），指明记账凭证的种类。

（2）根据记账凭证登记管理费用总账和明细账，并结账。

【业务二】

1. 目的

练习特种日记账的登记。

2. 资料

兴华公司2×25年12月20日至30日根据银行存款收付款业务编制的记账凭证如表7-11所示（假设12月20日银行存款余额为200 000元）。

表7-11　　　　　　　　　　　　　　　记账凭证（简化格式）　　　　　　　　　　　　　　　单位：元

2×25年		凭证字号	摘要	会计科目	借方金额	贷方金额
月	日					
12	20	银收28号	收到华泰公司预付货款	银行存款 预收账款	25 000	25 000
	25	现付29号	将现金存入银行	银行存款 库存现金	18 450	18 450
	27	银付30号	偿还大同公司购料款	应付账款 银行存款	35 100	35 100

续表

2×25年		凭证字号	摘要	会计科目	借方金额	贷方金额
月	日					
12	28	银收29号	销售产品收到货款	银行存款 主营业务收入 应交税费	17 550	 15 531 2 019
	30	银付31号	提取现金备发工资	库存现金 银行存款	56 000	 56 000
	30	银付32号	购入设备一台	固定资产 银行存款	42 000	 42 000

3. 要求

根据上述记账凭证登记三栏式银行存款日记账。

【业务三】

1. 目的

练习三栏式总账与明细账的登记。

2. 资料

振华公司2×25年2月"应收账款——A单位"账户期初借方余额为35 100元。2月发生下列交易或事项。

（1）2月2日，收到A单位还来欠款35 100元，存入银行。

（2）2月2日，从B单位购入甲材料51 327元，增值税税额6 673元，取得增值税专用发票，货款尚未支付。

（3）2月3日，从B单位购入乙材料82 124元，增值税税额10 676元，取得增值税专用发票，货款尚未支付。

（4）2月5日，向A单位销售M产品102 655元，增值税税额13 345元，货款尚未收回。

（5）2月6日，收到A单位转账支票一张，面值116 000元，当日送存银行。

（6）2月7日，签发转账支票一张，偿还前欠B单位货款150 800元。

（7）2月9日，从B单位购进甲材料30 796.5元，增值税4 003.5元，取得增值税专用发票，以银行存款支付20 000元，其余货款暂欠。

（8）2月9日，向A单位销售N产品61 593元，增值税税额8 007元，当即收到50 000元存入银行，其余货款尚未收到。

（9）2月10日，向A单位销售M产品51 327元，增值税6 673元，货款尚未收到。

（10）2月12日，以银行存款偿还B单位货款14 800元。

（11）2月15日，向B单位购进乙材料41 062元，增值税税额5 338元，取得增值税专用发票，货款暂欠。

（12）2月18日，以银行存款归还B单位货款20 000元。

（13）2月19日，以银行存款归还B单位货款26 400元。

（14）2月22日，向A单位销售M产品82 124元，增值税税额10 676元，当日办妥委托银行收款手续。

（15）2月23日，收到A单位还来前欠货款76 600元，存入银行。

（16）2月26日，接银行通知，委托银行向A单位收取的货款92 800元已收妥入账。

3. 要求

（1）根据上述资料开设三栏式"应收账款""应付账款"总账和"应收账款——A单位""应

付账款——B单位"明细账，并将期初余额登记入账。

（2）根据上述交易或事项填制记账凭证。

（3）根据记账凭证登记"应收账款""应付账款"总账和"应收账款——A单位""应付账款——B单位"明细账。

（4）结出"应收账款"和"应付账款"总账和明细账的本期发生额及期末余额，核对有关总账及其明细账期末余额，检查是否相符。

【业务四】

1. 目的

练习数量金额式明细账的登记。

2. 资料

（1）萃华公司2×25年7月"原材料"总账期初余额为180 000元，具体数据如下。

甲材料1 000千克，每千克60元，计60 000元。

乙材料3 000千克，每千克40元，计120 000元。

（2）2×25年7月发生下列有关交易或事项。

① 2日，入库甲材料2 000千克，每千克61元，计122 000元。

② 3日，发出甲材料1 500千克。

③ 4日，入库乙材料2 000千克，每千克38元，计76 000元。

④ 6日，入库甲材料3 000千克，每千克59元，计177 000元；入库乙材料2 000千克，每千克40元，计80 000元。

⑤ 8日，发出甲材料2 000千克，发出乙材料3 000千克。

⑥ 10日，发出乙材料1 500千克。

⑦ 12日，入库乙材料3 000千克，每千克42元，计126 000元。

⑧ 15日，发出甲材料1 500千克，发出乙材料2 500千克。

⑨ 18日，入库甲材料3 000千克，每千克60元，计180 000元；入库乙材料2 000千克，每千克40元，计80 000元。

⑩ 22日，发出乙材料1 600千克。

⑪ 25日，入库甲材料2 000千克，每千克59元，计118 000元。

⑫ 28日，发出甲材料3 000千克，发出乙材料1 200千克。

⑬ 31日，计算得出，本月发出的甲材料平均每千克59.73元；发出的乙材料平均每千克40.17元。

3. 要求

（1）根据资料（1），设置"原材料"明细分类账户。

（2）根据资料（2），登记"原材料"明细账，并随时结出结存数量；

（3）根据资料（2），登记"原材料"明细账，计算月末发出金额和结存金额。

【业务五】

1. 目的

练习总账与明细账的平行登记。

2. 资料

（1）爱华公司2×25年1月初"原材料"总分类账户的借方余额为54 500元。具体数据如下。

甲材料3 000千克，每千克5元，计15 000元。

乙材料5 000千克，每千克7.9元，计39 500元。

"应付账款"总分类账户的贷方期初余额为45 000元。具体数据如下。

A公司25 000元，B公司20 000元。

（2）该公司2×25年1月发生下列交易或事项。

① 3日，从A公司购入甲材料1 000千克，单价5元，计5 000元，增值税税率13%；从B公司购入乙材料2 000千克，单价7.9元，计15 800元，增值税税率13%。均取得增值税专用发票，材料已验收入库，货款尚未支付。

② 6日，以银行存款25 000元偿还前欠A公司货款。

③ 7日，由B公司购入乙材料500千克，单价7.9元，计3 950元，增值税税率13%。取得增值税专用发票，材料已入库，货款暂欠。

④ 11日，以银行存款20 000元偿还前欠B公司货款。

⑤ 13日，以银行存款支付A公司货款5 650元，B公司货款22 317.5元。

⑥ 16日，为生产M产品领用甲材料2 000千克，每千克5元，计10 000元；领用乙材料3 000千克，每千克7.9元，计23 700元。

⑦ 18日，由A公司购入甲材料400千克，单价5元，计2 000元，增值税260元。取得增值税专用发票，材料已入库，货款暂欠。

⑧ 21日，为生产M产品领用甲材料700千克，每千克5元，计3 500元。

⑨ 22日，为生产M产品领用乙材料1 200千克，每千克7.9元，计9 480元。

⑩ 30日，由B公司购入乙材料600千克，单价7.9元，计4 740元，增值税税率13%。取得增值税专用发票，材料已入库，货款暂欠。

⑪ 30日，由A公司购入甲材料4 000千克，单价5元，计20 000元，增值税税率13%。取得增值税专用发票，材料已入库，货款暂欠。

⑫ 31日，为生产M产品领用甲材料700千克，每千克5元，计3 500元。

3. 要求

（1）开设"原材料"和"应付账款"总分类账户和明细分类账户。

（2）根据上述交易或事项填制记账凭证，并据以登记"原材料""应付账款"总账和明细账。

【业务六】

1. 目的

练习错账更正方法的使用。

2. 资料

神华公司2×25年8月31日结账前进行试算平衡发现借贷不平衡，经核对日记账和分类账发现下列错误。

（1）用银行存款支付水电费214元，误记为124元。

（2）生产产品领用材料5 400元，误记为制造费用并已登记入账。

（3）用银行存款支付短期借款利息1 000元（短期借款利息已预先提取），误记为归还短期借款10 000元。

（4）以银行存款支付厂部办公费157元，"管理费用"账户误记为借方517元。

3. 要求

根据上述资料编制更正错账的会计分录。

【业务七】

1. 目的

练习错账更正方法的使用。

2. 资料

延华公司为一般纳税人，在2×25年3月发生以下交易或事项。

（1）开出现金支票500元，支付企业办公室租赁费。编制的会计分录如下。

借：管理费用   5 000

    贷：库存现金   5 000

（2）购入材料一批，取得增值税专用发票，共计90 400元（含增值税，税率13%），款已付清。编制如下会计分录并据以登记入账。

借：材料采购   90 400

    贷：银行存款   90 400

（3）计提车间用固定资产折旧费21 000元。编制会计分录如下并据以登记入账。

借：制造费用   12 000

    贷：累计折旧   12 000

（4）开出转账支票支付企业设备修理费用15 000元。编制会计分录如下并据以登记入账。

借：管理费用   1 500

    贷：银行存款   1 500

（5）管理人员林涛出差，预借差旅费1 500元，以现金付讫。编制的会计分录如下。

借：管理费用   1 500

    贷：库存现金   1 500

（6）收到外单位前欠货款5 860元，存入银行。编制的会计分录如下。

借：银行存款   8 560

    贷：应收账款   8 560

3. 要求

说明上述会计分录的错误所在和应该选用的正确更正方法，并更正上述错误。

第八章 账项调整与财产清查

学习目标

本章旨在阐述账项调整和财产清查的基本知识。内容主要包括账项调整、财产盘存制度和财产清查的方法。具体学习目标如下。

（1）了解账项调整的必要性

（2）掌握账项调整的内容

（3）了解财产清查的内容、财产清查的方法

（4）掌握银行存款余额调节表的编制方法

（5）掌握实地盘存制和永续盘存制

（6）掌握财产清查结果的处理

（7）坚持诚信原则，遵循商业道德

引导案例

康美药业

中国证券监督管理委员会（以下简称证监会）是依法对证券业实行统一监督管理的机构，依法对证券业违法违规行为进行调查、处罚是其职责之一。证监会经对康美药业股份有限公司（以下简称康美药业）信息披露违法违规行为进行立案调查和审理，认定康美药业存在虚假记载、虚增货币资金的违法事实。

2016年1月1日至2018年6月30日，康美药业通过财务不记账、虚假记账，伪造、变造大额定期存单或银行对账单，配合营业收入造假伪造销售回款等方式，虚增货币资金。通过上述方式，康美药业《2016年年度报告》虚增货币资金22 548 513 485.42元，占公司披露总资产的41.13%和净资产的76.74%；《2017年年度报告》虚增货币资金29 944 309 821.45元，占公司披露总资产的43.57%和净资产的93.18%；《2018年半年度报告》虚增货币资金36 188 038 359.50元，占公司披露总资产的45.96%和净资产的108.24%。上述违法事实，有康美药业《2016年年度报告》《2017年年度报告》《2018年半年度报告》、账银差异余额确认表、银行流水、银行对账单、银行存款日记账、余额差异调节表、资金划转明细、询问笔录等证据证明。

根据康美药业违法行为的事实、性质、情节与社会危害程度，依据《证券法》，对康美药业责令改正，给予警告，并处以罚款。

思考： 康美药业财务造假带来了哪些危害？如何做到账实相符？

第一节 账项调整

为了准确反映各期的经营成果，可对影响两个或两个以上会计期间的经济业务进行调整，以确保正确地划分各个会计期间的收入、费用和利润，正确计量当期的经营成果。

一、账项调整的必要性

企业账簿中对日常经济业务的记录不能完全反映本期的全部收入和费用。因为有一些经济业务不仅影响一个会计期间的经营成果，还与两个或两个以上的会计期间的经营成果相联系。为了在权责发生制的基础上正确反映各会计期间的经营成果，就必须在编制财务报表和结账前，对这些有跨期影响的经济业务进行账项调整，然后确定本期的收入和费用，从而正确计量本期的经营成果。

账项调整就是要把影响相邻两个或两个以上会计期间的交易或事项在会计期末进行调整，特别是要调整收入和费用的收支期和归属期不一致的账项。通过账项调整，正确地确认本期收入和费用，使企业一定会计期间的收入与取得这些收入时所发生的相关费用进行配比，如实地计量和提供企业的损益情况。这就需要企业以权责发生制为基础，对属于本期但本期尚未实际收到的应收款项，通过账项调整，登记到本期的账簿之中，以作为本期收入处理；对属于本期但本期并未实际支付的应付款项，通过账项调整，登记到本期的账簿之中，以作为本期费用处理。这样就可以合理地反映相邻各会计期间的应收收入和应付费用，将应属于本期收入和费用的金额进行配比，正确地反映本期损益。期末账项调整会使账簿中某些账户余额发生变化，从而引起资产、负债和所有者权益项目发生相应的变化。从这个意义上说，账项调整不仅是为了正确地反映企业一定时期的经营成果，而且也是为了恰当地反映企业的财务状况。

二、账项调整内容

账项调整一般是在期末结账之前，企业将本期发生的全部经济业务已登记入账，并进行了试算平衡之后，按照权责发生制和配比原则来进行的一项工作。一个企业在会计期间终了时需调整的账项主要有应收收入的调整、预收收入的调整、应付费用的调整、预付费用的调整。除此之外，企业还有一些其他账项需要调整。

8-1 账项调整
内容

1. 应收收入的调整

应收收入是指企业本期已经实现，但款项尚未收到的各种收入。例如，企业持有期限 3 年、到期日一次还本付息的债券，在权责发生制原则下要确认本期利息收入，但债券利息是到期支付，因而利息要等到付息日才能收到。又如，企业将房屋出租，约定租期届满才能收到租金，但在权责发生制原则下，每期都应确认收入。这类收入都将使企业收入和资产增加，假如不将其计入本会计期间，便会影响费用和收入的正确配比，从而影响利润表和资产负债表金额的正确性。因此，凡属于本期的收入，不管其款项是否收到，都应作为本期收入。会计期末应对属于本期而尚未收到的款项进行调整，记入有关账户。

【例8-1】A公司持有一张面值为30 000元的带息应收票据一张，期限为6个月，票面年利率为8%，出票日为2×25年9月1日，到期日为2×26年3月1日。

本例中，A公司持有的应收票据是附有利息的，到期时除了能收回票据面值30 000元以外，还可收到6个月利息1 200（30 000×8%÷12×6）元，其中200元归属于2×25年9月。9月末编制调整会计分录如下。

借：应收票据——应收利息   200

    贷：财务费用——利息收入   200

"财务费用"账户反映公司已经获得的利息收入，期末反映在利润表中；"应收票据"账户则期末反映在资产负债表的资产项目中。

2. 预收收入的调整

预收收入是指本期或前期已经收款入账，但商品或劳务尚未提供的收入。预收收入是企业收到款项在前，而向对方提供商品或劳务在后。这种情况下，企业所收到的款项并不能被确认为已经获得的收入，其性质是预收的款项，这种预收收入在会计上被称为"递延收益"。对于预收的款项，如果所需的商品或劳务能在本期内全部提供，那么可以计为本期的收入。但是，如果所需的商品或劳务不能在本期内全部提供，则预收的款项就不应全部都作为本期的收入，而应于会计期末按本期提供部分确认本期已获得的收入。本期实际收到预收款项时，因构成收入的商品尚未交付或劳务尚未提供，故其性质是对支付款项单位的一项负债，属于尚未获得的收入。这种负债虽然无须用企业的现金偿付，但要按期用商品或劳务来抵偿。

预收收入不属于或不完全属于本期收入，为了不与本期获得的收入相混淆，实际收到款项时应通过"预收账款""合同负债"账户来反映。这两个账户是负债类账户。

企业预收收入的业务主要有预收销售货款、预收出租固定资产租金和包装物租金收入等。

【例8-2】A公司于2×25年9月1日向海天公司租出门市房一间，租期6个月，到期日为2×26年3月1日，出租当时收到6个月租金3 600元，月末结计当月租金收入。

该笔租金收入是A公司转让房屋使用权6个月的报酬。显然，不应该把预收6个月的租金全部计入2×25年9月。9月应确认的租金收入只有其中的1/6，即600元，其余部分应属于以后会计期间的收入。9月末，将已获得的600元租金通过编制调整分录计入本期。出租房屋的租金收入与正常的产品销售收入应分别入账，在实际工作中出租房屋的租金收入一般列作其他业务收入处理。

9月1日收到租金时将其作为预收账款入账，会计分录如下。

借：银行存款   3 600
  贷：预收账款   3 600

9月末进行账项调整，将应属于本月的租金收入600元从"预收账款"账户的借方转到"其他业务收入"账户的贷方。调整分录如下。

借：预收账款   600
  贷：其他业务收入   600

"其他业务收入"账户是损益类账户，期末贷方余额将反映在利润表中。

3. 应付费用的调整

应付费用是指本期已经耗用或已经受益，应由本期负担，但尚未实际支付的费用。应付职工薪酬、应交税费、计提银行借款利息等均属于应付费用。对于这些费用，如果在会计期间终了时不计入本期，也会影响费用与收入的配比，以及影响期末所编制的利润表和资产负债表的正确性。因此，对属于本期的费用，不管款项是否支付，按照受益原则，在会计期末应对其调整，将其作为本期费用处理。

【例8-3】A公司2×25年9月应支付职工薪酬100 000元，其中管理人员薪酬80 000元，销售人员薪酬20 000元。

企业应付职工薪酬一般在下月支付。所以，为了正确反映本期应负担的费用，期末必须对应付而未付的职工薪酬进行调整，予以入账。2×25年9月末，A公司所做的调整分录如下。

借：管理费用   80 000
  销售费用   20 000
  贷：应付职工薪酬   100 000

"管理费用"账户反映企业本期应计的管理人员薪酬,"销售费用"账户反映本期应计的销售人员薪酬,期末反映在利润表中;"应付职工薪酬"账户是负债类账户,期末余额反映在资产负债表的流动负债项目中。

【例8-4】A公司于2×25年9月1日借入短期借款800 000元,期限6个月,借款年利率6%。A公司9月计算当月短期借款利息4 000元,计提入账。调整分录如下。

借:财务费用——利息费用 4 000
　　贷:应付利息 4 000

根据调整分录,A公司在会计期末将应由本期负担的利息费用4 000元计入本期账簿中。增加的财务费用4 000元应在利润表中列示,增加的应付利息应在资产负债表的流动负债项目中列示。当企业实际支付利息费用时,记入"应付利息"账户的借方,以冲销以前计提的数额。

【例8-5】A公司2×25年9月计算应交城市维护建设税2 250元。

企业应按税法规定,向国家缴纳各种税费。有些税费是在发生时直接支付的,如印花税,在发生时,借记"税金及附加"账户,贷记"银行存款"等账户。这种税费就无须再进行账项调整。但有些税费是根据税法规定应在本期计算,于下期期初向税务部门缴纳的,如消费税、城市维护建设税、教育费附加等。为了正确计算本期损益,会计期末必须将应由本期负担,但本期尚未支付的税费进行账项调整。调整分录如下。

借:税金及附加 2 250
　　贷:应交税费——应交城市维护建设税 2 250

通过该调整分录,将本期应缴纳的城市维护建设税记入"税金及附加"账户的借方和"应交税费"账户的贷方,表示企业本期增加了一笔负债。

4. 预付费用的调整

预付费用是指本期已付款入账,但应由本期和以后各会计期间负担的费用。预付的各种财产保险费、租金、报刊费等均属于预付费用。

预付费用因为其受益期间跨越两个或两个以上会计期间(如月度),它不属于或不完全属于本期费用,所以要根据其受益期间进行分摊。这种属于预付性质的费用支出,在会计上称为"递延费用"。若其摊销期限未超过一年,支出时应先记入"预付账款"账户。如果预付费用的摊销期限在一年以上,则应在"长期待摊费用"账户内核算。

【例8-6】A公司于2×25年9月1日预付行政管理部门财产保险费6 000元,保险受益期为2×25年9月1日至2×26年8月31日。

A公司于2×25年9月1日预付的6 000元保险费,是保障12个月财产安全的必要支出,将在12个月内平均受益。因此,9月只应负担其中的1/12,即500元,作为本期的费用处理,其余5 500元均为预付费用,由以后各期负担。A公司在支付财产保险费时,先记入"预付账款"账户的借方,到会计期末时,再进行账项调整,将本期应负担的部分,从"预付账款"账户转入有关费用类账户的借方。

9月1日支付财产保险费时,会计分录如下。

借:预付账款 6 000
　　贷:银行存款 6 000

9月末编制调整分录，将本期应负担的500元财产保险费调整计入本期。

借：管理费用   500

  贷：预付账款   500

通过调整，本期应负担的500元财产保险费将作为管理费用反映在利润表中。"预付账款"账户的余额5 500元反映在资产负债表中。

5. 其他账项调整

期末，企业除了需要对应收收入、预收收入、应付费用、预付费用进行账项调整外，还需要对其他一些账项进行调整，如计提固定资产折旧、计提资产减值准备等。

企业购买固定资产一般需要较多费用，且它们的使用寿命在一年以上，因此，购买固定资产的支出应作为资本化支出，通过折旧的方式分期补偿。固定资产在使用过程中由于磨损而转移到成本或费用中去的价值，在会计上称为"折旧"，转移的固定资产价值称为折旧额。折旧额一般按月计提，记入"制造费用""管理费用"账户。

根据固定资产的特点，为了使"固定资产"账户能按固定资产的原始成本反映其增减变动和结存情况，并便于计算和反映固定资产的账面价值，将固定资产因计提折旧而减少的价值通常不直接记入"固定资产"账户的贷方，而需要专门设置"累计折旧"账户，以反映固定资产累计损耗的成本。"累计折旧"账户是"固定资产"账户的备抵账户，"固定资产"账户的期末借方余额减去"累计折旧"账户的期末贷方余额就是固定资产的净值，它反映了固定资产的新旧程度，表明了固定资产的现有生产能力。企业计提的折旧额记入"累计折旧"账户的贷方，该账户期末贷方余额，反映累计提取的折旧金额。

【例8-7】2×25年9月末，A公司计提本月管理部门固定资产折旧1 800元。

调整分录如下。

借：管理费用   1 800

  贷：累计折旧   1 800

"累计折旧"账户贷方余额将作为固定资产原始成本的抵减数，反映在资产负债表中；"管理费用"账户本期发生额则反映在利润表中。

三、账项调整后的试算

会计期末，企业对需调整的账项做出调整分录并记入总账以后，为了检验借贷记录的正确性，在实际工作中要编制调整后的试算平衡表。

检查和验证账户记录是否有误的工作可以进行多次。企业在过账之后，通常要编制一张试算平衡表，以查证和验证过账是否有误；在账项调整之后，要编制一张试算平衡表，以核对调账的正确性；在结账之后，要编制一张试算平衡表，以验证结账的准确性。编制试算平衡表的时间和次数应视企业交易或事项发生的情况而定。

第二节 | 财产清查

为确保财产物资的安全完整，提高会计信息的准确性，企业要进行财产清查，对财产清查结果，按规定及时进行会计处理，保证账实相符。

一、财产清查概述

1. 财产清查的含义

企业在日常的会计核算工作中，对各项财产物资收、发、存业务，已经根据审核无误的会计凭证进行了账簿登记，并通过账证和账账的核对，确保账簿记录的正确性。但是，账簿记录的正确性并不能保证财产物资实存数与账存数相符，由于客观或人为的因素，往往会发生某些账簿记录与实际结存数之间出现差异的情况。造成账实不符的主要原因如下。

（1）在财产物资收发时，由于计量和检验不够准确，而发生品种、规格、数量和质量上的差错。

（2）在财产物资收发时记账错误，如漏记账、重复记账和记错账等。

（3）在财产物资的保管过程中，由于物资本身的物理或化学性能变化引起的自然损耗，如风干、受潮、挥发等。

（4）由于管理不善或保管人员失职而引起的财产物资的残损、霉变、短缺、损毁等。

（5）由于自然灾害和其他不测而发生的财产意外损毁。

（6）由于贪污、盗窃等而发生的财产物资短缺和损失。

鉴于上述可能发生的情况，为保证会计资料的真实可靠，就必须在账簿记录的基础上进行财产清查，掌握各项财产物资的真实情况，改进企业财产物资管理工作，保证财产物资的安全。财产清查的意义主要体现在以下方面。

（1）保证会计资料的真实可靠。通过财产清查，会计人员可以确定各项财产物资实存数，发现账实之间的差异，查明原因、分清责任，从而及时地进行账面调整，消除差异，为企业经营决策提供真实可靠的资料。

（2）保护财产物资的安全完整。通过财产清查，会计人员可以及时了解各项财产物资收、发、存情况，可以发现企业在财产物资管理上存在的问题，以便及时采取措施加强管理，从而保护各项财产物资的安全完整，提高管理水平。

（3）保证财经纪律和结算制度的贯彻执行。通过财产清查，会计人员可以检查企业对财经纪律的遵守情况，查明与各单位往来款项的结算情况，有无逾期或拖欠，从而促使企业及时清理债权债务，避免损失发生。

（4）盘活资产存量，加速资金周转。通过财产清查，会计人员可以查明各项财产物资的储存和利用情况。企业对积压的财产物资要及时处理，对储备不足而可能延误生产经营的情况也要及时采取补救措施。这可以充分挖掘企业财产物资潜力，加速资金周转，提高资金的使用效益。

2. 财产清查的内容

财产清查的内容主要包括货币资金清查、实物清查、结算款项清查等方面。

（1）货币资金清查，主要是指库存现金、银行存款的清查。

（2）实物清查，主要是对各种具有实物形态的资产的清查。例如，对原材料、在产品、自制半成品、库存商品等各项存货的实存数量与账面数量是否一致，是否有报废损失和积压物资等的清查；对房屋建筑物、机器设备、运输工具等各项固定资产的实存数与账存数是否一致的清查。

（3）结算款项清查，包括对应收款项、应付款项是否存在，与债务、债权单位的相应债务、债权金额是否一致的清查。

企业在编制年度财务会计报告前所进行的财产清查，一般为全面清查，其特点是清查的范围广、内容多、业务量大、时间长，目的是保证财务会计报告的正确性。此外，企业进行破产清算、合并、撤销或改变隶属关系时，也要进行全面清查。

企业日常工作中可根据管理需要，对部分财产物资进行清查，这种清查称为局部清查。例如，对贵重物资每月要进行清查，一般物资可以轮流进行清查；对库存现金需要每天进行清查；对银行存款需要每月与银行进行核对；对债权债务，应在年度内至少核对一至两次。此外，若发生意外灾害，也应对部分财产进行清查。局部清查的特点是清查的范围较小、业务量较少、时间较短。

对企业财产物资的清查可以采用定期或不定期的方式进行。如果清查工作安排在月末、季末、年末，该项清查一般属于定期清查。如果是根据需要临时进行的清查，则为不定期清查。例如，企业更换财物保管人员、发生意外灾害，需要分清责任和确定损失情况时所进行的清查，就属于不定期清查。

二、财产盘存制度

财产清查的重要环节是盘点财产物资的实存数。为了使盘点工作顺利进行，企业应建立财产盘存制度。财产盘存制度一般有实地盘存制和永续盘存制两种，不同的盘存制度下，各项财产物资在账簿中的记录方法和清查盘点的目的各不相同。

8-2　财产盘存制度

1. 实地盘存制

实地盘存制亦称定期盘存制，是根据期末实地盘点取得各种财产物资的数量，计算出期末各项财产物资成本和本期发出财产物资成本的一种盘存制度。实地盘存制下，平时根据有关会计凭证，在账簿中只记录各项财产物资的购入或收入数量，而不登记销售或发出数量，会计期末通过实地盘点确定结存数量，进而计算库存财产物资成本和销售或耗用成本。其计算公式如下。

期末库存财产物资成本=库存数量（实地盘存数）×进货单价

本期销售（或耗用）成本=期初库存成本+本期购进（或收入）成本-期末库存成本

从以上公式可以看出，采用实地盘存制是先确定期末库存数量，然后计算库存成本，最后再计算销售或耗用成本。这里的进货单价采用的是购货单价，若商品的购进价格保持不变，期末库存财产物资成本的计价就十分简单。然而，在实际工作中，同一商品的购进价格在会计期间内往往不同，期末库存财产物资存在一个按什么价格计算的问题。在实际工作中，期末库存财产物资成本的计算可以采用加权平均法、先进先出法等方法。

实地盘存制的主要优点是可以简化库存财产物资的明细核算工作，但由于这种方法平时在账面上无法随时反映财产物资的收、发、存情况，缺少财产物资的日常记录，会把可能存在的财产物资的损耗、短缺、差错甚至贪污、盗窃等损失都计入销售或耗用成本，从而削弱对财产物资的管理、控制和监督。同时，在库存财产物资品种规格比较繁多的企业，期末要进行大量的实物盘点工作，这不仅会影响企业的正常生产经营活动，而且也很难保证盘点的准确性。由于实地盘存制的上述缺点，所以在实际工作中，企业对财产物资管理除那些价值较低、进出频繁的库存财产物资采用实地盘存制外，一般很少采用实地盘存制。

2. 永续盘存制

永续盘存制亦称账面盘存制，是通过设置财产物资明细账，逐笔或逐日地登记财产物资收入数、发出数，并能随时计算出财产物资账面结存数的一种盘存制度。永续盘存制，平时对企业各项财产物资分别设置明细账，根据会计凭证将财产物资的收入、发出数量记入有关账簿，并根据账簿记录计算期末库存财产物资账面结存数量。其计算公式如下。

本期销售（或耗用）成本=本期销售（或发出）数量×进货单价

期末库存财产物资数量=期初库存财产物资数量+本期购进（或收入）数量-

本期销售（或发出）数量

期末库存财产物资成本=期初库存财产物资成本+本期购进（或收入）成本–
本期销售（或发出）成本

从以上公式可以看出，采用永续盘存制一般是先确定本期销售或耗用成本，再确定期末库存财产物资的数量和成本。

采用永续盘存制仍需对库存财产物资进行定期或不定期实地盘点，但它与实地盘存制下盘点的目的不同。永续盘存制下的盘点，主要是为了保证账实相符；实地盘存制下的盘点则是为了计算库存财产物资的成本。

采用永续盘存制的优点是登记的明细账可以随时反映各种财产物资的收入、发出和结存情况，并可以从数量和金额两个方面进行反映，有利于存货的日常监督和管理；企业可以随时将明细账记录的结存数量与财产物资的实存数量进行核对，查明账实是否相符及不符（如不相符）原因，并及时纠正。但是，这种方法的缺点是日常核算工作量较大。实际工作中，除少数特殊商品外，一般都采用永续盘存制对财产物资进行管理。

三、财产清查的方法

期末财产物资盘点是一项复杂的工作，涉及面广、工作量大。为了做好此项工作，在盘点前要做好准备工作，会计人员要检查和结清账目，做到账簿记录完整、计算准确，并将账证、账账核对清楚，为盘点提供正确可靠的依据。财产物资保管人员对所保管的各项财产物资，应整理清楚，分类排列整齐，以便盘点核实；对毁损变质的财产物资要单独存放，以备盘点后处理。盘点人员对在盘点工作中需要使用的计量器具要仔细检查校正，以保证计量准确，同时准备好盘点用的有关登记表册。

企业拥有的各项财产物资特点不同，因此在财产清查时，采用的方法也不完全相同。

1. **库存现金清查**

库存现金清查的基本方法是实物盘点法。它通过将库存现金的实有数与库存现金日记账的余额进行核对，来查明账实是否相符。库存现金清查分为出纳人员自查和专门人员清查两种。

（1）出纳人员自查。为了确保现金的安全，出纳人员应在每日和每月终了时根据库存现金日记账的合计数，结出库存现金余额，并与库存现金实有数核对，做到账实相符。

（2）专门人员清查。专门人员清查是由专门人员随机抽查盘点出纳人员管理的库存现金，采取突击式实地盘点的方法。清查前，出纳人员应将截至清查时的全部现金收付款凭证登记入账，结出库存现金日记账的余额。清查时，出纳人员必须在场，清查确定的库存现金实有数应该与库存现金日记账的余额相一致。如果发现库存现金盘盈或盘亏，必须由出纳人员当场核实盈亏数字。

库存现金清查时还应当注意有无违反现金管理制度的规定，不允许以借条或白条抵充现金。清查结束后，应根据清查结果编制库存现金盘点报告表，它是反映现金实有数和调整账簿记录的重要原始凭证。库存现金盘点报告表具有实物财产清查盘存单和实存账存对比表的作用。库存现金盘点报告表的格式如表 8-1 所示。

表 8-1 库存现金盘点报告表

单位名称： 年 月 日 单位：元

实存金额	账存金额	盘盈	盘亏	备注

盘点人签章： 出纳人员签章：

2. 银行存款清查

银行存款清查是采用与银行核对账目的方法进行的，即将企业的银行存款日记账与从银行取得的银行对账单进行逐笔核对。银行对账单是银行记录企业存放在银行的款项增减变动情况及结存余额的资料，是进行银行存款清查的重要依据。在核对中如果发现差错属于企业方面的记账差错，经确定后企业应立即更正；如果属于银行方面的记账差错，则应通知银行更正。当双方的记账错误都已更正，而企业的银行存款日记账余额与银行对账单余额仍不相符时，一般是由未达账项造成的。所谓未达账项，是指企业与银行之间由于凭证传递上的时间差，一方已登记入账，而另一方尚未收到凭证、尚未登记入账的款项。具体地说，未达账项一般有以下四种情况。

（1）企业存入银行的款项，企业已作为存款增加入账，而银行没有收到凭证尚未入账。

（2）企业开出支票或其他付款凭证，企业已作为存款减少入账，而银行没有收到凭证尚未入账。

（3）银行代企业收入的款项，银行已作为企业存款增加入账，而企业没有收到凭证尚未入账。

（4）银行代企业支付的款项，银行已作为企业存款减少入账，而企业没有收到凭证尚未入账。

上述任何一种情况的发生，都会造成企业的银行存款日记账余额与银行对账单余额不相符。因此，在清查银行存款时，如果有未达账项，应编制银行存款余额调节表，以检查双方账面余额是否正确。银行存款余额调节表的编制方法一般是在企业与银行双方的账面余额基础上，各自加上对方已收而本单位未收的款项，减去对方已付而本单位未付的款项。经过调节后，双方的余额应一致。

【例8-8】祥云公司2×25年10月31日银行存款日记账余额为134 000元，银行对账单余额为138 000元。经逐笔核对，查明有以下几笔未达账项。

（1）29日，公司出售产品收到转账支票20 000元，银行尚未入账。

（2）30日，公司开出转账支票购入材料16 000元，支票尚未到达银行，银行尚未入账。

（3）30日，公司将现金10 000元送存银行，银行尚未入账。

（4）30日，银行代付水电费3 000元，公司尚未收到通知，尚未入账。

（5）30日，公司委托银行收取货款21 000元，银行已入账，公司尚未接到收款通知，尚未入账。

根据上述资料，编制银行存款余额调节表，如表8-2所示。

表8-2　　　　　　　　　　　　　银行存款余额调节表

2×25年10月31日　　　　　　　　　　　　　　　　　　单位：元

项目	金额	项目	金额
公司银行存款日记账余额	134 000	银行对账单余额	138 000
加：银行已收，企业未收		加：企业已收，银行未收	
（5）银行代收货款	21 000	（1）企业收到转账支票	20 000
		（3）企业送存银行现金	10 000
减：银行已付，企业未付		减：企业已付，银行未付	
（4）银行代付水电费	3 000	（2）企业开出支票	16 000
调节后存款余额	152 000	调节后存款余额	152 000

经过调节以后，双方账面余额相等，一般来说说明双方所记账目没有错误；反之，则说明企业或银行记账有误，应进一步查明原因予以更正。必须注意的是，银行存款余额调节表只能作为清查过程中核对账目之用，而不能作为原始凭证以做出任何调账处理。对于银行已入账企业未入账的未达账项，企业不能根据银行存款余额调节表编制会计分录来调账，而必须在收到银行的有关凭证后方可入账。

3. 实物资产清查

对于各种实物资产（如原材料、库存商品、固定资产等），应从数量上和质量上进行清查。实物资产数量的清查方法一般有实物盘点法和技术推算法。

实物盘点法是通过逐一清点或使用各种计量器具来确定期末各项财产物资实际结存数量的一种方法，其使用范围较广。多数财产物资清查都可以采用这种方法。

技术推算法是通过某些技术方法来测算期末财产物资结存数量的一种方法。这种方法适用于散装、成堆、价值不高且难以逐一清点的财产物资的清查。例如，对于露天堆放的煤，可以通过技术推算法测量其结存数量，而不必详细清点。

对于财产物资的质量，期末也要通过物理的或化学的方法来检测。

期末在对财产物资进行盘点时，必须要有财产物资的保管人员在场。盘点结果应如实登记在盘存单中，并由盘点人和财产物资的保管人签字或盖章。盘存单既是记录盘点结果的书面证明，也是反映各项财产物资在盘点日实存数的原始凭证。采用实地盘存制时，必须要填制盘存单，并按期末财产物资品种编号填制。盘存单格式如表 8-3 所示。

表 8-3　　　　　　　　　　　　　盘存单

财产类别：

存放地点：　　　　　　　　　　　年　月　日　　　　　　　　　　　　　　　　第　页

编号	名称	规格型号	计量单位	数量	单价/元	金额/元	备注

盘点人签章：　　　　　　　　　　　　保管人签章：

对于在盘点中发现的实存数与账存数不相符的情况，应填制实存账存对比表。实存账存对比表是用于调整账簿记录的原始凭证，同时也是用于分析原因并提出处理意见的依据。对于财产物资盘点过程中所发现的积压财产物资和残损变质等财产物资，应填制积压变质报告单，将其作为分清责任、提出处理意见的原始依据。实存账存对比表与积压变质报告单的格式如表 8-4、表 8-5 所示。

表 8-4　　　　　　　　　　　　　实存账存对比表

单位名称：　　　　　　　　　　　　年　月　日　　　　　　　　　　　　　　　单位：元

编号	名称及规格	计量单位	单价	实存		账存		盘盈		盘亏		备注
				数量	金额	数量	金额	数量	金额	数量	金额	

制表人签章：

表 8-5　　　　　　　　　　　　　积压变质报告单

财产类别：　　　　　　　　　　　　年　月　日

编号	名称	规格	计量单位	进货单价/元	实存数量	金额/元	情况说明	处理意见

审批意见：

盘点人：　　　　　　　　　　　　　　实物负责人：

对于委托外单位加工、保管、代销的财产物资，可通过信件询证方法与有关单位进行核对，以查明账实是否相符。

4. 往来款项清查

往来款项主要包括应收账款、应付款项、预收账款、预付账款以及其他应收款、其他应付款等款项。往来款项的清查一般采用发函询证与对方账目进行核对的方法。清查单位应在所记账目正确完整的基础上，编制往来账项对账单，给债权人和债务人发函求证，与对方单位进行核对。对账单一般一式两联，其中一联作为回单。对方单位如核对相符，应在回单上签章后退回；如发现数额不符，应在回单上注明不符的情况，或者另抄对账单退回，作为进一步核对的依据。往来款项清查以后，根据清查结果编制往来款项清查表，格式如表8-6所示。

表8-6　　　　　　　　　　　　往来款项清查表

总分类账户名称：　　　　　　　　年　　月　　日

明细分类账户		清查结果		核对不符原因分析			备注
名称	账面余额	核对相符金额	核对不符金额	未达账项金额	有争议款项金额	其他	

清查人员：　　　　　　　　会计：　　　　　　　　制表：

通过往来款项的清查，要及时催收应收回的款项，对呆账和有争议的款项应及时进行处理。企业应加强对往来款项的管理，以减少坏账损失的发生。

四、财产清查结果的处理

企业在财产清查中发现的各种财产物资盘盈、盘亏和毁损，应于期末前查清原因，并根据企业管理权限，经股东（大）会或董事会，或经理（厂长）会议或类似机构批准后，在期末结账前处理完毕。

8-3　财产清查结果的处理

1. 账户设置

为了核算和监督在财产清查中财产物资的盘盈、盘亏和毁损情况，企业应当设置"待处理财产损溢"账户，核算企业在财产清查中查明的各种财产物资的盘盈、盘亏和毁损的价值。该账户的贷方登记财产物资的盘盈数，以及报经批准后盘亏、毁损财产物资的转销数；借方登记财产物资的盘亏和毁损数，以及报经批准后盘盈财产物资的转销数。该账户的借方余额反映企业尚未处理的各种财产物资的净损失；贷方余额反映企业尚未处理的各种财产物资的净溢余。报经批准后，该账户应无余额。该账户应当设置"待处理流动资产损溢"和"待处理非流动资产损溢"两个明细分类账户进行明细分类核算。

由于财产清查结果的处理要报请批准，所以，账务处理通常分两步进行。首先，将财产物资清查中发现的盘盈、盘亏或毁损数通过"待处理财产损溢"账户核算，登记有关账簿，以调整账面记录，使账存数与实存数一致。其次，在审批之后，应根据批准的处理意见，再将相关余额从"待处理财产损溢"账户转入有关账户。

需要注意的是，清查中发现的库存现金、材料、在产品和库存商品的盘盈和盘亏以及固定资产的盘亏结果通过"待处理财产损溢"账户进行核算，发现的固定资产盘盈以及往来款项的清查结果不通过这个账户核算。

2. 库存现金清查结果的处理

库存现金清查发现现金盘盈或者盘亏时，应根据库存现金盘点报告表及时进行账务处理，调整账簿记录，并查明盘盈或者盘亏的原因，报经批准后，按批准的处理意见进行账务处理。

对于库存现金盘盈，应按盘盈的金额，借记"库存现金"账户，贷记"待处理财产损溢——待处理流动资产损溢"账户。查明原因并报经批准后，按盘盈的金额，借记"待处理财产损溢——待处理流动资产损溢"账户；按需要支付或退还他人的金额，贷记"其他应付款"账户；按无法查明原因的金额，贷记"营业外收入"账户。

【例8-9】 祥云公司于2×25年3月31日对库存现金进行清查，并编制库存现金盘点报告表，盘盈现金825元。

在审批之前，根据库存现金盘点报告表编制会计分录如下。

借：库存现金   825

　　贷：待处理财产损溢——待处理流动资产损溢   825

经核查，其中800元属于应支付给A客户的押金，剩余盘盈现金无法查明原因，应转作营业外收入处理。报经批准后，编制会计分录如下。

借：待处理财产损溢——待处理流动资产损溢   825

　　贷：其他应付款——A公司   800

　　　　营业外收入   25

对于库存现金盘亏，应按盘亏的金额，借记"待处理财产损溢——待处理流动资产损溢"账户，贷记"库存现金"账户。查明原因并报经批准后，按可收回的保险赔偿或过失人的金额，借记"其他应收款"账户；按无法查明原因等管理不善造成的净损失金额，借记"管理费用"账户；按自然灾害等原因造成净损失的金额，借记"营业外支出"账户；按盘亏的金额，贷记"待处理财产损溢——待处理流动资产损溢"账户。

【例8-10】 祥云公司于2×25年6月30日，对库存现金进行清查，发现库存现金短缺380元。

在审批之前，根据库存现金盘点报告表编制会计分录如下。

借：待处理财产损溢——待处理流动资产损溢   380

　　贷：库存现金   380

经核查，短款中80元属于出纳员支付过失造成，300元无法查明原因。经批准，编制会计分录如下。

借：其他应收款——××出纳员   80

　　管理费用   300

　　贷：待处理财产损溢——待处理流动资产损溢   380

3. 存货清查结果的处理

存货清查发现原材料、库存商品等盘盈或者盘亏时，应根据实存账存对比表及时进行账务处理，调整账簿记录，同时查明盘盈或者盘亏、毁损的原因，报经批准后按批准的处理意见进行账务处理。

对于原材料、产成品等存货盘盈，应按盘盈的金额，借记"原材料""库存商品"等账户，贷记"待处理财产损溢——待处理流动资产损溢"账户。查明原因，并报经批准后，应按盘盈的金额，借记"待处理财产损溢——待处理流动资产损溢"账户；因计量器具误差等管理原因造成盘盈的金额，贷记"管理费用"账户；查不出原因盘盈的金额，贷记"营业外收入"账户。

【例8-11】 祥云公司于2×25年6月30日对甲库存商品清查，该商品盘盈100千克，确定的金额为800元，原因待查。

在审批之前，根据实存账存对比表结果，编制会计分录如下。

借：库存商品——甲材料   800

　　贷：待处理财产损溢——待处理流动资产损溢   800

经查明，上述盘盈的库存商品系计量器具不准造成的，经批准，冲减当月管理费用。会计分录如下。

借：待处理财产损溢——待处理流动资产损溢　　　　　　　　　　　800

　　贷：管理费用　　　　　　　　　　　　　　　　　　　　　　　　　800

对于原材料、产成品等存货盘亏、毁损，按盘亏、毁损的金额，借记"待处理财产损溢——待处理流动资产损溢"账户，贷记"原材料""库存商品"等账户。待查明原因并报经批准后，按可收回的保险赔偿或过失人的金额，借记"其他应收款"账户；因定额内的自然损耗或者无法查明原因等管理不善造成的净损失金额，借记"管理费用"账户；因自然灾害等原因造成净损失的金额，借记"营业外支出"账户；按盘亏、毁损的金额，贷记"待处理财产损溢——待处理流动资产损溢"账户。

【例8-12】祥云公司于2×25年6月30日对A材料进行清查，发现盘亏500千克，按照规定的方法计价确定的金额为30 000元，原因待查。

在审批之前，根据实存账存对比表结果，编制会计分录如下。

借：待处理财产损溢——待处理流动资产损溢　　　　　　　　　30 000

　　贷：原材料——A材料　　　　　　　　　　　　　　　　　　　30 000

经查明，上述盘亏的A材料，有350千克为定额内合理损耗，有150千克属于保管人员责任。经批准，定额内合理损耗部分列作管理费用，因保管人员责任造成部分损耗，责成其按成本价予以赔偿。会计分录如下。

借：管理费用　　　　　　　　　　　　　　　　　　　　　　　21 000

　　其他应收款——××保管人　　　　　　　　　　　　　　　　9 000

　　贷：待处理财产损溢——待处理流动资产损溢　　　　　　　　　30 000

4. 固定资产清查结果的处理

固定资产清查中，发现固定资产盘盈或者盘亏、毁损时，应根据实存账存对比表及时进行账务处理，调整账簿记录。

对于盘盈的固定资产，我国现行企业会计准则要求按前期会计差错处理，通过"以前年度损益调整"账户核算，目的是限制企业利用盘盈固定资产来操纵利润。"以前年度损益调整"账户用于核算企业本年度发生的调整以前年度损益的事项，以及本年度发现的重要前期差错更正涉及调整以前年度损益的事项。

企业在财产清查过程中盘盈的固定资产，经查明确属企业所有，按管理权限报经批准后，应根据实存账存对比表填制固定资产交接凭证，填写固定资产卡片账，并作为前期差错处理。盘盈的固定资产一般按其重置成本作为入账价值，借记"固定资产"账户，贷记"以前年度损益调整"账户。在对盘盈固定资产进行前期差错处理的同时，按应缴纳的所得税，借记"以前年度损益调整"账户，贷记"应交税费——应交所得税"账户。将"以前年度损益调整"账户的差额结转到留存收益时，借记"以前年度损益调整"账户，贷记"利润分配——未分配利润"账户和"盈余公积"账户。涉及增值税的，还应按相关规定处理。

【例8-13】祥云公司2×25年6月30日在财产清查中发现账外计算机设备一台，确定重置成本为20 000元。

在审批之前，根据实存账存对比表所确定的盘盈数量及金额，编制会计分录如下。

借：固定资产　　　　　　　　　　　　　　　　　　　　　　20 000

　　贷：以前年度损益调整　　　　　　　　　　　　　　　　　　20 000

假设祥云公司所得税税率为25%，按净利润的10%计提法定盈余公积，不考虑增值税及其他因素的影响。经批准，编制会计分录如下。

借：以前年度损益调整	20 000	
贷：应交税费——应交所得税		5 000
盈余公积		1 500
利润分配——未分配利润		13 500

对于固定资产的盘亏、毁损，按固定资产的原始价值贷记"固定资产"账户，按已提折旧借记"累计折旧"账户，按两者的差额借记"待处理财产损溢——待处理非流动资产损溢"账户。待查明原因并报经批准后，按能够收回的残料或净残值，借记"原材料""银行存款"等账户；按可收回的保险赔偿或过失人的金额，借记"其他应收款"等账户；因自然灾害等原因造成净损失的金额，借记"营业外支出"账户；按实际盘亏、毁损的损失金额，贷记"待处理财产损溢——待处理非流动资产损溢"账户。

【例8-14】祥云公司于2×25年6月30日财产清查中发现盘亏一台笔记本电脑，账面原值10 000元，已提折旧5 500元。在审批之前，根据实存账存对比表所确定的盘亏数量及金额，编制会计分录如下。

借：待处理财产损溢——待处理非流动资产损溢	4 500	
累计折旧	5 500	
贷：固定资产		10 000

经核查，笔记本电脑丢失的原因在于保管员看守不当。经批准，由保管员赔偿4 500元，编制会计分录如下。

借：其他应收款——××保管员	4 500	
贷：待处理财产损溢——待处理非流动资产损溢		4 500

盘盈或盘亏的财产物资，如在期末结账前尚未经批准，应在对外提供财务会计报告时先按上述规定进行处理，并在财务报表附注中做出说明。

本章习题

一、单项选择题

1. 企业年终决算前，需要（　　　　）。
  A. 对重要财产进行局部清查 　　　　B. 对所有财产进行实物盘点
  C. 对流动性弱的财产进行抽查 　　　D. 对所有财产进行全面清查

2. 钢铁生产企业对堆放的大量铁矿石原料的清查方法，通常采用（　　　　）。
  A. 核对账目法 　　　　　　　　　　B. 实物盘点法
  C. 实地盘存制 　　　　　　　　　　D. 技术推算法

3. 对应收账款的清查方法应采用（　　　　）。
  A. 技术推算法 　　　　　　　　　　B. 实物盘点法
  C. 核对账目法 　　　　　　　　　　D. 实地盘存制

4. 银行存款的清查是将银行存款日记账记录与（　　　　）核对。
  A. 银行存款总账 　　　　　　　　　B. 银行存款的收、付款凭证和现金付款凭证
  C. 银行入账通知单 　　　　　　　　D. 银行对账单

5. 下列凭证，不能作为记账依据的是（　　　　）。
  A. 原材料实存账存对比表 　　　　　B. 银行存款余额调节表
  C. 库存现金盘点报告表 　　　　　　D. 发料汇总表

6. 采用实地盘存制时，财产物资的期末结存数就是（　　　）。

    A. 实地盘存数　　　　　　　　　　　B. 账面结存数

    C. 收支抵减数　　　　　　　　　　　D. 期初结存数+本期增加数-本期减少数

7. 盘盈的固定资产，处理方法是（　　　）。

    A. 批准前记入"待处理财产损溢"账户，经批准记入"其他业务收入"账户

    B. 批准前记入"待处理财产损溢"账户，经批准记入"营业外收入"账户

    C. 按前期会计差错处理，直接记入"营业外收入"账户

    D. 按前期会计差错处理，记入"以前年度损益调整"账户

8. 对于原材料、库存商品等存货盘亏，属于定额内的自然损耗，报经批准后，应借记（　　　）账户。

    A. 其他应收款　　　B. 营业外支出　　　C. 管理费用　　　D. 以前年度损益调整

9. 对于固定资产的盘亏、毁损，属于自然灾害等原因造成的，报经批准后，应借记（　　　）账户，贷记"待处理财产损溢——待处理非流动资产损溢"账户。

    A. 其他应收款　　　B. 营业外支出　　　C. 管理费用　　　D. 以前年度损益调整

10. 实际工作中，除少数特殊商品外，企业对财产物资进行管理一般采用（　　　）。

    A. 权责发生制　　　B. 收付实现制　　　C. 实地盘存制　　　D. 永续盘存制

二、多项选择题

1. 按清查的范围不同，可将财产清查分为（　　　）。

    A. 全面清查　　　B. 局部清查　　　C. 定期清查　　　D. 不定期清查

2. 财产清查按照清查时间可以分为（　　　）。

    A. 全面清查　　　B. 定期清查　　　C. 局部清查　　　D. 不定期清查

3. 财产物资的盘存制度有（　　　）。

    A. 现金制　　　B. 应计制　　　C. 永续盘存制　　　D. 实地盘存制

4. 采用实物盘点法进行清查的项目有（　　　）。

    A. 固定资产　　　B. 库存商品　　　C. 银行存款　　　D. 应收账款

5. 核对账目法适用于（　　　）。

    A. 应收账款的清查　　　　　　　　　B. 库存现金的清查

    C. 银行存款的清查　　　　　　　　　D. 预付账款的清查

6. 造成财产物资账实不符的原因有（　　　）。

    A. 未达账项　　　　　　　　　　　　B. 会计账簿漏记、重记、错记

    C. 财产物资的毁损　　　　　　　　　D. 财产物资的自然损耗、收发计量误差

7. 下列表单中，可以作为原始凭证进行账务处理的有（　　　）。

    A. 实存账存对比表　　　　　　　　　B. 现金盘点报告表

    C. 银行存款余额调节表　　　　　　　D. 往来款项清查表

8. 对于盘亏的财产物资，报经批准后，进行账务处理可能涉及的借方账户有（　　　）。

    A. 营业外收入　　　　　　　　　　　B. 营业外支出

    C. 管理费用　　　　　　　　　　　　D. 其他应收款

9. 在企业与银行记账无差错的前提下，企业银行存款日记账余额大于银行对账单余额的原因有（　　　）。

    A. 企业已付款入账，银行未付款入账　　B. 银行已收款入账，企业未收款入账

    C. 企业已收款入账，银行未收款入账　　D. 银行已付款入账，企业未付款入账

10. 发函询证核对法一般适用于（　　　）的清查。

    A. 债权债务　　　B. 银行存款　　　C. 库存现金　　　D. 往来款项

三、简答题

1. 什么是账项调整？其主要内容是什么？

2. 什么是实地盘存制和永续盘存制？各自的优缺点和适用范围如何？

3. 简述财产清查的方法及使用范围。

4. 什么是未达账项？它包括哪几种情况？

5. 企业在哪些情况下需要对财产物资进行全面清查？

6. 简述局部清查的适用范围。

7. 企业在何种情况下需要编制银行存款余额调节表？银行存款余额调节表有什么作用？

8. 简述"待处理财产损溢"账户的结构。

四、业务题

【业务一】

1. 目的

练习银行存款余额调节表的编制。

2. 资料

B公司2×25年6月30日银行存款日记账余额为195 100元，银行对账单的余额为203 100元，经逐笔核对发现存在下列未达账项。

（1）6月30日，公司销售货物一批，收到转账支票一张，金额8 000元，送存银行，银行尚未入账。

（2）6月30日，公司开出转账支票一张，购买材料货款14 000元，银行尚未入账。

（3）6月30日，银行代B公司收回销货款5 000元，B公司尚未收到收款通知。

（4）6月30日，银行代B公司支付运输费3 000元，但B公司尚未接到付款通知。

3. 要求

根据以上资料编制银行存款余额调节表。

【业务二】

1. 目的

练习财产清查结果的会计处理。

2. 资料

W公司在2×25年末进行财产清查时发现下列情况。

（1）某材料盘亏2 800元，经查定为定额内损耗，经批准转作管理费用。

（2）由于仓库发生大火，甲库存商品毁损20 000元，经批准转作营业外支出。

（3）乙库存商品毁损9 000元，是管理不善造成的，经批准计入管理费用。

（4）盘亏一台机器，账面原价18 000元，已提折旧8 000元，经批准转作营业外支出。

（5）职工李某在生病住院时经领导批准借款3 000元。此人现已病故，经批准所借款项从职工福利费中报销。

（6）应付Y单位货款5 000元，因该单位已不存在，长期无法支付，经批准转作营业外收入。

（7）丙材料霉变损坏200元，经查是因为连续阴雨天气，保管员未及时采取措施所致。责令保管员赔偿100元，赔款尚未收到，其余作为营业外支出处理。

3. 要求

根据上述资料编制会计分录。

【业务三】

1. 目的

练习期末账项调整业务。

2. 资料

N公司2×25年发生有关交易或事项如下。

（1）将一套营业用房出租给甲企业，合同约定每月租金5 000元，季末结算。1月31日，确认本月租金收入5 000元。

（2）3月31日，收到第一季度租金15 000元（其中前两月已确认收入10 000元），存入银行。

（3）4月1日，将另一套营业用房出租给乙企业，合同约定每月租金4 000元，于季初结算。当日，收到第二季度租金12 000元，存入银行。

（4）4月30日，确认4月营业用房租金收入。

（5）7月1日，车间租赁丙企业设备一套，合同约定每月租赁费2 000元，季初结算。当日，以银行存款6 000元支付第三季度租赁费。

（6）7月31日，分摊本月应负担的设备租赁费2 000元。

（7）8月1日，租入丁企业运输汽车一辆，合同约定租期五个月，月租金3 000元，于期满日一次支付。当月31日，计提本月汽车租赁费3 000元。

（8）12月31日，以银行存款支付五个月汽车租赁费15 000元（其中前四个月已计提12 000元）。

3. 要求

根据上述经济业务编制会计分录。

【业务四】

1. 目的

练习期末账项调整业务。

2. 资料

M公司2×25年发生有关交易或事项如下。

（1）1月2日，以银行存款预付全年财产保险费60 000元。

（2）1月31日，分摊本月应负担的财产保险费5 000元。

（3）1月31日，计提本月应负担的短期借款利息6 000元。

（4）2月28日，计提本月应负担的短期借款利息6 000元。

（5）3月31日，支付本季度短期借款利息18 000元。

（6）10月20日，以银行存款预付下年报刊费12 000元。

3. 要求

根据上述经济业务编制会计分录。

财务报表 | 第九章

学习目标

本章旨在阐述企业的财务报表，内容主要包括财务报表的编制要求、财务报表的编制方法。具体的学习目标如下。

（1）掌握财务报表的含义、种类和编制要求

（2）掌握资产负债表和利润表的含义、结构、编制方法

（3）理解现金流量表的含义、结构和编制方法

（4）了解所有者权益变动表的含义和结构

（5）了解财务报表附注的含义与主要内容

（6）理解充分披露和具有透明度的财务报表是确保会计信息质量的关键

引导案例

字节跳动

看"今日头条"已成为人们获取资讯的主要途径之一。今日头条是字节跳动推出的让信息得到高效、精准分发的个性化资讯推荐引擎产品，覆盖图文、图集、短视频、短内容、直播等多种信息。除今日头条外，字节跳动还拥有抖音、西瓜视频、番茄小说、懂车帝等产品。

人们在享受今日头条、抖音等带来的便利服务时，或许会有这些疑问：抖音靠什么营利？这些服务能持续吗？它的核心竞争力是什么？投资者有回报吗？管理层如何运营公司？未来的成长潜力如何？回答这些疑问的重要途径之一就是阅读和分析字节跳动的财务报表。

思考： 财务报表提供哪些信息能满足人们的需求？财务报表是如何编制的？

第一节 | 财务报表概述

财务报表遵循会计准则，根据企业日常账簿记录进行编制，是企业对外提供会计信息的主要载体。

一、财务报表的含义

财务报表是对反映在企业各种账簿中的会计资料进行汇总整理而成的，是用于反映企业财务状况、经营成果和现金流量等财务信息的文件。财务报表包括资产负债表、利润表、现金流量表、所有者权益变动表和财务报表附注。

企业将一定时期内发生的各项交易或事项，通过归类、汇总都反映在账簿中。但是，企业日常交易或事项很多，反映在账簿中的财务信息比较分散，不能全面、系统、综合地反映企业有关经济活动的全貌。因此，企业必须在日常会计核算的基础上，定期对账簿资料进行归类、汇总，编制财

务报表，以全面、系统、综合地反映企业经济活动的状况、经营成果及现金流量，为各有关方面进行决策提供有用的财务信息。

二、财务报表的种类

企业的财务报表按不同标准可以分为不同的种类。

（1）按所反映的经济内容，财务报表可以分为静态财务报表和动态财务报表。静态财务报表是反映企业在某一特定时点全部资产、负债和所有者权益等财务状况的报表，如资产负债表。动态财务报表是反映企业在一定期间的经营成果和现金流量的报表，如利润表和现金流量表。

（2）按编报时间，财务报表可以分为中期财务报表（月报、季报、半年报）和年度财务报表。中期财务报表是每月、每季或每半年编制的财务报表。年度财务报表是按年度编制的财务报表，它是全面反映企业财务状况、经营成果和现金流量的报表。

（3）按编制单位，财务报表可以分为个别财务报表和合并财务报表。个别财务报表是企业作为一个会计主体单独编制的财务报表，用来反映企业的财务状况、经营成果和现金流量。合并财务报表是由企业集团中对其他企业拥有控制权的母公司编制的，综合反映企业集团整体财务状况、经营成果和现金流量的财务报表。

（4）按服务对象，财务报表可以分为内部财务报表和外部财务报表。内部财务报表是为满足企业内部经营管理需要而编制的不对外公开的财务报表。内部财务报表一般不规定统一的格式，也没有统一的指标体系，如成本报表。外部财务报表是企业向外提供的，供外部信息使用者使用的财务报表。外部财务报表一般有统一的格式和编制要求，如资产负债表、利润表、现金流量表等。

三、财务报表的编制要求

为了充分发挥财务报表的作用，满足信息使用者对财务信息的需求，企业编制的财务报表应符合以下要求。

1. 内容完整

企业所提供的财务报表，其内容应按会计准则的规定填报完整，不得遗漏。编制的财务报表项目，无论是表内项目还是表外补充资料，都必须全部填制，不得任意取舍。财务报表之间、财务报表各项目之间凡有对应关系的数字，应当相互一致；财务报表的本期数字与上期数字应当相互衔接。此外，重要会计事项必须在财务报表附注中加以说明。

2. 数字真实

企业所提供的会计资料必须真实可靠，如实地反映企业的财务状况、经营成果和现金流量等。如果企业提供的信息缺乏真实性和可靠性，甚至提供虚假信息，就会误导信息使用者，使其决策失误。所以，一切会计资料必须如实反映企业实际的经济活动，每一项会计记录都要以合法的会计凭证为依据，会计的确认、计量、记录和报告都必须根据会计准则和相关规定进行处理。企业编制的财务报表必须以登记完整、核对无误的账簿记录和其他有关资料为依据，不得弄虚作假。

3. 编报及时

财务信息具有时效性，企业必须按照规定的期限和程序及时编制与报送财务报表，使报表使用者及时了解、运用财务信息，充分发挥财务信息的作用，满足各方面使用者对财务信息的需要。

4. 手续完备

企业对外提供的财务报表应当依次编定页数，加具封面，装订成册，加盖公章。封面上应当注明企业名称、人民币金额单位、资产负债表日或财务报表涵盖期间、送出日期等，并由企业负责人、主管会计工作的负责人、会计机构负责人签字并盖章。

第二节 | 资产负债表

资产负债表是反映企业在某一特定日期财务状况的财务报表，提供企业在某一特定日期所拥有或者控制的经济资源、所承担的现时义务和所有者对净资产的要求权信息。

一、资产负债表的含义

资产负债表是反映企业在某一特定日期财务状况的报表。它是一张静态报表，是根据资产、负债、所有者权益之间的相互关系，即"资产=负债+所有者权益"这一会计等式，按照一定的分类标准和一定的顺序，将企业在某一特定日期的资产、负债、所有者权益各项目予以适当排列，并对日常工作中形成的大量数据进行整理后编制而成的报表。

资产负债表的作用如下。

（1）反映企业所拥有或控制的资产总额及这些资产总额的分布。

（2）反映企业所承担的债务情况及所有者在企业中所拥有的权益，以评价企业的偿债能力和筹资能力及企业资本的保值增值情况。

（3）通过前后期资产负债表的比较分析，判断企业财务结构的变化情况及财务状况的发展趋势，预测企业未来的财务安全程度。

二、资产负债表的结构与格式

1. 资产负债表的结构

资产负债表的结构是指资产负债表揭示资产、负债和所有者权益信息的构成。资产负债表一般由资产、负债和所有者权益三类项目排列构成。

资产负债表一般包括表首和正表两部分。

表首要列示报表名称、编制单位、编制日期、报表编号、货币名称、计量单位等。

正表是资产负债表的主体，列示了反映企业财务状况的各个项目。在资产负债表中，企业通常按资产、负债、所有者权益分类分项列示。其中，左方为资产部分，按流动性强弱进行列示，具体分为流动资产和非流动资产；右方为负债和所有者权益部分。负债按流动性强弱进行列示，具体分为流动负债和非流动负债。所有者权益部分则按实收资本、资本公积、盈余公积、未分配利润等项目分项列示。这是按照所有者权益形成的来源分类，并按其留在企业的时间长短排列的。留在企业时间长的所有者权益项目排列在前，时间短的排列在后。这样的资产负债表能满足各方面信息使用者了解企业财务状况的需要，便于报表使用者更好地理解和利用财务报表。同时，资产负债表不仅要列示期末数，还要列示期初数，报表使用者通过对期末数与期初数的比较，可以了解企业财务状况的变化情况。

2. 资产负债表的格式

资产负债表各要素及要素项目的不同排列方式，形成了资产负债表的具体格式。资产负债表正表的格式一般有两种，即报告式和账户式。

（1）报告式资产负债表

报告式资产负债表是上下结构，上半部分列示资产，下半部分列示负债和所有者权益。在排列形式上又分为两种：一种按"资产=负债+所有者权益"的原理排列，另一种按"资产-负债=所有者权益"的原理排列。报告式资产负债表的格式如表9-1所示。

表9-1 　　　　　　　　　　　　　　　　报告式资产负债表

编制单位：××公司　　　　　　　　　　　2×25年12月31日　　　　　　　　　　　　　　　单位：元

按"资产=负债+所有者权益"原理		按"资产-负债=所有者权益"原理	
资产		资产	
流动资产	543 600	流动资产	543 600
非流动资产	340 000	非流动资产	340 000
资产合计	883 600	资产合计	883 600
负债		减：负债	
流动负债	143 662	流动负债	143 662
长期负债	200 000	长期负债	200 000
负债合计	343 662	负债合计	343 662
加：所有者权益		所有者权益	
实收资本	400 000	实收资本	400 000
盈余公积	63 224	盈余公积	63 224
未分配利润	76 714	未分配利润	76 714
所有者权益合计	539 938	所有者权益合计	539 938
权益合计	883 600		

报告式资产负债表的优点是便于编制比较资产负债表，即在一张表中除列出本期项目金额之外，还可平行列示相邻若干期资产负债表项目金额，也可留有较多空间，易于用旁注方式注明某些特殊项目；其缺点是资产与负债及所有者权益的平衡关系不如账户式资产负债表一目了然。

（2）账户式资产负债表

账户式资产负债表是按照"T"型账户的形式设计的，这种格式的资产负债表是将资产项目排列在表的左方，负债和所有者权益项目排列在表的右方，资产负债表左右双方总额相等。账户式资产负债表的格式如表9-2所示。

表9-2 　　　　　　　　　　　　　　　　账户式资产负债表

编制单位：××公司　　　　　　　　　　　2×25年12月31日　　　　　　　　　　　　　　　单位：元

资产		负债及所有者权益	
流动资产	543 600	负债	
		流动负债	143 662
		非流动负债	200 000
		负债合计	343 662
		所有者权益	
非流动资产	340 000	实收资本	400 000
		盈余公积	63 224
		未分配利润	76 714
		所有者权益合计	539 938
资产总计	883 600	负债及所有者权益总计	883 600

账户式资产负债表的优点是资产与负债及所有者权益的平衡关系非常明晰，一目了然；其缺点是不便于编制比较资产负债表。

我国的资产负债表按规定采用账户式结构，并采用对比方式填列，即各项目均应对比填列"年初余额"和"期末余额"。这样做有利于进行纵向对比分析，也有利于考察各项目在本期的增减变动情况，便于年末编制现金流量表以获得必要数据。我国资产负债表的结构和内容如表 9-3 所示。

表 9-3 　　　　　　　　　　　　　　　　资产负债表 　　　　　　　　　　　　　　　　会企 01 表

编制单位：××公司 　　　　　　　　　　　　　_____年____月___日 　　　　　　　　　　　　　单位：元

资产	期末余额	年初余额	负债和所有者权益	期末余额	年初余额
流动资产：			流动负债：		
货币资金			短期借款		
交易性金融资产			交易性金融负债		
衍生金融资产			衍生金融负债		
应收票据			应付票据		
应收账款			应付账款		
应收款项融资			预收款项		
预付款项			合同负债		
其他应收款			应付职工薪酬		
存货			应交税费		
合同资产			其他应付款		
持有待售资产			持有待售负债		
一年内到期的非流动资产			一年内到期的非流动负债		
其他流动资产			其他流动负债		
流动资产合计			流动负债合计		
非流动资产：			非流动负债：		
债权投资			长期借款		
其他债权投资			应付债券		
长期应收款			其中：优先股		
长期股权投资			永续债		
其他权益工具投资			租赁负债		
其他非流动金融资产			长期应付款		
投资性房地产			预计负债		
固定资产			递延收益		
在建工程			递延所得税负债		
生产性生物资产			其他非流动负债		
油气资产			非流动负债合计		
使用权资产			负债合计		
无形资产			所有者权益（或股东权益）：		
开发支出			实收资本（或股本）		
商誉			其他权益工具		
长期待摊费用			其中：优先股		
递延所得税资产			永续债		
其他非流动资产			资本公积		
非流动资产合计			减：库存股		
			其他综合收益		
			专项储备		
			盈余公积		
			未分配利润		
			所有者权益合计		
资产总计			负债和所有者权益（或股东权益）总计		

三、资产负债表的编制方法

资产负债表分别设有"年初余额"和"期末余额"两栏。资产负债表"年初余额"栏内的各项数字应根据上年末资产负债表"期末余额"栏内所列数字填列。如果本年度资产负债表规定的各个项目的名称和内容同上年度不一致，应对上年末资产负债表各项目的名称和数字按照本年度的规定进行调整，填入本表"年初余额"栏内。

资产负债表"期末余额"栏内各项目的金额，应根据期末资产类、负债类、所有者权益类等账户的期末余额填列。各项目的内容及填列方法如下。

9-1 资产负债表的编制方法

1. 根据总账账户期末余额直接填列

资产负债表项目与相应账户存在一一对应关系时，资产负债表项目的期末余额可以根据有关总账账户的期末余额直接填列，如"交易性金融资产""递延所得税资产""短期借款""交易性金融负债""应付职工薪酬""应交税费""递延所得税负债""预计负债""实收资本""资本公积""盈余公积"等项目。

2. 根据总账账户期末余额计算填列

资产负债表中有些项目的期末余额需要根据有关总账账户的期末余额计算填列。

（1）"货币资金"项目，应根据"库存现金""银行存款""其他货币资金"等账户的期末余额合计填列。

（2）"未分配利润"项目，应根据"本年利润"账户和"利润分配"账户的期末余额计算填列，如为未弥补亏损，则在本项目内以"-"号填列。年末结账后，"本年利润"账户已无余额，"未分配利润"项目应根据"利润分配"账户的年末余额直接填列，贷方余额以正数填列，借方余额以"-"号填列。

（3）"存货"项目，应根据"材料采购（或在途物资）""原材料""周转材料""库存商品""委托加工物资""生产成本"等账户的期末余额之和，减去"存货跌价准备"账户期末余额后的金额填列。

（4）"其他应收款"项目，应根据"应收利息""应收股利""其他应收款"账户的期末余额合计数，减去"坏账准备"账户中相关坏账准备期末余额后的金额填列。

（5）"固定资产"项目，应根据"固定资产"账户的期末余额，减去"累计折旧"和"固定资产减值准备"账户的期末余额后的金额，再加上或减去"固定资产清理"账户的期末余额后的金额填列。

（6）"无形资产"项目，应根据"无形资产"账户的期末余额减去"累计摊销""无形资产减值准备"账户期末余额后的金额填列。

（7）"在建工程"项目，应根据"在建工程"账户的期末余额，减去"在建工程减值准备"账户的期末余额后的金额，再加上"工程物资"账户的期末余额，减去"工程物资减值准备"账户的期末余额后的金额填列。

（8）"长期股权投资"和"债权投资"项目，均应根据其相应总账账户的期末余额减去其相应减值准备后的金额填列。

（9）"长期待摊费用"项目，应根据"长期待摊费用"账户的期末余额扣除其中将于一年内摊销的数额后的金额填列。将于一年内摊销的数额填列在"一年内到期的非流动资产"项目。

（10）"其他应付款"项目，应根据"应付利息""应付股利""其他应付款"账户的期末余额合计数填列。

（11）"长期借款"和"应付债券"项目，应根据"长期借款""应付债券"账户的期末余额，扣除其中在资产负债表日起一年内到期，且企业不能自主地将清偿义务展期的部分后的金额填列。在资产负债表日起一年内到期，且企业不能自主地将清偿义务展期的部分填列在"一年内到期的非流动负债"项目。

3. 根据明细分类账户期末余额分析计算填列

资产负债表有些项目的期末余额需要根据有关明细分类账户的期末余额分析计算填列。

（1）"应收票据""应收账款"项目，应分别根据"应收票据"账户的期末余额，以及"应收账款"和"预收账款"账户所属明细分类账户的期末借方余额合计数，减去相关"坏账准备"账户期末余额后的金额填列。

（2）"预付款项"项目，应根据"预付账款"账户和"应付账款"账户所属明细分类账户的期末借方余额合计数，减去"坏账准备"账户中有关预付款项计提的坏账准备期末余额后的金额填列。

（3）"应付票据""应付账款"项目，应分别根据"应付票据"账户的贷方期末余额，以及"应付账款"和"预付账款"账户所属明细分类账户的期末贷方余额合计数填列。

（4）"预收款项"项目，应根据"预收账款"账户和"应收账款"账户所属明细分类账户的期末贷方余额合计数填列。

四、资产负债表编制实例

资料：九州公司 2×25 年 10 月 31 日有关账户期末余额如表 9-4 所示。

表 9-4   账户期末余额   单位：元

账户名称	借方余额	贷方余额	账户名称	借方余额	贷方余额
库存现金	35 930		短期借款		293 930
银行存款	132 670		应付账款——M 公司		179 550
应收账款	121 550		——N 公司	400	
其他应收款	8 140		预收账款		36 000
预付账款——甲公司	26 450		其他应付款		12 975
——乙公司		200	应付职工薪酬		31 700
原材料	249 500		应交税费		23 730
库存商品	88 830		应付股利		56 350
长期股权投资	639 120		长期借款		728 280
固定资产	5 459 500		实收资本		2 432 175
累计折旧		310 000	资本公积		310 000
在建工程	172 300		盈余公积		520 000
无形资产	208 000		未分配利润		2 207 500

依据上述资料，编制九州公司 2×25 年 10 月 31 日的资产负债表，如表 9-5 所示。

表 9-5   资产负债表

编制单位：九州公司   2×25 年 10 月 31 日   单位：元

资产	期末余额	年初余额	负债和所有者权益（或股东权益）	期末余额	年初余额
流动资产：			流动负债：		
货币资金	168 600		短期借款	293 930	
应收账款	121 550	略	应付账款	179 750	略
其他应收款	8 140		预收款项	36 000	
预付款项	26 850		应付职工薪酬	31 700	
存货	338 330		应交税费	23 730	

续表

资产	期末余额	年初余额	负债和所有者权益（或股东权益）	期末余额	年初余额
流动资产合计	663 470		其他应付款	69 325	
非流动资产：			流动负债合计	634 435	
长期股权投资	639 120		非流动负债：		
固定资产	5 149 500		长期借款	1 728 280	
在建工程	172 300		非流动负债合计	1 728 280	
无形资产	208 000		负债合计	1 362 715	
非流动资产合计	6 168 920		所有者权益：		
			实收资本	2 432 175	
			资本公积	310 000	
			盈余公积	520 000	
			未分配利润	2 207 500	
			所有者权益合计	5 469 675	
资产总计	6 832 390		负债和所有者权益（或股东权益）总计	6 832 390	

第三节　利润表

利润表是财务报表中的重要组成部分，提供企业在一定会计期间经营业绩的主要来源和构成信息。

一、利润表的含义

利润表是反映企业一定会计期间（如月度、季度、半年度或年度）经营成果的报表，属于动态报表。利润表以"收入-费用=利润"这一等式为基础，将一定期间的收入、费用和支出项目适当排列编制而成。利润表的作用如下。

（1）利润表能反映企业一定期间的经营成果，揭示一定期间的经营业绩；利用利润表可以分析和评价企业的盈利能力和经济效益，为使用者做出投资及信贷决策提供依据。

（2）利润表总括地反映企业收入、费用、成本等利润构成要素，利用利润表可以了解企业利润构成，并通过不同期间利润增减变化趋势的分析，找出差距，明确工作重点，促使企业改进经营管理策略，提高盈利水平，为企业内部经营决策提供依据。

二、利润表的结构

利润表一般分为两个部分。

（1）表首：由报表的名称、编制单位、编制日期、报表编号、货币名称等组成。

（2）主表：由收入、费用、利润等组成。

利润表通过一定的格式来反映企业的经营成果。不同的企业生产经营活动性质不同，采用的利润表的格式也不同。目前利润表的结构主要有单步式和多步式两种。

单步式利润表就是将本期所有收入加在一起，将所有费用加在一起，用收入总额减去费用总额计算出本期净利润。单步式利润表的格式如表9-6所示。

表 9-6 利润表

编制单位：××公司　　　　　　　　　　　_____年度　　　　　　　　　　　单位：元

项目	本期金额	上期金额
一、收入		
营业收入	×××	
其他收益	×××	
投资收益（损失以"-"号填列）	×××	
净敞口套期收益（损失以"-"号填列）	×××	
公允价值变动收益（损失以"-"号填列）	×××	
信用减值损失（损失以"-"号填列）	×××	
资产处置收益（损失以"-"号填列）	×××	
营业外收入	×××	
收入合计	×××	
二、费用		略
营业成本	×××	
税金及附加	×××	
销售费用	×××	
管理费用	×××	
财务费用	×××	
研发费用	×××	
营业外支出	×××	
所得税费用	×××	
费用合计	×××	
三、净利润	×××	

单步式利润表编制方法简单，收入与费用归类清楚明了，但难以从中了解某些损益项目之间的重要关系，不利于进行报表分析。

多步式利润表按照利润的构成内容分层次、分步骤地逐步、逐项计算编制而成。多步式利润表一般应当列示下列项目：营业收入、营业成本、税金及附加、销售费用、管理费用、研发费用、财务费用、其他收益、投资收益、净敞口套期收益、公允价值变动收益、信用减值损失、资产减值损失、资产处置收益、营业外收入、营业外支出、营业利润、利润总额、所得税费用以及净利润等。我国企业的利润表采用多步式，格式如表 9-7 所示。

多步式利润表弥补了单步式利润表的局限，从中可以分析构成企业经营成果的各项目对净利润的影响。

表 9-7 利润表 企会 02 表

编制单位：××公司　　　　　　　　　　　_____年____月　　　　　　　　　　　单位：元

项目	本期金额	上期金额
一、营业收入		
减：营业成本		
税金及附加		
销售费用		
管理费用		
研发费用		
财务费用		
其中：利息费用		
利息收入		
加：其他收益		

续表

项目	本期金额	上期金额
投资收益（损失以"-"号填列）		
其中：对联营企业和合营企业的投资收益		
以摊余成本计量的金融资产终止确认收益		
净敞口套期收益（损失以"-"号填列）		
公允价值变动收益（损失以"-"号填列）		
信用减值损失（损失以"-"号填列）		
资产减值损失（损失以"-"号填列）		
资产处置收益（损失以"-"号填列）		
二、营业利润（亏损以"-"号填列）		
加：营业外收入		
减：营业外支出		
三、利润总额（亏损总额以"-"号填列）		
减：所得税费用		
四、净利润（净亏损以"-"号填列）		
（一）持续经营净利润（净亏损以"-"号填列）		
（二）终止经营净利润（净亏损以"-"号填列）		
五、其他综合收益的税后净额		
（一）不能重分类进损益的其他综合收益		
（二）将重分类进损益的其他综合收益		
六、综合收益总额		
七、每股收益：		
（一）基本每股收益		
（二）稀释每股收益		

三、利润表的编制方法

利润表中的"本期金额"栏应根据本期实际发生数填列，"上期金额"栏应根据上年度利润表"本期金额"栏所列数填列。如果上年度利润表与本年度利润表的项目名称和内容不一致，应对上年度利润表项目的名称和数字按本年度的规定进行调整后填列。

利润表中"本期金额"栏各项目一般应根据损益类账户本期发生额分析计算填列。由于利润表是动态财务报表，因而填列依据主要是各类损益类账户的本期发生额。其中，各收入类项目应根据相应的收入类账户的贷方发生额填列，各费用类项目应根据相应的费用类账户的借方发生额填列，有些项目需计算、分析填列。利润表项目具体填列方法如下。

9-2 利润表的编制方法

（1）"营业收入"项目，反映企业经营业务所取得的收入总额。本项目应根据"主营业务收入"账户和"其他业务收入"账户的发生额分析填列。

（2）"营业成本"项目，反映企业经营业务所发生的实际成本。本项目应根据"主营业务成本"账户和"其他业务成本"账户的发生额分析填列。

（3）"税金及附加"项目，反映企业经营业务应负担的消费税、城市维护建设税、资源税、教育费附加、房产税、城镇土地使用税、车船税等相关税费。本项目应根据"税金及附加"账户的发生额分析填列。

（4）"销售费用"项目，反映企业在销售商品和材料、提供劳务的过程中发生的费用。本项目应

根据"销售费用"账户的发生额分析填列。

（5）"管理费用"项目，反映企业发生的管理费用。本项目应根据"管理费用"账户的发生额分析填列。

（6）"研发费用"项目，反映企业研究与开发过程中发生的费用化支出，以及计入管理费用的自行开发无形资产的摊销。本项目应根据"管理费用"账户下的"研究费用"明细分类账户的发生额，以及"管理费用"账户下的"无形资产摊销"明细分类账户的发生额分析填列。

（7）"财务费用"项目，反映企业发生的财务费用。本项目应根据"财务费用"账户的发生额分析填列。

（8）"其他收益"项目，反映计入其他收益的政府补助，以及其他与日常活动相关且计入其他收益的项目。本项目应根据"其他收益"账户的发生额分析填列。

（9）"投资收益"项目，反映企业以各种方式对外投资所取得的收益。本项目应根据"投资收益"账户的发生额分析计算填列；如为投资损失，以"-"号填列。

（10）"净敞口套期收益"项目，反映净敞口套期下被套期项目累计公允价值变动转入当期损益的金额或现金流量套期储备转入当期损益的金额。本项目应根据"净敞口套期损益"账户的发生额分析填列；如为套期损失，以"-"号填列。

（11）"公允价值变动收益"项目，反映企业确认的交易性金融资产或交易性金融负债的公允价值变动额。本项目应根据"公允价值变动损益"账户的发生额分析填列。

（12）"信用减值损失"项目，反映企业按照金融工具确认和计量准则的要求计提的各项金融工具信用减值准备所确认的信用损失。本项目应根据"信用减值损失"账户的发生额分析填列。

（13）"资产减值损失"项目，反映企业资产发生的减值损失。本项目应根据"资产减值损失"账户的发生额分析填列。

（14）"资产处置收益"项目，反映企业出售划分为持有待售的非流动资产（金融工具、长期股权投资和投资性房地产除外）或处置组（子公司和业务除外）时确认的处置利得或损失，以及处置未划分为持有待售的固定资产、在建工程、生产性生物资产及无形资产而产生的处置利得或损失。债务重组中因处置非流动资产产生的利得或损失和非货币性资产交换中换出非流动资产产生的利得或损失也包括在本项目内。本项目应根据"资产处置损益"账户的发生额分析填列；如为处置损失，以"-"号填列。

（15）"营业外收入"项目，反映企业发生的除营业利润以外的收益，主要包括与企业日常活动无关的政府补助、盘盈利得、捐赠利得等。本项目应根据"营业外收入"账户的发生额分析填列。

（16）"营业外支出"项目，反映企业发生的除营业利润以外的支出，主要包括公益性捐赠支出、非常损失、盘亏损失、非流动资产毁损报废损失等。本项目应根据"营业外支出"账户的发生额分析填列。

（17）"利润总额"项目，反映企业实现的利润总额。本项目根据前面项目计算填列；如为亏损总额，以"-"号填列。

（18）"所得税费用"项目，反映企业按规定从本期损益中减去的所得税费用。本项目应根据"所得税费用"账户的发生额分析填列。

（19）"净利润"项目，反映企业实现的净利润。本项目根据前面项目计算填列；如为净亏损，以"-"号填列。

（20）表 9-7 中的"（一）持续经营净利润"和"（二）终止经营净利润"项目，分别反映净利润中与持续经营相关的净利润和与终止经营相关的净利润。如为净亏损，这两个项目以"-"号填列。

四、利润表编制实例

资料：九州公司 2×25 年 10 月损益类账户发生额资料如下。

贷方：主营业务收入 4 000 000 元

   其他业务收入   50 000 元

   投资收益   350 000 元

   营业外收入   60 000 元

借方：主营业务成本 2 000 000 元

   其他业务成本   10 000 元

   税金及附加   150 000 元

   销售费用   230 000 元

   管理费用   70 000 元（其中：研发费用 30 000 元）

   财务费用   40 000 元（其中：利息费用 40 000 元）

   营业外支出   20 000 元

   所得税费用   485 000 元

  根据上述资料，编制九州公司 2×25 年 10 月的利润表，如表 9-8 所示。

表 9-8   利润表

编制单位：九州公司   2×25 年 10 月   单位：元

项目	本期金额	上期金额
一、营业收入	4 050 000	
减：营业成本	2 010 000	
税金及附加	150 000	
销售费用	230 000	
管理费用	40 000	
研发费用	30 000	
财务费用	40 000	
其中：利息费用	40 000	略
利息收入		
加：投资收益（损失以"-"号填列）	350 000	
二、营业利润	1 900 000	
加：营业外收入	60 000	
减：营业外支出	20 000	
三、利润总额	1 940 000	
减：所得税费用	485 000	
四、净利润	1 455 000	

第四节 现金流量表

现金流量表是财务报表的重要组成部分，提供企业在一定会计期间现金的来源、现金的运用以及现金余额变化的信息。

一、现金流量表的含义

现金流量表是反映企业在一定期间现金和现金等价物流入和流出情况的报表。现金是指企业库存现金以及可以随时用于支付的银行存款。现金等价物，是指企业持有的期限短、流动性强、易于转换为已知金额现金、价值变动风险很小的投资，一般是指从购买之日起，三个月内到期的债券投资（如可在证券市场上流通的三个月内到期的国库券等）。

编制现金流量表，主要是为企业提供一定会计期间内现金和现金等价物流入和流出信息，其主要作用如下。

（1）便于财务信息使用者了解和评价企业获得现金和现金等价物的能力。

（2）评价企业未来产生现金净流量的能力。

（3）分析企业投资和筹资活动对经营成果和财务状况的影响，评价企业收益的质量。

在市场经济条件下，企业的现金流转情况在很大程度上影响着企业的生存和发展。企业现金充裕，就可以及时购入必要的材料物资和固定资产，及时支付工资、偿还债务、支付股利和利息；反之，现金周转不畅，将会影响企业的正常生产经营，甚至影响企业的生存。

资产负债表是反映企业在某一特定日期财务状况的报表。通过资产负债表的期初、期末两个时点上的数字对比，可以揭示企业资产、负债和所有者权益在总额和结构上的增减变化情况，但无法从表中揭示其增减变化的原因。利润表是反映企业一定期间经营成果的报表。通过利润表，企业可以评价经营活动、投资活动、筹资活动和其他活动对利润的影响。但由于利润表是建立在权责发生制基础之上的，在提供企业经营成果的同时，未能揭示经营活动对企业财务状况的影响，无法提供经营活动引起的现金流入和流出的信息。作为构成利润主要项目之一的投资收益和财务费用等，仅仅揭示了企业投资和筹资活动的效率和效果，但无法提供企业投资规模、投资领域以及筹资规模和资金具体来源等信息。现金流量表则可以为报表使用者提供企业在一定会计期间现金和现金等价物流入和流出的信息，反映企业的经营活动、投资活动和筹资活动对现金流量的影响。

由此可见，为了全面反映一个企业的经营活动对财务状况的影响以及财务状况变动的成因，企业仅仅编制资产负债表和利润表是不够的，还需要编制现金流量表，以便为企业的利益相关者提供企业现金变动情况的信息，从而对企业总体财务状况和净利润的质量进行客观评价。

二、现金流量表的结构

1. 现金流量表的编制基础

现金流量表是以现金为基础编制的。现金流量指企业现金和现金等价物的流入和流出。现金流入和现金流出的差额称为净现金流量。盈利是企业获得现金净流入的根本源泉，而获得足够的现金则是企业创建优良经营业绩的有力支撑。

2. 现金流量的分类

为了全面揭示企业的现金流量，将企业各类活动分为经营活动、投资活动和筹资活动，从而形成了经营活动产生的现金流量、投资活动产生的现金流量和筹资活动产生的现金流量。

经营活动产生的现金流量，是指企业投资活动和筹资活动以外的所有交易或事项所产生的现金流入量和流出量。对一般企业来说，经营活动产生的现金流入量和流出量，主要包括销售商品、提供劳务、购买商品、接受劳务、支付税费等业务引起的现金流入量与流出量。企业一定期间内实现的净利润并不一定都构成经营活动产生的现金流量，如处置固定资产净收益或净损失构成利润的一部分，但不属于经营活动产生的现金流量，处置固定资产的净收益或净损失也不是实际的现金流入和流出。通过现金流量表中反映的经营活动产生的现金流入和流出，可以分析企业经营活动对现金流入和流出净额的影响程度。

投资活动产生的现金流量，是指企业长期资产的购建和投资（不包括现金等价物投资）及其处置活动所产生的现金流入量和流出量，主要包括取得或收回投资，购建和处置固定资产、无形资产和其他资产产生的现金流入量和流出量等。通过现金流量表中反映的投资活动产生的现金流量，可以分析企业通过投资获取现金流量的能力，以及投资活动产生的现金流量对企业现金流量净额的影响程度。

筹资活动产生的现金流量，是指导致企业资本及债务规模和构成发生变化的活动，包括吸收投资、取得借款、偿还债务、分配利润所产生的现金流量。通过现金流量表中反映的筹资活动产生的现金流量，可以分析企业的筹资能力，以及筹资产生的现金流量对企业现金流量净额的影响程度。

3. 现金流量表的结构

现金流量表一般由表首、主表和补充资料三个部分组成。

（1）表首，由报表的名称、编制单位、编制日期、报表编号、货币名称等组成。

（2）主表，分别按照经营活动、投资活动和筹资活动列报现金流量。主表由经营活动产生的现金流量、投资活动产生的现金流量、筹资活动产生的现金流量、汇率变动对现金及现金等价物的影响、现金及现金等价物净增加额、期末现金及现金等价物余额等内容组成。

（3）补充资料，是在附注中披露将净利润调节为经营活动现金流量的信息。补充资料由将净利润调节为经营活动现金流量、不涉及现金收支的重大投资和筹资活动、现金及现金等价物净变动情况等内容组成。

在主表中，经营活动产生的现金流量非常重要。经营活动产生的现金流量，反映企业自身获得现金的能力，是企业获得持续资金来源的主要途径。在一般情况下，企业经营活动产生的现金流入多，说明企业的销售畅通，资金周转快。

主表和补充资料之间存在一定的勾稽关系。主表中经营活动产生的现金流量净额与补充资料中经营活动产生的现金流量净额采用的计算方法不同，但金额应当一致；主表中"现金及现金等价物净增加额"与补充资料中"现金及现金等价物净增加额"应当一致。

我国现金流量表及补充资料的具体格式如表 9-9、表 9-10 所示。

表 9-9   现金流量表   企业 03 表

编制单位：××公司   ＿＿＿＿年度   单位：元

项目	本期金额	上期金额
一、经营活动产生的现金流量：		
销售商品、提供劳务收到的现金		
收到的税费返还		
收到其他与经营活动有关的现金		
经营活动现金流入小计		
购买商品、接受劳务支付的现金		
支付给职工以及为职工支付的现金		
支付的各项税费		
支付其他与经营活动有关的现金		
经营活动现金流出小计		
经营活动产生的现金流量净额		
二、投资活动产生的现金流量：		
收回投资所收到的现金		
取得投资收益收到的现金		
处置固定资产、无形资产和其他长期资产收回的现金净额		
处置子公司及其他营业单位收到的现金净额		
收到其他与投资活动有关的现金		
投资活动现金流入小计		
购建固定资产、无形资产和其他长期资产支付的现金		

项目	本期金额	上期金额
投资支付的现金		
取得子公司及其他营业单位支付的现金净额		
支付其他与投资活动有关的现金		
投资活动现金流出小计		
投资活动产生的现金流量净额		
三、筹资活动产生的现金流量：		
吸收投资收到的现金		
取得借款收到的现金		
收到其他与筹资活动有关的现金		
筹资活动现金流入小计		
偿还债务支付的现金		
分配股利、利润或偿付利息支付的现金		
支付其他与筹资活动有关的现金		
筹资活动现金流出小计		
筹资活动产生的现金流量净额		
四、汇率变动对现金及现金等价物的影响		
五、现金及现金等价物净增加额		
加：期初现金及现金等价物余额		
六、期末现金及现金等价物余额		

表 9-10 　　　　　　　　　　　　　　现金流量表补充资料

补充资料	本期金额	上期金额
1．将净利润调节为经营活动现金流量：		
净利润		
加：资产减值准备		
信用减值损失		
固定资产折旧、油气资产折耗、生产性生物资产折旧		
使用权资产摊销		
无形资产摊销		
长期待摊费用摊销		
处置固定资产、无形资产和其他长期资产的损失（收益以"－"填列）		
固定资产报废损失（收益以"－"填列）		
公允价值变动损失（收益以"－"填列）		
财务费用（收益以"－"填列）		
投资损失（收益以"－"填列）		
递延所得税资产减少（增加以"－"填列）		
递延所得税负债增加（减少以"－"填列）		
存货的减少（增加以"－"填列）		
经营性应收项目的减少（增加以"－"填列）		
经营性应付项目的增加（减少以"－"填列）		
其他		
经营活动产生的现金流量净额		
2．不涉及现金收支的重大投资和筹资活动：		
债务转为资本		
一年内到期的可转换公司债券		

续表

补充资料	本期金额	上期金额
融资租入固定资产		
3. 现金及现金等价物净变动情况：		
现金的期末余额		
减：现金的期初余额		
加：现金等价物的期末余额		
减：现金等价物的期初余额		
现金及现金等价物净增加额		

三、现金流量表的编制方法

现金流量表的编制方法有两种，一种为直接法，另一种为间接法。在这两种方法下，投资活动产生的现金流量和筹资活动产生的现金流量编制方法是一样的，不同之处在于经营活动产生的现金流量编制方法不同。

经营活动产生的现金流量要求按收付实现制反映企业经营业务所引起的现金流入和现金流出情况。因此，在计算经营活动现金流量时，应当将按权责发生制确认的净利润（或亏损）调整为收付实现制下的经营活动现金流量。编制现金流量表的两种方法具体如下。

1. 直接法

直接法是按现金收入和现金支出的主要类别直接反映企业经营活动产生的现金流量的方法，如直接列报"销售商品、提供劳务收到的现金""购买商品、接受劳务支付的现金"等。在直接法下，一般是以利润表中的营业收入为起算点，调节与经营活动有关项目的增减变动，然后计算出经营活动产生的现金流量。

2. 间接法

间接法是以净利润为起算点，调整不涉及现金的收入、费用、营业外收支等有关项目，剔除投资活动、筹资活动对现金流量的影响，据此计算出经营活动产生的现金流量。由于净利润是以权责发生制为核算基础确定的，且包括了与投资活动和筹资活动相关的收益和费用，将净利润调节为经营活动现金流量，实际上就是将按权责发生制为核算基础确定的净利润调整为现金净流入，并剔除投资活动和筹资活动对现金流量的影响。

采用直接法编报现金流量表，便于分析企业经营活动产生的现金流量的来源和用途，预测企业现金流量的未来前景；采用间接法编报现金流量表，便于将净利润与经营活动产生的现金流量净额进行比较，了解净利润与经营活动产生现金流量差异的原因，从现金流量的角度分析净利润的质量。我国企业应当采用直接法编报现金流量表（见表9-9），在补充资料中按间接法将净利润调整为经营活动现金流量（见表9-10）。

第五节 ｜ 所有者权益变动表

所有者权益变动表是财务报表的重要组成部分，提供企业在一定会计期间所有者权益及其各组成部分的增减变动原因与结果信息。

一、所有者权益变动表的含义

所有者权益变动表是反映构成企业所有者权益的各组成部分当期增减变动情况的报表。它全面反映了一定时期所有者权益变动的情况，不仅包括所有者权益总量的增减变动，还包括所有者权益增减变动的重要结构性信息，有助于报表使用者理解所有者权益增减变动的根源及预测未来的变动趋势。

二、所有者权益变动表的结构

按照企业会计准则的规定，所有者权益变动表应当反映构成所有者权益的各组成部分当期的增减变动情况。所有者权益变动表至少应当单独列示下列信息。

（1）综合收益总额，在合并所有者权益变动表中还应单独列示归属于母公司所有者的综合收益总额和归属于少数股东的综合收益总额。

（2）会计政策变更和前期差错更正的累积影响金额。

（3）所有者投入资本和向所有者分配利润等。

（4）按照规定提取的盈余公积。

（5）所有者权益各组成部分的期初和期末余额及其调节情况。

所有者权益变动表以矩阵的形式列示。它一方面列示导致所有者权益变动的交易或事项，即所有者权益变动的来源，对一定时期所有者权益的变动情况进行全面反映；另一方面，按照所有者权益各组成部分（即实收资本或股本、其他权益工具、资本公积、库存股、其他综合收益、专项储备、盈余公积、未分配利润）列示交易或事项对所有者权益各部分的影响。我国企业所有者权益变动表的格式如表 9-11 所示。

表 9-11　　　　　　　　　　所有者权益变动表　　　　　　　　　　会计 04 表

编制单位：××公司　　　　　　　　　　　＿＿＿＿年度　　　　　　　　　　　单位：元

项目	本年金额											上年金额										
	实收资本（或股本）	其他权益工具			资本公积	减：库存股	其他综合收益	专项储备	盈余公积	未分配利润	所有者权益合计	实收资本（或股本）	其他权益工具			资本公积	减：库存股	其他综合收益	专项储备	盈余公积	未分配利润	所有者权益合计
		优先股	永续债	其他									优先股	永续债	其他							
一、上年年末余额																						
加：会计政策变更																						
前期差错更正																						
其他																						
二、本年年初余额																						
三、本年增减变动金额（减少以"-"号填列）																						
（一）综合收益总额																						
（二）所有者投入和减少资本																						
1. 所有者投入的普通股																						
2. 其他权益工具持有者投入资本																						

续表

项目	本年金额											上年金额										
	实收资本（或股本）	其他权益工具			资本公积	减：库存股	其他综合收益	专项储备	盈余公积	未分配利润	所有者权益合计	实收资本（或股本）	其他权益工具			资本公积	减：库存股	其他综合收益	专项储备	盈余公积	未分配利润	所有者权益合计
		优先股	永续债	其他									优先股	永续债	其他							
3. 股份支付计入所有者权益的金额																						
4. 其他																						
（三）利润分配																						
1. 提取盈余公积																						
2. 对所有者（或股东）的分配																						
3. 其他																						
（四）所有者权益内部结转																						
1. 资本公积转增资本（或股本）																						
2. 盈余公积转增资本（或股本）																						
3. 盈余公积弥补亏损																						
4. 设定受益计划变动额结转留存收益																						
5. 其他综合收益结转留存收益																						
6. 其他																						
（五）专项储备																						
1. 本期提取																						
2. 本期使用																						
四、本年年末余额																						

第六节 财务报表附注

附注是财务报表的重要组成部分，通过附注可以更全面地了解企业的经营情况，以帮助使用者更好地理解财务报表。

一、财务报表附注的含义

财务报表附注是对在资产负债表、利润表、现金流量表和所有者权益变动表等报表中列示项目的文字描述或明细资料，以及对未能在这些报表中列示项目的说明等。财务报表附注中的相关信息与资产负债表、利润表、现金流量表和所有者权益变动表等报表中列示的项目相互参照，有助于使用者联系相关联的信息，并由此从整体上更好地理解财务报表。

二、财务报表附注披露的主要内容

财务报表附注一般应当按照下列顺序披露有关内容。

（1）企业的基本情况。①企业注册地、组织形式和总部地址。②企业的业务性质和主要经营活动。③母公司以及集团母公司的名称。④财务会计报告的批准报出者和财务会计报告的批准报出日。⑤营业期限有限的企业，披露有关其营业期限的信息。

（2）财务报表的编制基础。企业根据会计准则的规定判断企业是否持续经营，并披露财务报表是否以持续经营为基础编制。

（3）遵循企业会计准则的声明。企业应声明编制的财务报表符合企业会计准则的要求，真实、完整地反映企业的财务状况、经营成果和现金流量等有关信息。

（4）重要会计政策和会计估计的说明。重要会计政策的说明，包括财务报表项目的计量基础和在运用会计政策过程中所做的重要判断等。重要会计估计的说明，包括可能导致下一个会计期间内资产、负债账面价值重大调整的会计估计的确定依据等。企业应当披露采用的重要会计政策和会计估计，并结合企业的具体实际披露其重要会计政策的确定依据和财务报表项目的计量基础，及其会计估计所采用的关键假设和不确定因素。

（5）会计政策和会计估计变更以及差错更正的说明。企业按照会计政策、会计估计变更和差错更正准则的规定，披露会计政策和会计估计变更以及差错更正的情况。

（6）报表重要项目的说明。企业应当按照资产负债表、利润表、现金流量表、所有者权益变动表及其项目列示的顺序，采用文字和数字描述相结合的方式对报表重要项目进行披露。报表重要项目的明细金额合计，应当与报表项目金额相衔接。

（7）或有和承诺事项、资产负债表日后非调整事项、关联方关系及其交易等需要说明的事项。

（8）有助于财务报表使用者评价企业管理资本的目标、政策及程序的信息。

本章习题

一、单项选择题

1. 资产负债表是反映企业在某一特定日期（　　　）的财务报表。
   - A. 财务状况
   - B. 经营成果
   - C. 现金流量
   - D. 所有者权益增减变动

2. 下列项目中，属于资产负债表中的所有者权益项目的是（　　　）。
   - A. 其他权益工具投资
   - B. 存货
   - C. 债权投资
   - D. 未分配利润

3. 年度终了前，资产负债表中的"未分配利润"项目，应根据（　　　）填列。
   - A. "利润分配"账户期末余额
   - B. "本年利润"账户期末余额
   - C. "本年利润"账户和"利润分配"账户的期末余额
   - D. "应付股利"账户期末余额

4. 资产负债表中资产的排列依据是（　　　）。
   - A. 项目收益性
   - B. 项目重要性
   - C. 项目流动性
   - D. 项目时间性

5. 以收付实现制（现金制）为基础编制的财务报表是（　　　）。
   - A. 资产负债表
   - B. 利润表
   - C. 现金流量表
   - D. 所有者权益变动表

6. 下列项目中不应列入资产负债表中"存货"项目的是（　　　）。
   - A. 委托代销商品
   - B. 分期收款发出商品
   - C. 受托代销商品
   - D. 工程物资

7. 甲企业年末"应收账款"总账余额借方350 000元，其中明细账借方余额合计为850 000元，贷方余额合计为500 000元；"坏账准备"账户贷方余额为8 000元。假设不考虑其他因素，资产负债表的"应收账款"项目为（　　　）元。

    A. 350 000   B. 342 000   C. 850 000   D. 842 000

8. 最关心企业盈利能力和利润分配政策的财务报表使用者是（　　　）。

    A. 股东（投资人）   B. 供货商

    C. 潜在投资者   D. 企业职工

9. 下列资产负债表项目中，不可以直接根据总分类账户期末余额填列的是（　　　）项目。

    A. 资本公积   B. 长期借款   C. 短期借款   D. 应付股利

10. 编制财务报表的直接依据是（　　　）。

    A. 原始凭证   B. 账簿记录   C. 科目汇总表   D. 记账凭证

二、多项选择题

1. 资产负债表中的"货币资金"项目，应根据（　　　）账户期末余额的合计数填列。

    A. 备用金   B. 库存现金   C. 其他货币资金   D. 银行存款

2. 编制资产负债表时，需根据有关资产账户与减值准备账户抵减后的净额填列的项目有（　　　）。

    A. 无形资产   B. 交易性金融资产

    C. 应收账款   D. 固定资产

3. 资产负债表中的"存货"项目除根据"库存商品""原材料""生产成本""库存商品"账户余额填制外，下列（　　　）账户也是"存货"项目填制的因素。

    A. 分期收款发出商品   B. 委托代销商品

    C. 委托加工物资   D. 存货跌价准备

4. 在利润表中对"营业利润"项目计算产生影响的有（　　　）。

    A. 营业收入   B. 管理费用   C. 营业外支出   D. 所得税费用

5. 下列项目中，属于现金流量表经营活动产生的现金流量的项目有（　　　）。

    A. 销售商品、提供劳务收到的现金

    B. 购买商品、接受劳务支付的现金

    C. 支付给职工以及为职工支付的现金

    D. 购建固定资产、无形资产和其他长期资产支付的现金

6. 资产负债表中的"预收款项"项目，应根据（　　　）合计数填列。

    A. "应收账款"明细分类账户借方余额

    B. "应收账款"明细分类账户贷方余额

    C. "预收账款"明细分类账户借方余额

    D. "预收账款"明细分类账户贷方余额

7. 资产负债表中的"应收账款"项目，应根据（　　　）合计数，减去"坏账准备"账户的余额，即已计提坏账准备后的净额填列。

    A. "应收账款"明细分类账户借方余额

    B. "应收账款"明细分类账户贷方余额

    C. "预收账款"明细分类账户借方余额

    D. "预收账款"明细分类账户贷方余额

8. 下列利润表项目中，影响利润总额的有（　　　）。

    A. 营业收入   B. 营业外支出   C. 研发支出   D. 研发费用

9. 下列项目中，属于现金流量表筹资活动产生的现金流量的项目有（　　　）。

    A. 吸收投资收到的现金

    B. 取得借款收到的现金

    C. 分配股利、利润或偿付利息支付的现金

    D. 购买固定资产、无形资产和其他长期资产支付的现金

10. 财务报表按编制单位分类可以为（　　　）。

    A. 静态财务报表　　　　　　　　B. 动态财务报表

    C. 个别财务报表　　　　　　　　D. 合并财务报表

三、简答题

1. 简述财务报表的作用和种类。

2. 财务报表编制的基本要求有哪些？

3. 简述资产负债表的含义和作用。

4. 简述资产负债表中期末数的填列方法。

5. 简述利润表的编制方法和作用。

6. 现金流量表的主要作用是什么？企业的现金流量按交易性质可分为哪几大类？

7. 财务报表附注主要披露哪些内容？

四、业务题

【业务一】

1. 目的

熟悉资产负债表项目的填列方法。

2. 资料

甲公司2×25年12月31日有关账户的资料如下。

（1）总分类账户期末余额如下。

应收账款（借方）　9 000元　　　　　应付账款（贷方）4 500元

预付账款（借方）　7 800元　　　　　预收账款（贷方）4 000元

固定资产（借方）368 000元　　　　　利润分配（贷方）8 000元

累计折旧（贷方）180 000元

（2）总分类账户所属明细分类账户期末余额如下。

应收账款——A公司（借方）19 000元

　　　　　——B公司（贷方）10 000元

预付账款——C公司（借方）10 800元

　　　　　——D公司（贷方）3 000元

应付账款——L公司（贷方）13 500元

　　　　　——K公司（借方）9 000元

预收账款——M公司（贷方）12 000元

　　　　　——N公司（借方）8 000元

3. 要求

根据以上资料计算甲公司2×25年12月31日资产负债表中"应收票据""应收账款""预付款项""预收款项""应付票据""应付账款""固定资产""未分配利润"项目的金额。

【业务二】

1. 目的

熟悉利润表项目的填列方法。

2．资料

乙公司2×25年度有关账户发生额如下（单位：万元）。

主营业务收入（贷方）200 000　　　其他业务收入（贷方）　　5 000

主营业务成本（借方）80 000　　　其他业务成本（借方）　　4 500

税金及附加（借方）21 000　　　销售费用（借方）　　18 000

管理费用（借方）13 000　　　财务费用（借方）　　4 500

营业外收入（贷方）　3 000　　　营业外支出（借方）　　1 200

所得税费用（借方）18 090　　　研发费用（借方）　　10 000

3．要求

计算乙公司2×25年度营业利润、利润总额、净利润，并编制利润表。

【业务三】

1．目的

练习利润表的编制。

2．资料

丙公司2×25年5月损益类账户有关资料如表9-12所示。

表9-12　　　　　　　　　　　损益类账户有关资料　　　　　　　　　　　单位：元

账户	1—4月		5月	
	借方发生额	贷方发生额	借方发生额	贷方发生额
主营业务收入		2360 000		480 000
其他业务收入		285 000		60 000
投资收益		118 000		25 000
营业外收入		12 000		
主营业务成本	1 420 000		300 000	
税金及附加	35 000		8 000	
其他业务成本	186 000		40 000	
销售费用	239 000		50 000	
管理费用	263 000		60 000	
财务费用	68 000		15 000	
营业外支出	6 000		2 000	
所得税费用	184 140		29 700	

3．要求

根据资料编制丙公司2×25年5月利润表。

【业务四】

1．目的

练习资产负债表的编制。

2．资料

丁公司2×25年12月31日有关账户余额如表9-13所示。

表 9-13　　　　　　　　　　　　　　　账户余额资料　　　　　　　　　　　　　　　单位：元

账户	借方余额	账户	贷方余额
库存现金	2 000	短期借款	300 000
银行存款	3 300 000	应付票据	80 000
交易性金融资产	500 000	应付账款	44 200
应收票据	58 500	应付职工薪酬	86 500
应收账款	128 200	应付股利	160 000
材料采购	30 000	应交税费	220 000
原材料	1 000 000	应付利息	5 000
库存商品	1 480 000	长期借款 其中：一年内到期长期借款	1 800 000 500 000
预付账款	15 000	实收资本	10 000 000
债权投资 其中：一年内到期债权投资	1 100 000 300 000	资本公积	250 000
固定资产	7 000 000	盈余公积	268 000
无形资产	100 000	利润分配	300 000
生产成本	300 000	累计折旧	1 500 000
合计	15 013 700	合计	15 013 700

3. 要求

根据上述资料编制丁公司 2×25 年 12 月 31 日资产负债表（年初余额省略）。

第十章 会计核算程序

学习目标

本章旨在阐述会计核算程序的基本知识，具体内容包括会计核算程序的种类、特点、操作步骤和适用性。具体学习目标如下。

（1）了解会计核算程序的种类

（2）掌握记账凭证会计核算程序的特点、操作步骤、优缺点

（3）了解汇总记账凭证会计核算程序的特点、操作步骤、优缺点

（4）掌握科目汇总表会计核算程序的特点、操作步骤、优缺点

（5）了解多栏式日记账会计核算程序的特点、操作步骤、优缺点

（6）理解合理的会计核算程序有助于提高会计信息的质量和核算效率

引导案例

拼多多

拼多多创立于2015年4月，是中国本土成长的互联网企业。作为新电商开创者，拼多多致力于以创新的消费者体验，将"多实惠"和"多乐趣"融合起来，为广大用户创造持久的价值。至2023年，拼多多平台年活跃买家数超过8.5亿。2023年拼多多公司实现营业收入2 476.39亿元，同比增长89.68%；实现净利润600.27亿元，同比增长90.33%。拼多多作为一家业务量巨大的电商平台，通过人工智能会计处理业务，满足大规模数据处理的需求。

拼多多通过其内部系统和技术平台，收集各个业务模块产生的数据，包括销售数据、采购数据、库存数据等。系统会对这些数据进行整理、清洗和分类，确保数据的质量和一致性，为后续会计核算提供准确的基础。基于整理后的数据，会计系统会智能生成相应的原始凭证，根据原始凭证编制记账凭证，根据审核后的原始凭证和记账凭证，按照记账规则和预设的会计科目，将每笔交易快速自动地记入总分类账户和明细分类账户；根据账簿记账数据，系统自动生成资产负债表、利润表、现金流量表等财务报表，这些报表可以帮助信息使用者及时了解公司的财务状况、经营成果和现金流量。拼多多根据自身业务发展需要，运用人工智能会计核算程序，提高会计核算工作的效率和质量。

思考： 拼多多应用的人工智能会计核算程序的原理是什么？这种程序的操作步骤是什么？

第一节 会计核算程序概述

填制与审核会计凭证、登记账簿和编制财务报表是相对独立的会计核算方法，它们又相互联系，构成了一个完整的会计核算程序。通过适宜的会计核算程序，企业可以确保会计信息的可靠、准确和及时。

一、会计核算程序的意义

会计核算的基本程序是填制凭证、登记账簿、编制财务报表。会计凭证提供的是个别的会计信息，账簿提供的是分类的会计信息，财务报表提供的是综合的会计信息。三者各自独立，有各自的作用又相互联系，形成一个统一的会计信息系统。在会计核算工作中，会计凭证、账簿和财务报表彼此按一定形式互相联系，就形成了不同的会计核算程序。

会计核算程序是指账簿组织和记账程序相互结合的方式。账簿组织是指账簿种类、账页的格式和各账簿之间的关系，而记账程序是指凭证的编制、传递以及登记各种账簿、编制财务报表的步骤。

建立合理适用的会计核算程序，对保证会计核算工作的质量、提高会计核算工作效率、做好会计工作，有着十分重要的意义，具体表现如下。

（1）可以使会计信息的处理过程有序进行，确保会计记录正确、完整，会计信息相关、可靠。

（2）可以减少不必要的会计核算环节和手续，节约人力、物力和财力，提高会计工作效率。

（3）有助于会计核算工作的分工协作、责任划分，充分发挥会计工作的监督职能。

二、选择会计核算程序的要求

各单位要科学地组织会计工作，就要合理地选择会计核算程序，而选择合理的会计核算程序一般应符合如下要求。

（1）要适合本单位生产经营特点，并与本单位生产规模和经济业务的繁简程度相适应。

（2）要适应会计资料使用者的要求，正确、及时、完整地提供本单位的各种会计信息。

（3）要符合会计核算工作质量和效率的要求，力求简化核算手续，使记账工作量减少到最低限度。

企业一般采用的会计核算程序如下。

（1）记账凭证会计核算程序。

（2）汇总记账凭证会计核算程序。

（3）科目汇总表会计核算程序。

（4）多栏式日记账会计核算程序。

各种会计核算程序都有自己的特点，它们之间的主要区别在于总分类账的登记依据不同。

第二节 | 记账凭证会计核算程序

企业规模较小、经济业务量较少的，可以根据记账凭证逐笔登记总账，选择记账凭证会计核算程序。

一、记账凭证会计核算程序的特点及核算要求

10-1 记账凭证
会计核算程序

记账凭证会计核算程序是根据记账凭证直接登记总账的一种会计核算程序。它与其他会计核算程序的区别在于登记总账的依据是记账凭证。它是最基本的一种会计核算程序。

在记账凭证会计核算程序下，账簿可设置三栏式库存现金日记账和银行存款日记账、三栏式总

账，明细账的格式可根据需要采用三栏式、多栏式、数量金额式。记账凭证可以采用收款凭证、付款凭证和转账凭证三种格式，也可采用一种通用格式的记账凭证。

二、记账凭证会计核算程序的操作步骤

记账凭证会计核算程序的主要特点是直接根据各种记账凭证逐笔登记总账，记账凭证会计核算程序的操作步骤如下。

（1）根据原始凭证或原始凭证汇总表填制记账凭证。

（2）根据收款凭证、付款凭证逐笔登记库存现金日记账和银行存款日记账。

（3）根据原始凭证或原始凭证汇总表和记账凭证逐笔登记明细账。

（4）根据记账凭证逐笔登记总账。

（5）月终，将总账与库存现金日记账、银行存款日记账，以及各种明细账的余额相互核对。

（6）月终，根据总账和有关明细账编制财务报表。

记账凭证会计核算程序如图 10-1 所示。

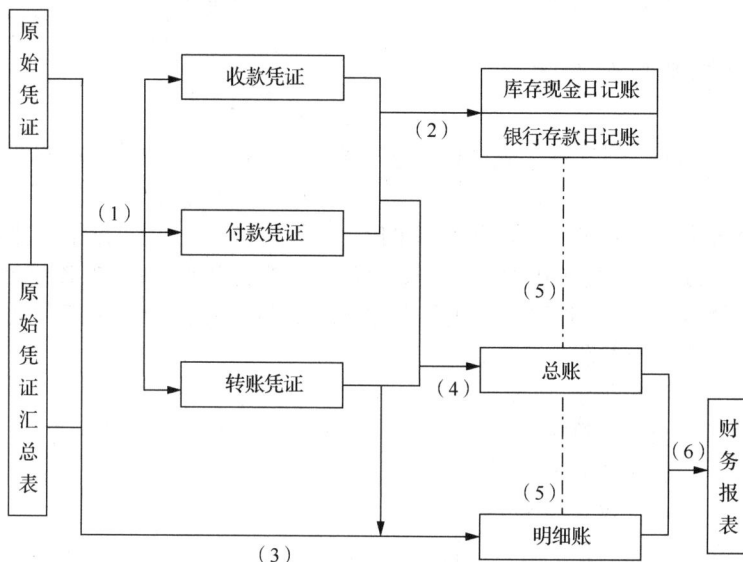

图 10-1 记账凭证会计核算程序

采用记账凭证会计核算程序简单明了、易于理解，但登记总账的工作量较大。一般适用于规模较小、经济业务量较少的企业。

第三节 汇总记账凭证会计核算程序

企业生产规模较大、经济业务较多的，可以设置汇总记账凭证，根据汇总记账凭证登记总账，选择汇总记账凭证会计核算程序。

一、汇总记账凭证会计核算程序的特点及核算要求

汇总记账凭证会计核算程序是根据记账凭证定期编制汇总记账凭证，根据汇

10-2 汇总记账凭证会计核算程序

总记账凭证登记总账的一种会计核算程序。它与其他会计核算程序的区别在于登记总账的依据是汇总记账凭证。

在汇总记账凭证会计核算程序下，除了设置收款凭证、付款凭证和转账凭证外，还应分别设置汇总收款凭证、汇总付款凭证和汇总转账凭证。其账簿的设置与格式和记账凭证会计核算程序下的账簿的设置与格式基本一致。

汇总收款凭证根据库存现金收款凭证、银行存款收款凭证，分别按"库存现金""银行存款"科目的借方设置，并按对应的贷方科目归类汇总。月终，计算出收款合计数，分别记入"库存现金""银行存款"总分类账户的借方以及各对应账户的贷方。

汇总付款凭证根据库存现金付款凭证、银行存款付款凭证，分别按"库存现金""银行存款"科目的贷方设置，并按对应的借方科目归类汇总。月终，计算出付款合计数，分别记入"库存现金""银行存款"总分类账户的贷方以及各对应账户的借方。

汇总转账凭证根据汇总期内全部转账凭证，分别按每一科目的贷方设置，按对应的借方科目归类汇总。月终，计算出转账合计数，分别记入应贷账户的贷方以及各对应账户的借方。为了便于编制汇总转账凭证，平时填制转账凭证时应编制一借一贷的会计分录。在汇总期内，如果某一贷方科目的转账凭证较少，也可以不编制汇总转账凭证，而直接根据转账凭证登记总账。

汇总记账凭证的格式如表 10-1～表 10-3 所示。

表 10-1 　　　　　　　　　　汇总收款凭证

借方科目：　　　　　　　　　　　2×25 年 3 月　　　　　　　　　　　编号：

贷方科目	金额/元				总账页数	
	1—10 日	11—20 日	21—31 日	合计	借方	贷方

会计主管：　　　　　　记账：　　　　　　审核：　　　　　　填制：

表 10-2 　　　　　　　　　　汇总付款凭证

贷方科目：　　　　　　　　　　　2×25 年 3 月　　　　　　　　　　　编号：

借方科目	金额/元				总账页数	
	1—10 日	11—20 日	21—31 日	合计	借方	贷方

会计主管：　　　　　　记账：　　　　　　审核：　　　　　　填制：

表 10-3 　　　　　　　　　　汇总转账凭证

贷方科目：　　　　　　　　　　　2×25 年 3 月　　　　　　　　　　　编号：

借方科目	金额/元				总账页数	
	1—10 日	11—20 日	21—31 日	合计	借方	贷方

会计主管：　　　　　　记账：　　　　　　审核：　　　　　　填制：

二、汇总记账凭证会计核算程序的操作步骤

汇总记账凭证会计核算程序的主要特点是根据汇总记账凭证登记总账，汇总记账凭证会计核算程序的操作步骤如下。

（1）根据原始凭证或原始凭证汇总表填制记账凭证。

（2）根据收款凭证和付款凭证逐日逐笔登记库存现金日记账和银行存款日记账。

（3）根据原始凭证或原始凭证汇总表和记账凭证逐笔登记明细账。

（4）根据记账凭证定期编制汇总记账凭证。

（5）根据汇总记账凭证登记总账。

（6）月终，将总账与库存现金日记账、银行存款日记账，以及各种明细账的余额进行核对。

（7）月终，根据总账和有关明细账编制财务报表。

汇总记账凭证会计核算程序如图 10-2 所示。

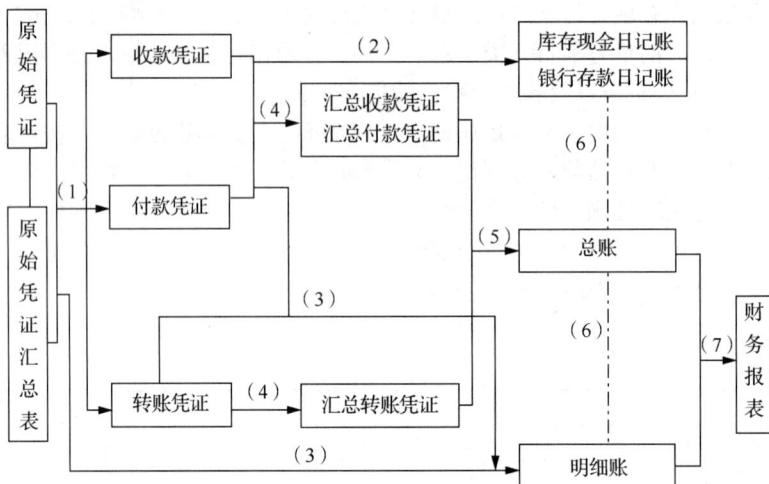

图 10-2　汇总记账凭证会计核算程序

采用汇总记账凭证会计核算程序，可以减少总账的登记工作，但编制汇总记账凭证的工作量较大。汇总记账凭证会计核算程序一般适用于生产规模较大、经济业务较多的企业。

第四节　科目汇总表会计核算程序

企业规模较大、经济业务量较多的，可以编制科目汇总表，根据科目汇总表登记总账，选择科目汇总表会计核算程序。

一、科目汇总表会计核算程序的特点及核算要求

科目汇总表会计核算程序是根据记账凭证定期编制科目汇总表，再根据科目汇总表登记总账的一种会计核算程序。它与其他会计核算程序的区别在于登记总账的依据是科目汇总表。

在科目汇总表会计核算程序下，除了仍须设置收款凭证、付款凭证和转账凭证外，还需加设科目汇总表。其各种账簿的设置与格式和记账凭证会计核算程序下的账簿的设置与格式基本相同。

企业根据记账凭证定期（5～10 天）编制科目汇总表时，一般应将同类科目的借方金额相加，计算出每一会计科目的借方本期发生额，并将其填入科目汇总表相应借方栏内；将同类科目的贷方金额相加，计算出每一会计科目的贷方本期发生额，并将其填入科目汇总表相应贷方栏内。在此基础上计算出所有科目的借方发生额合计和贷方发生额合计，并进行试算平衡。试算无误后，即可据以登记总账。科目汇总表的格式如表 10-4 所示。

表 10-4

科目汇总表

2×25 年 3 月 1 日至 10 日

单位：元

会计科目	总账页数	本期发生额		记账凭证起始号数
		借方	贷方	
原材料		6 500	4 500	
银行存款		1 600	16 500	
库存现金		10 000	10 120	
管理费用		620		
固定资产		20 000		
生产成本		4 000		
应收账款		40 000	1 600	
应付账款		1 500	1 500	
应付职工薪酬		10 000		
实收资本			20 000	
主营业务收入			40 000	
合计		94 220	94 220	

二、科目汇总表会计核算程序的操作步骤

科目汇总表会计核算程序的主要特点是根据科目汇总表登记总账，科目汇总表会计核算程序的操作步骤如下。

（1）根据原始凭证或原始凭证汇总表填制记账凭证。

（2）根据收款凭证和付款凭证逐日逐笔登记库存现金日记账和银行存款日记账。

（3）根据原始凭证或原始凭证汇总表和记账凭证逐笔登记明细账。

（4）根据记账凭证定期编制科目汇总表。

（5）根据科目汇总表登记总账。

（6）月终，将总账与库存现金日记账、银行存款日记账，总账与各明细账的余额进行核对。

（7）月终，根据总账和有关明细账编制财务报表。

科目汇总表会计核算程序如图 10-3 所示。

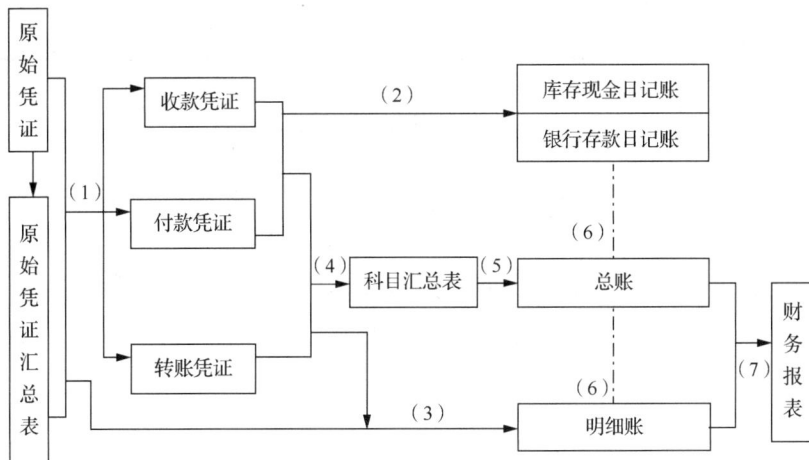

图 10-3　科目汇总表会计核算程序

采用科目汇总表会计核算程序，可以减少总账的登记工作，而且可以起到结账前试算平衡的作用，但它不能反映账户的对应关系，不便于企业了解经济业务的来龙去脉。科目汇总表会计核算程序一般适用于规模较大、经济业务量较多的企业。

第五节 多栏式日记账会计核算程序

企业规模小、业务量少，收付款业务较多而转账业务较少的，可以设置多栏式日记账，根据多栏式日记账和转账凭证登记总账，选择多栏式日记账会计核算程序。

一、多栏式日记账会计核算程序的特点及核算要求

多栏式日记账会计核算程序是根据收款凭证和付款凭证登记多栏式库存现金日记账和银行存款日记账，月终，根据多栏式库存现金日记账、银行存款日记账和转账凭证登记总账的一种会计核算程序。它与其他会计核算程序的区别在于登记总账的依据是多栏式日记账和转账凭证。

在多栏式日记账会计核算程序下，仍需设置收款凭证、付款凭证和转账凭证。在账簿的设置上，库存现金日记账和银行存款日记账要设置多栏。库存现金日记账和银行存款日记账都应按其对应账户设置专栏，起到收款凭证和付款凭证科目汇总表的作用。其他有关总账和明细账的设置与格式同记账凭证会计核算程序下的设置与格式基本一致。多栏式库存现金日记账和多栏式银行存款日记账的格式如表 10-5、表 10-6 所示。

表 10-5　　库存现金日记账　　单位：元

年		凭证号数	摘要	收入				借方合计	支出				贷方合计	余额
				对应账户（贷方）					对应账户（借方）					
月	日			银行存款	应收账款	其他应收款	……		管理费用	销售费用	其他应付款	……		
			合计											

表 10-6　　银行存款日记账　　单位：元

年		凭证号数	摘要	收入				借方合计	支出				贷方合计	余额
				对应账户（贷方）					对应账户（借方）					
月	日			应收账款	主营业务收入	应交税费	……		库存现金	原材料	应交税费	……		
			合计											

在多栏式日记账会计核算程序下，平时根据收款凭证和付款凭证逐日逐笔登记多栏式库存现金、银行存款收入和支出日记账。月末直接根据多栏式日记账的本月收入、支出发生额和各对应账户的发生额，登记总分类账。登记的方法是：根据多栏式库存现金、银行存款日记账的收入"借方合计"栏的本月发生额，分别记入库存现金、银行存款总分类账的借方，并将"收入"栏下各专栏对应账户的本月发生额合计数记入有关总分类账户的贷方；同时，根据多栏式库存现金、银行存款日记账支出"贷方合计"栏的本月发生额，分别记入库存现金、银行存款总分类账户的贷方，并将"支出"栏下各专栏对应账户的本月发生额合计数记入各有关总分类账户的借方。对于库存现金和银行存款之间相互划转的金额，已分别包括在库存现金日记账和银行存款日记账的收入和支出合计栏的本月发生额之内，所以无须再根据有关对应账户的专栏的合计数，登记总分类账，以免重复。对于转账业务，一般可直接根据转账凭证登记总账，如果转账业务多也可以根据转账凭证填制转账凭证科目汇总表，再根据科目汇总表登记总账。

二、多栏式日记账会计核算程序的操作步骤

多栏式日记账会计核算程序的主要特点是根据多栏式日记账和转账凭证登记总账，多栏式日记账会计核算程序的操作步骤如下。

（1）根据原始凭证或原始凭证汇总表填制记账凭证。

（2）根据收款凭证和付款凭证逐日逐笔登记多栏式库存现金日记账和多栏式银行存款日记账。

（3）根据原始凭证或原始凭证汇总表和记账凭证登记各种明细账。

（4）根据多栏式日记账和转账凭证登记总账。

（5）月终，将总账和各种明细账的余额进行核对。

（6）月终，根据总账和有关明细账编制财务报表。

多栏式日记账会计核算程序如图10-4所示。

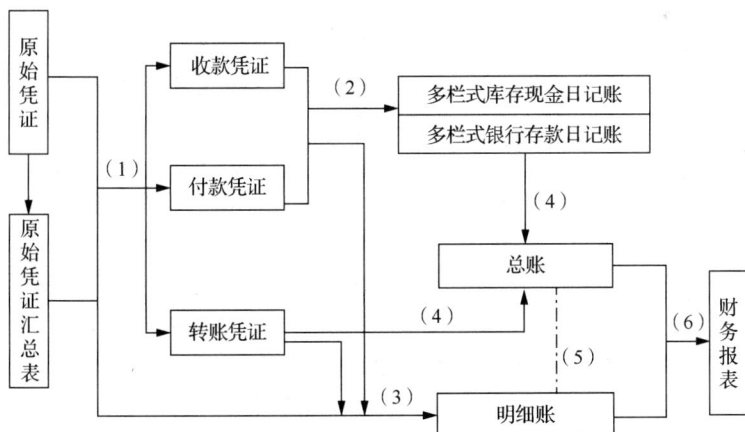

图10-4 多栏式日记账会计核算程序

采用多栏式日记账会计核算程序，可以简化总账的登记工作，但转账业务仍需要根据转账凭证逐笔记入总账，其工作量较大。多栏式日记账会计核算程序一般适用于规模小、业务量少，收付款业务较多而转账业务较少的企业。

本章习题

一、单项选择题

1. 企业的账簿组织与记账程序互相结合的方式称为（　　）。
   A. 账簿组织　　　　B. 会计核算程序　　C. 记账工作步骤　D. 会计组织形式

2. 多种会计核算程序的主要区别在于（　　）不同。
   A. 原始凭证的种类和格式　　　　　B. 记账凭证的种类和格式
   C. 登记明细账的依据　　　　　　　D. 登记总账的直接依据

3. 会计核算程序中最基本的会计核算程序是（　　），一般适用于规模较小、经济业务量较少的企业。
   A. 记账凭证会计核算程序　　　　　B. 科目汇总表会计核算程序
   C. 汇总记账凭证会计核算程序　　　D. 多栏式日记账会计核算程序

4. 在汇总记账凭证会计核算程序下，为了便于编制汇总转账凭证，要求所有转账凭证的科目对应关系为（　　）。
   A. 一个借方科目与几个贷方科目相对应
   B. 一个借方科目与一个贷方科目相对应
   C. 一个贷方科目与一个或几个借方科目相对应
   D. 几个借方科目与几个贷方科目相对应

5. 科目汇总表核算程序的优点是（　　）。
   A. 便于分析经济业务的来龙去脉　　B. 便于查对账目
   C. 可以减少登记总账的工作量　　　D. 总分类账的记录较为详细

6. 科目汇总表会计核算程序的主要特点是根据（　　）登记总账，一般适用于规模较大、经济业务量较多的企业。
   A. 记账凭证　　　　　　　　　　　B. 科目汇总表
   C. 汇总记账凭证　　　　　　　　　D. 多栏式日记账和转账凭证

7. 不能反映账户对应关系的会计核算程序是（　　）。
   A. 记账凭证会计核算程序　　　　　B. 科目汇总表会计核算程序
   C. 汇总记账凭证会计核算程序　　　D. 多栏式日记账会计核算程序

8. 在各种会计核算程序中，相同的是（　　）。
   A. 登记明细账的依据　　　　　　　B. 账务处理的程序
   C. 登记总账的依据　　　　　　　　D. 优缺点及适应范围

9. 多栏式日记账会计核算程序登记总账的依据是（　　）。
   A. 多栏式日记账和记账凭证　　　　B. 多栏式日记账
   C. 汇总记账凭证　　　　　　　　　D. 多栏式日记账和转账凭证

10. 在汇总记账凭证会计核算程序下，（　　）应按每一借方科目设置，根据具体贷方科目归类、汇总，定期填入相应栏内。
    A. 汇总收款凭证　　　　　　　　　B. 汇总付款凭证
    C. 科目汇总表　　　　　　　　　　D. 汇总转账凭证

二、多项选择题

1. 记账凭证会计核算程序、科目汇总表会计核算程序、汇总记账凭证会计核算程序登记总账的直接依据分别是（　　　）。

    A. 日记账   B. 记账凭证

    C. 汇总记账凭证   D. 科目汇总表

2. 科目汇总表能够（　　　）。

    A. 作为登记总账的依据   B. 起到试算平衡的作用

    C. 反映各科目的余额   D. 反映各科目之间的对应关系

3. 记账凭证会计核算程序需要设置的凭证有（　　　）。

    A. 收款凭证   B. 汇总转账凭证   C. 付款凭证   D. 转账凭证

4. 以记账凭证为依据，按有关科目的贷方设置，按借方科目归类汇总的有（　　　）。

    A. 科目汇总表   B. 汇总转账凭证

    C. 汇总付款凭证   D. 汇总收款凭证

5. 生产规模较大、经济业务量较多的企业适宜采用（　　　）。

    A. 记账凭证会计核算程序   B. 科目汇总表会计核算程序

    C. 汇总记账凭证会计核算程序   D. 多栏式日记账会计核算程序

6. 在汇总记账凭证会计核算程序下，登记总账"库存现金"账户的依据有（　　　）。

    A. 库存现金汇总收款凭证   B. 银行存款汇总收款凭证

    C. 库存现金汇总付款凭证   D. 银行存款汇总付款凭证

三、简答题

1. 会计核算程序的意义是什么？

2. 会计核算程序的要求是什么？

3. 简述记账凭证会计核算程序的特点、优缺点和适用范围。

4. 简述记账凭证会计核算程序的操作步骤。

5. 简述科目汇总表会计核算程序的特点、优缺点和适用范围。

6. 简述多栏式日记账会计核算程序的特点、优缺点和适用范围。

7. 简述汇总记账凭证会计核算程序的特点、优缺点和适用范围。

四、业务题

【业务一】

1. 目的

练习汇总记账凭证的编制。

2. 资料

新能公司2×25年7月发生的库存现金付款业务已编制的记账凭证资料如下。

（1）4日   现付1   借：其他应收款   300

                                 贷：库存现金   300

（2）6日   现付2   借：预付账款   116

                                   贷：库存现金   116

（3）11日   现付3   借：应付职工薪酬   23 000

                                   贷：库存现金   23 000

（4）15日   现付4   借：其他应付款   200

                                 贷：库存现金   200

（5）16日   现付5   借：管理费用   230

                                 贷：库存现金   230

（6）23日　现付6　　借：材料采购　　　　　　　　　　　50

　　　　　　　　　　　　　贷：库存现金　　　　　　　　　　　　　　50

（7）25日　现付7　　借：管理费用　　　　　　　　　　　85

　　　　　　　　　　　　　贷：库存现金　　　　　　　　　　　　　　85

（8）30日　现付8　　借：管理费用　　　　　　　　　　　52

　　　　　　　　　　　　　贷：库存现金　　　　　　　　　　　　　　52

3. 要求

根据上述记账凭证编制库存现金汇总付款凭证。

【业务二】

1. 目的

练习科目汇总表的编制。

2. 资料

华能公司2×25年10月发生下列交易或事项。

（1）3日，从红光厂购入材料一批，材料价款共计10 000元，增值税税额1 300元，取得增值税专用发票，货款及税款已用银行存款支付。

（2）6日，售出产品一批给金星厂，计价50 000元，增值税税额6 500元，货款及税款尚未收到。

（3）13日，计算本月工资60 000元。其中，工人工资50 000元，车间管理人员工资4 000元，厂部管理人员工资6 000元。

（4）14日，从银行提取现金60 000元，准备发工资。

（5）15日，以库存现金60 000元支付本月工资。

（6）21日，收到金星厂通过银行转来的前欠货款及税款56 500元。

（7）23日，从银行取得短期借款30 000元，存入存款账户。

（8）27日，以银行存款支付广告费2 000元。

（9）31日，计提本月固定资产折旧5 000元，其中生产车间4 000元，厂部1 000元。

3. 要求

（1）根据上述交易或事项编制会计分录。

（2）根据以上会计分录编制本月科目汇总表（按上、中、下三旬分别汇入表中）。

【业务三】

1. 目的

练习记账凭证会计核算程序。

2. 资料

中能公司有关资料如下。

资料A：中能公司2×25年11月30日各资产、负债、所有者权益类账户余额如表10-7所示。

表10-7　　　　　　　　　　　　　　　账户余额资料　　　　　　　　　　　　　　　单位：元

账户名称	借方余额	账户名称	贷方余额
库存现金	4 700	应付票据	80 000
银行存款	4 860 550	短期借款	300 000
短期投资	320 000	应付账款	85 100
应收票据	120 000	应付职工薪酬	96 000
应收账款	180 000	应交税费	45 000

续表

账户名称	借方余额	账户名称	贷方余额
其他应收款	5 000	应付利息	10 000
材料采购	61 000	长期借款	2 000 000
原材料	720 000	实收资本	8 000 000
库存商品	2 300 000	资本公积	100 000
预付账款	23 000	盈余公积	1 358 000
固定资产	8 486 000	利润分配	786 000
无形资产	300 000	本年利润 （1—11 月累计）	2 308 150
		累计折旧	2 212 000
合　计	17 380 250	合　计	17 380 250

资料B：有关明细分类账户余额如下（单位：元）。

应收票据：	D单位	120 000
应收账款：	E单位	120 000
	F单位	60 000
其他应收款：	李平	3 000
	王伟	2 000
材料采购：	乙材料	61 000
预付账款：	报刊费	5 000
	保险费	6 000
	修理费	12 000

原材料：　甲材料　10 000千克　每千克15元　计150 000元
　　　　　乙材料　6 000千克　每千克60元　计360 000元
　　　　　丙材料　8 000千克　每千克20元　计160 000元
　　　　　丁材料　1 000千克　每千克50元　计50 000元
库存商品：M商品　10 000件　每件110元　计1 100 000元
　　　　　N商品　8 000件　每件150元　计1 200 000元
应付账款：B单位　85 100

应交税费：	应交增值税	11 000
	应交房产税	2 000
	应交城市维护建设税	4 900
	应交所得税	25 000
	应交教育费附加	2 100
应付利息：	计提利息	10 000
利润分配：	未分配利润（贷方）	786 000

资料C：1—11月各损益类账户发生额如表10-8所示。

表 10-8   损益类账户发生额资料   单位：元

账户名称	借方发生额	账户名称	贷方发生额
主营业务成本	15 000 000	主营业务收入	21 000 000
税金及附加	90 000	其他业务收入	1 800 000
其他业务成本	1 200 000	投资收益	800 000
管理费用	1 800 000	营业外收入	5 000
销售费用	1 750 000		
财务费用	200 000		
营业外支出	120 000		
所得税	1 136 850		
合计	21 296 850	合计	23 605 000

资料D：该公司12月发生交易或事项如下。

（1）1日，签发转账支票购买办公用品1 500元，其中车间200元，管理部门1 000元，销售部门300元。

（2）1日，上月从A单位购进的乙材料1 000千克，每千克61元，计61 000元（上月已付款），今日到货，验收入库。

（3）2日，上月委托银行向E单位收取的货款120 000元，银行已收妥入账，收到收账通知；同日，F单位交来转账支票一张，归还前欠货款60 000元，当即送存银行。

（4）2日，管理人员李平出差归来，报销差旅费2 800元，余款200元交回现金。

（5）2日，向D企业销售M产品3 000件，单价160元，计480 000元，增值税税率13%，增值税销项税额62 400元，收到转账支票，当即送存银行。

（6）3日，签发转账支票偿还前欠B单位货款85 100元。

（7）5日，收到Z公司支付的违约金80 000元，存入银行。

（8）6日，从A单位购买甲材料3 000千克，单价15元，计45 000元，增值税5 850元，取得增值税专用发票；运费3 000元（运费不考虑增值税）；货款及运费通过银行汇出，材料已入库。

（9）7日，以转账支票缴纳上月税费45 000元。

（10）8日，以银行存款支付电视广告费120 000元。

（11）9日，向E单位销售M产品1 000件，不含增值税单价150元，计150 000元；N产品2 000件，不含增值税单价200元，计400 000元。增值税税率13%。以银行存款为对方垫付运费3 000元，已办妥委托银行收款手续。

（12）9日，车间技术员王伟出差归来，报销差旅费3 000元，出纳人员付给王伟现金 1 000元。

（13）10日，签发转账支票支付电费16 200元，其中车间耗用12 000元，厂部耗用3 000元，销售部门耗用1 200元。

（14）12日，从C单位购买乙材料2 000千克，单价61元，计122 000元，增值税15 860元。货款签发转账支票付讫，材料已入库。

（15）12日，接受D公司以货币资金投资，款项900 000元已收妥入账。

（16）12日，从B单位购进丙材料3 000千克，单价18元，计54 000元；丁材料1 000千克，单价50元，计50 000元。增值税共计13 520元。款项签发转账支票付讫，材料已入库。

（17）12日，9日委托银行向E单位收取的款项已划回入账，收到收账通知。

（18）15日，向灾区捐款100 000元，通过银行汇出。

（19）15日，签发现金支票从银行提取2 000元备用。

（20）16日，发放工资69 000元，通过银行转入职工个人储蓄账户。

（21）17日，向D单位销售M产品3 500件，单价160元，计560 000元；N产品1 000件，单价200元，计200 000元。增值税共计98 800元。收到转账支票一张，已送存银行。

（22）18日，以银行存款偿还到期的短期借款100 000元。

（23）19日，签发转账支票支付电话费15 000元，其中车间3 000元，厂部5 000元，销售部门7 000元。

（24）20日，销售人员李文出差，预借差旅费3 000元，出纳人员付给李文现金。

（25）21日，从A单位购买甲材料3 000千克，不含增值税单价14元，计42 000元；乙材料3 000千克，不含增值税单价58元，计174 000元；增值税共计28 080元。对方代垫运费5 000元（不考虑增值税，运费按重量分配）。取得增值税专用发票，款项通过银行汇出，材料入库。

（26）22日，接银行利息通知单，本季度短期借款利息共计12 000元（前两月已预提10 000元）。

（27）22日，以库存现金报销行政办公费900元。

（28）23日，从A单位购进丙材料5 000千克，不含增值税单价21元，计105 000元；丁材料2 000千克，不含增值税单价48元，计96 000元。取得增值税专用发票，增值税共计26 130元。对方代垫运费3 900元（不考虑增值税，运费按重量分配）。款项以银行存款支付，材料同日到达，已验收入库。

（29）25日，向E企业销售N产品1 000件，单价200元，计200 000元，增值税26 000元。收到商业汇票一张，面值226 000元，期限两个月。

（30）26日，购进汽车一辆，价款300 000元，增值税进项税额39 000元，价税合计339 000元，取得增值税专用发票，签发转账支票支付。

（31）27日，分配本月工资费用69 000元，其中，M产品生产工人工资20 000元，N产品生产工人工资18 000元，车间管理人员工资4 000元，行政管理人员工资15 000元，销售人员工资12 000元。

（32）27日，按实际发生的职工福利费进行分配，M产品生产工人福利费2 800元，N产品生产工人福利费2 520元，车间管理人员福利费640元，行政管理人员福利费3 700元。

（33）28日，计提固定资产折旧300 000元，其中，车间160 000元，厂部140 000元。

（34）29日，摊销应由本月负担的报刊费5 000元、财产保险费12 000元。

（35）30日，仓库送来发出材料汇总表如表10-9所示。

表 10-9　　　　　　　　　　　　　　　　发出材料汇总表　　　　　　　　　　　　　　　计量单位：千克

用途	甲材料	乙材料	丙材料	丁材料
生产 M 产品	10 000	3 000	2 000	
生产 N 产品		5 000	9 000	2 800
车间耗用			500	180
厂部耗用			500	20
合计	10 000	8 000	12 000	3 000

要求在原材料明细账中计算加权单价（单价保留整数），进而计算发出材料成本，并进行结转。

（36）31日，按生产工人工资比例计算分配本月制造费用，并将其计入M、N产品的生产成本。

（37）31日，本月M产品投产4 560件，N产品投产4 920件，月末全部完工。计算完工M、N产品的总成本和单位成本，并编制产品入库的会计分录。

（38）31日，计算、结转本月已销产品成本。（发出产品单价采用全月一次加权平均法计算，单价保留整数。）

（39）31日，经计算，本月应交城市维护建设税15 400元、教育费附加6 600元。

（40）31日，将损益类账户本月发生额结转到"本年利润"账户。

（41）31日，按25%的企业所得税税率计算本月应交所得税（不考虑调整因素）并转账。

（42）31日，按全年净利润的10%和5%分别计提法定盈余公积和任意盈余公积。

（43）31日，根据全年净利润的20%向投资者分配现金股利。

（44）将"本年利润"账户和"利润分配"各明细分类账户余额转入"利润分配——未分配利润"账户。

3. 要求

（1）根据资料D，运用记账凭证会计核算程序进行日常账务处理。

（2）根据相关账户12月末余额，编制2×25年年末资产负债表（年初数略）。

（3）根据资料C和有关账户发生额编制2×25年度利润表。

会计工作组织 | 第十一章

学习目标

本章旨在阐述会计工作组织与管理，内容包括会计机构设置、会计人员职责和权限以及职业道德、会计规范。具体学习目标如下。

（1）了解会计工作组织内容

（2）了解会计机构的设置与会计核算组织形式

（3）了解会计人员的职责、权限以及应具备的职业道德

（4）掌握会计规范体系

（5）理解诚信是会计工作的灵魂

引导案例

中国会计发展里程碑

1985年1月21日，第六届全国人民代表大会常务委员会第九次会议通过《中华人民共和国会计法》（以下简称《会计法》），并从1985年5月1日起开始施行。《会计法》的颁布与施行在法律层面明确了我国会计工作的重要地位，同时奠定了我国会计工作法治化的基础，对我国会计工作以及整个社会经济的发展都具有里程碑式的意义。

为了规范企业会计行为，保证会计信息质量，财政部根据《会计法》和其他有关法律规定，于2006年2月颁布了《企业会计准则——基本准则》和38个具体准则，以后又陆续发布了4个具体准则；于2011年10月发布了《小企业会计准则》。会计法和企业会计准则在规范企业会计行为、提高会计信息质量、保护投资者利益、促进经济发展和维护市场经济秩序等方面发挥着重要作用。

思考：《企业会计准则——基本准则》是如何规范企业会计行为的？

第一节 | 会计工作组织概述

会计工作组织是指根据会计工作的特点，按照会计法的有关规定，对会计机构的设置、会计人员的配备、会计规范的制定与执行等各项工作所做的统筹安排。

一、会计工作组织的意义

会计工作组织是企事业单位为确保会计工作正常、高效运行而进行的科学组织安排。正确组织会计工作，对充分发挥会计在经济管理中的作用、保证实现会计的目标具有重要意义。

1. 有利于提高会计工作的质量

会计工作是一项复杂、细致而又要求严密的工作。每一个经济组织繁多且错综复杂的经济活动通过一系列会计程序反映出来，这一系列会计程序包括会计凭证—会计账簿—财务报表等数据的记

录、计算、分类、汇总、分析、检查等，各个程序之间、各个数字之间都存在着密切的联系。在实际会计工作中，任何数字的差错、手续的遗漏、工作程序的脱节，最终都会导致会计信息发生错误，影响会计信息的质量。因此，正确地组织会计工作，可以使会计工作按照处理程序有条理地进行，有效地预防数字差错、手续遗漏及工作程序脱节等问题。即使出现这些问题，通过系统地组织会计工作也易发现和纠正，这样才能保证提供的信息正确及时，保证会计信息的质量，提高会计工作的效率。

2. 有利于同其他经济管理工作的协调

会计既是一个信息系统，也是一种管理活动。作为一种管理活动，会计工作是企业经营管理工作的一个组成部分，它一方面通过对企业经济活动的核算与监督来发挥自己的独立职能，另一方面在核算与监督中必然与其他管理工作有着十分密切的联系，并且相互影响、相互制约、相互促进。例如，会计的价值核算同实物管理工作应密切配合，成本核算工作结果又为成本管理工作所用，会计工作与计划、统计、审计等工作需要互相协调。科学地组织会计工作，可以促进会计工作同其他管理工作分工协作，协调配合，共同为企业持续发展做出贡献。

3. 有利于加强企业内部的经营管理

科学地组织会计工作，可以为企业管理部门正确地进行最优管理决策和有效经营提供有用的资料；有利于企业推行全面的责任预算，特别是正确组织和实施责任会计制度，评价和考核各个责任中心的工作成果；可以促使企业内部各个部门严格物资管理，管好、用好资金，增收节支，切实履行自己的经济责任。因此，科学地组织会计工作，有利于加强企业内部的经营管理，提高企业的经济效益。

4. 有利于国家政策、法规的贯彻执行与财经纪律的维护

会计工作政策性强、涉及面广，关系到国家的财经纪律。会计要发挥监督职能，认真执行有关政策、法规，制止一切违法、违纪行为，维护财经纪律。

二、会计工作组织原则

充分发挥会计的职能、科学合理地组织会计工作，必须遵循以下原则。

1. 符合国家对会计工作的统一要求

各企业组织会计工作并不是各行其是，而是要将国家有关统一的规定作为组织和从事会计工作的依据。会计工作所提供的信息，既要满足有关各方了解企业财务状况、经营成果、现金流量情况的需要，要求具有可比性；又要满足国家确定方针、政策，制定计划、预算，进行宏观经济管理的需要。因此，国家对会计工作的重要方面实行统一管理，各企业都要按照《会计法》的要求组织会计工作，具体操作要遵循《企业会计准则》的要求，这样才可以保证会计工作在符合国家统一规定的基础上来开展。

2. 根据各单位经营管理的特点来组织会计工作

各单位的经济活动范围大小不一，经济活动性质不尽相同，管理上对会计信息的具体要求也不一样。国家对会计工作的统一要求只能作为组织会计工作的原则，各单位要考虑到本单位经济活动的特点和管理上的需要，合理地组织会计工作。在会计机构的设置、会计人员的分工、会计核算形式的确定、成本计算方法的选择等方面，各单位都必须根据本单位的具体情况进行具体安排。

3. 坚持成本效益均衡的原则

会计信息的提供和使用需要花费时间、支出费用。合理地组织会计工作，就要在保证会计工作质量的前提下，坚持成本效益和精简节约原则，注意提高会计工作效率，尽量减少在收集和整理会

计数据、编制报表、监督验证等方面的支出，尽量防止机构庞大、人浮于事、手续烦琐、重复工作等不合理的现象发生。

第二节 | 会计机构

为了合理地组织会计工作，充分发挥会计的作用，各单位都要设置会计工作的专职机构。

一、会计机构的设置

会计机构是直接从事和组织会计工作的职能部门。会计机构由专职的会计人员组成，建立和健全会计机构，是加强会计工作、充分发挥会计职能的重要条件。

《会计法》第三十六条第一款规定："各单位应当根据会计业务的需要，设置会计机构，或者在有关机构中设置会计人员并指定会计主管人员；不具备设置条件的，应当委托经批准设立从事会计代理记账业务的中介机构代理记账。"在外国企业中，会计机构与财务机构一般分开设置，会计负责核算、报告，财务负责理财。会计工作与财务工作都是综合性经济管理工作，它们的关系十分密切。多年来，在我国实际工作中，会计与财务不分设机构，企业一般将二者合并在一起，设置一个机构，称为财务处或财务科等，会计人员也被称作财务会计人员或财会人员。企业在会计机构中进行适当的分工，并建立会计人员岗位责任制度。

企业会计机构的主要职责有以下几个方面。

（1）根据国家统一的会计制度和上级主管部门的要求，拟订本企业会计制度及实施办法。

（2）组织本企业的日常会计核算工作，并提供有关的会计信息。

（3）参与拟订本企业经济计划，考核、分析预算和财务计划的执行情况。

（4）在业务上接受上级管理部门的指导和监督，并实施对本企业经济活动的会计监督。

《会计法》第七条规定："国务院财政部门主管全国的会计工作。县级以上地方各级人民政府财政部门管理本行政区域内的会计工作。"我国财政部设立会计司，主管全国会计工作。其主要职责是在财政部领导下，拟订和组织实施各项全国性的会计法令、规章、准则和制度；制定完善会计工作的政策措施；制定并实施全国会计专业技术职称考评制度等。各级主管部门的会计机构要根据国家统一会计法规、制度的要求，制定适用于本系统内部统一的会计制度的具体办法或补充规定；审核、分析、批复或汇总所属单位上报的财务报表；核算本系统与财政机关以及上下级之间有关缴款、拨款等会计事项；对所属单位进行会计检查、总结、交流先进经验并负责本地区、本系统会计人员的培训工作；等等。

二、会计核算组织形式

会计核算组织形式是企业会计部门与企业内部各部门会计组织之间在会计核算工作中的分工与协调形式，是企业内部会计管理体系的重要组成部分。根据企业日常会计事务处理程序和会计工作特点，企业会计核算组织形式一般有集中核算和非集中核算两种。

（1）集中核算形式下，企业经济业务的明细核算、总分类核算、财务报表编制和会计分析等会计工作都集中在一级会计部门进行，企业内部各部门会计组织一般不单独核算，只是对其发生的经济业务负责登记原始记录、填制原始凭证并进行适当汇总、定期把原始凭证或汇总原始凭证送交会计部门，由会计部门进行进一步核算。采用集中核算形式，可以减少核算层次，精简会计人员，便于会计部门及时掌握企业经济业务的全面情况，并及时对下属各部门的经济活动进行会计监督；但企业内部各部门不便于及时利用核算资料进行日常的考核和分析。一般小型企业多采用集中核算会计核算组织形式。

（2）非集中核算形式下，企业内部各部门的会计组织对本部门发生的经济业务进行比较全面的核算和分析，包括凭证的整理、明细账的登记、成本的核算、内部财务报表的编制及分析等；一级会计部门根据企业内部各部门报来的资料进行总分类核算，编制全企业综合性财务报表，并对企业内部各部门的会计工作进行业务上的指导和监督。采用非集中核算形式，有利于企业内部各部门将日常核算资料与生产经营管理结合起来，促使企业内部各部门和广大员工关心及提高经济效益，随时发现问题、解决问题。但采用这种核算形式会增加会计人员数量，相应地也会增加核算费用，同时还会影响企业会计部门集中掌握和监督企业内部各部门的经济业务情况。一般大中型企业，特别是大型企业通常采用非集中核算会计核算组织形式。

三、会计人员岗位责任制度

会计人员岗位责任制度是在企业会计机构内部，按照会计工作内容和会计人员情况，对会计工作所做的分工，并明确经济责任的一种企业内部会计管理制度。《会计基础工作规范》第八十六条规定："各单位应当建立会计人员岗位责任制度。主要内容包括：会计人员的工作岗位设置；各会计工作岗位的职责和标准；各会计工作岗位的人员和具体分工；会计工作岗位轮换办法；对各会计工作岗位的考核办法。"不同企业可以根据会计业务的需要，设置会计工作岗位，确定各岗位相应的职责。会计工作岗位一般分为会计机构负责人或会计主管人员、出纳、财产物资核算、薪酬核算、成本费用核算、财务成果核算、资金核算、往来核算、总账报表、稽核、档案管理等。会计工作岗位，可以一人一岗，也可以一人多岗或者一岗多人。企业会计工作各岗位主要职责如下。

（1）会计机构负责人或会计主管人员。组织本企业的财务会计工作；组织制定本企业的财务会计制度、财务计划；定期进行财务分析；组织本企业会计人员开展理论和业务学习；对会计人员进行考核；等等。

（2）出纳。负责办理现金收付款业务和银行结算业务；登记库存现金和银行存款日记账；保管库存现金和各种有价证券；保管有关印章、空白收据和空白支票等。根据《会计法》的要求，出纳不得兼任稽核、会计档案保管和收入、支出、费用、债权债务账目的登记工作，以便于防止弊端的产生和及时发现工作中的差错和失误。

（3）财产物资核算。会同有关部门拟订企业财产物资管理与核算的实施办法；具体实施财产物资增减、耗用等经济业务的会计核算与监督；进行财产物资明细核算；参与企业财产物资清查盘点工作。

（4）薪酬核算。计算职工的各种薪酬，办理职工薪酬结算，并进行有关明细核算；参与制定薪酬计划；控制薪酬支出；分析薪酬计划的执行情况。

（5）成本费用核算。拟订成本费用核算管理办法；编制成本费用和计划；建立各项原始记录和定额资料；审核各项费用开支；正确地归集和分配费用，计算产品成本，登记成本费用明细账；编制成本费用报表并进行成本分析。

（6）财务成果核算。负责财务成果的核算；组织销售货款的回收工作；正确计算并及时地解缴有关税费；进行收入、应收款和利润的明细核算；参与市场预测，制定或参与制定销售和利润计划。

（7）资金核算。负责资金的筹集、使用和调度；拟订企业资金使用计划、资金管理制度；分析考核企业资金使用效果。

（8）往来核算。办理其他往来款项的结算业务和相应的明细核算；负责备用金的管理与核算；

办理其他往来款项清算手续制度。

（9）总账报表。负责总账的登记与核对；负责有关日记账和明细账的核对工作；编制财务报表；进行企业财务状况的综合分析，考核企业财务计划的执行情况；进行财务预测。

（10）稽核。审核会计凭证、账簿和报表；审查各项财务收支；审查财务成本计划；等等。

（11）档案管理。负责制定会计档案的立卷、归档、保管、查阅和销毁的管理制度；负责会计档案的保管工作。

第三节 会计人员

企业设置会计机构后，需要配备具有岗位胜任能力的会计人员，配备会计人员是一个企业会计工作得以正常进行的重要前提。对企业来说，配备一定数量的具有岗位胜任能力的会计人员，是做好会计工作的决定性因素。

一、会计人员的职责

（1）进行会计核算。会计人员应当遵循《会计法》和国家统一会计制度的有关规定建立会计账册，根据实际发生的经济业务或事项进行会计核算，认真填制会计凭证、登记账簿，编制财务会计报告。

（2）实行会计监督。会计人员在会计工作过程中，对企业内部各项经济业务的合法性、合理性和有效性进行监督。会计人员对不真实、不合法的原始凭证不予受理，对登记不准确、不完整的原始凭证予以退回，要求更正补充；若发现账实不符，应按照有关规定进行处理；对违法、违规的收支不予办理。

（3）拟订企业办理会计事务的具体办法。各企业要根据《会计法》和国家统一的会计制度，结合企业的实际情况和需要，建立、健全相应的企业内部会计管理制度，包括会计人员岗位责任制度、账务处理程序制度、内部牵制制度、内部稽核制度、原始记录管理制度、定额管理制度、计量验收制度、财产清查制度、财务收支审批制度、成本核算制度、财务会计分析制度等。

（4）参与拟订经济计划、业务计划，考核、分析预算、财务计划的执行情况。会计人员应当根据会计资料并结合其他资料，按照国家各项政策和制度规定，认真编制并严格执行财务计划、预算，并定期检查和分析财务计划、预算的执行情况，提出改进企业经营管理的建议。

（5）办理其他会计事务。其他会计事务是指不属于以上各项的会计事务，如运用各种会计手段对企业的经济效益进行预测，参与经营决策，实行责任会计制度，等等。随着经济业务的日益繁多、复杂，会计事务也日趋丰富多样。

二、会计人员的权限

为了保证会计人员更好地履行职责，应赋予会计人员必要的工作权限。会计人员具体有以下三个方面的权限。

（1）会计人员有权要求企业各有关部门、人员严格遵守国家财经纪律和统一会计制度，对于违反国家有关规定的会计事项，有权拒绝办理或者按照职权予以纠正。对于超出其职权范围的业务或事项，会计人员应及时向企业负责人报告，请求查明原因，做出处理。

（2）会计人员有权参与制定企业生产经营计划和各项定额，参与签订经济合同，参与有关生产和经营管理的会议，有权对企业的财务开支和经济效益等方面提出意见或建议。

（3）会计人员有权监督、检查企业内部有关部门的财务收支、资金使用和财产保管、收发、计量、检验等情况。有关部门要及时提供资料，如实反映情况。

三、会计人员的职业道德

会计职业道德规范是指从事会计职业的人员在会计工作中应遵循的行为规范。会计人员在会计工作中应当遵守职业道德，树立良好的职业品质、严谨的工作作风，严守工作纪律、努力提高工作效率和工作质量。会计人员应具备的基本职业道德如下。

（1）会计人员应当热爱本职工作，努力钻研业务，使自己的知识和技能适应所从事工作的要求。

（2）会计人员应当熟悉财经法律、法规、规章和国家统一会计制度，并结合会计工作进行广泛宣传。

（3）会计人员应当按照会计法律、法规和国家统一的会计制度规定的程序和要求开展会计工作，保证所提供的会计信息合法、真实、准确、及时、完整。

（4）会计人员办理会计事务应当实事求是、客观公正。

（5）会计人员应当熟悉本企业的生产经营和业务管理情况，运用所掌握的会计信息和会计方法，为改善企业内部管理、提高经济效益服务。

（6）会计人员应当保守企业的商业秘密，除法律规定和企业领导人同意外，不能擅自向外界提供或者泄露企业的会计信息。

（7）财政部门、业务主管部门和各企业应当定期检查会计人员遵守职业道德的情况，并作为会计人员晋升、晋级、聘任专业职务、表彰奖励的重要考核依据。

四、总会计师制度

我国从 1961 年开始，在规模较大的国有企业中逐步试行总会计师制度。1978 年，国务院颁布了《会计人员职权条例》，其中规定企业要建立总会计师的经济责任制。大、中型企业要设置总会计师，主管企业的经济核算和财务会计工作。小型企业要指定一名副厂长行使总会计师的职权。《会计法》第三十六条第二款规定："国有的和国有资产占控股地位或者主导地位的大、中型企业必须设置总会计师。总会计师的任职资格、任免程序、职责权限由国务院规定。"总会计师是一个行政职位，是企业行政领导成员，是企业财务会计工作的主要负责人，主管企业财务会计工作和经济核算，参与企业的重大经营决策活动。

1. 总会计师的基本职责

（1）组织有关部门编制与执行预算、财务计划、信贷计划及资金计划。

（2）参与主要经济合同的审查，检查计划、经济合同的执行情况，考核生产经营成果。

（3）负责设置企业的会计机构并配备会计人员，负责会计人员的培训和考核，支持会计人员依法行使职权。

（4）组织群众性的经济核算工作，增产节约，增收节支，提高经济效益。

（5）监督企业执行国家财经政策、法令、制度，遵守财经纪律。

2. 总会计师的工作权限

（1）对违反国家财经法律、法规、会计制度等行为，有权制止或者纠正；制止或纠正无效时，提请企业主要行政领导人处理。

（2）有权组织企业各职能部门、直属基层组织的经济核算、财务管理和成本管理工作。

（3）主管审批财务收支工作，签署企业预算、财务收支计划、成本费用计划、信贷计划、会计决算报表、涉及财务收支的重大业务计划及经济合同等。

（4）对会计机构负责人或者会计主管人员的人选进行业务考核和审批。

第四节 | 会计规范

会计规范是指导会计工作的行为准则，为保证会计资料的真实、完整，保证会计信息的质量提供制度保障。

一、会计规范的作用

会计规范是管理会计活动，规范会计行为的法律、法令、条例、规章、制度和道德守则等的总称。社会主义市场经济也是法治经济，运用法律手段管理经济活动，是维护市场经济良好秩序不可缺少的方法。会计工作是经济管理工作的重要组成部分，会计通过确认、计量、记录和报告为信息使用者提供决策有用的信息。为保证会计信息的质量，满足企业内部和外部有关方面对会计信息的要求，就必须要规范信息提供者的行为。会计规范的制定与实施，对保证会计资料的真实、完整，保证会计信息的质量，维护会计工作良好秩序都将产生重大影响，也为会计职能的发挥提供了法律基础。

二、会计规范体系

会计规范体系是指在从事与会计有关的活动时，应遵循的约束性或指导性的行为准则，包括会计法律与行政法规、会计准则和会计制度等。

11-1 会计规范体系

1. 会计法律与行政法规

会计法律与行政法规是由国家权力机关和行政机关制定的调整各种会计关系的规范性文件的总称，包括会计法律、会计行政法规等。会计法律有《会计法》《中华人民共和国注册会计师法》及其他有关法律。会计行政法规有国务院发布的《总会计师条例》和《企业财务会计报告条例》等。

《会计法》是我国会计工作的根本性法律，是会计法律体系中层次最高的法律规范，是制定会计法规的依据。《会计法》主要内容如下。

（1）总则。总则明确了《会计法》的立法宗旨、《会计法》的适用范围、会计机构与会计人员的权限和相应的责任、会计人员行使职权的保障措施、会计工作管理体制、会计制度的制定权限等内容。总则还特别强调了单位负责人对本单位的会计工作和会计资料的真实性、完整性负责。

（2）会计核算。《会计法》规定了会计核算的基本要求和内容、会计年度、会计记账的货币单位，以及会计档案的管理办法等。

（3）公司、企业会计核算的特别规定。《会计法》规定了企业必须根据实际发生的经济业务或事项，按照国家规定的统一会计制度确认、计量和记录会计要素的内容；列举了企业会计核算不得出现的行为。

（4）会计监督。《会计法》规定了实行会计监督的原则。《会计法》规定，各单位应当建立、健全会计监督制度；单位负责人应当保证会计机构、会计人员依法履行职责，不得授意、指使、强令会计机构、会计人员违法办理会计事项；会计机构、会计人员发现账簿记录与实物、款项及有关资料不相符的，应当按有关规定妥善处理；凡规定须经注册会计师审计的单位，应当向受托的会计师事务所如实提供会计资料；财政、审计、税务、人民银行等部门可以依法对有关单位的会计资料实施检查监督，并负有保密义务。

（5）会计机构和会计人员。《会计法》就会计机构的设置、会计人员的配备、会计人员从事会计工作所需要的专业能力以及会计工作交接手续等内容做了详细的规定。

（6）法律责任。单位、直接负责的主管人员和其他直接责任人员、会计人员以及财政部门等国家工作人员，违反《会计法》应承担行政和刑事法律责任。其中对违反会计法有关规定的法律责任做出了具体规定。

（7）附则。这部分内容解释了《会计法》中涉及的有关概念的内涵。

《会计法》的制定与实施对我国会计工作具有重大的现实意义，对开创我国会计工作新局面起到了重要的作用。《会计法》保证了会计人员依法行使职权，使会计工作按照规定的程序进行，发挥会计在维护社会主义市场经济秩序、加强经济管理、提高经济效益等方面的重要作用。

2. 会计准则

会计准则是会计核算工作的基本规范，主要对会计核算的原则和会计核算业务的处理做出了规定。它以《会计法》等为指导，同时又指导会计制度，是会计制度制定的依据。会计准则由基本会计准则、具体会计准则及其应用指南构成。

为了适应我国社会主义市场经济发展的需要，统一会计交易或事项的处理标准，保证会计信息质量，财政部根据《会计法》，于 1992 年 11 月制定并颁布了《企业会计准则》，自 1993 年 7 月 1 日起执行，这是我国首次施行基本会计准则。2006 年 2 月，财政部颁布了由 1 个基本准则、38 个具体准则构成的《企业会计准则》。为了实现我国企业会计准则与国际财务报告准则的持续趋同，财政部于 2014 年公布了修改后的《企业会计准则——基本准则》及 4 项具体准则，至 2023 年已陆续发布 42 个具体准则。

2014 年修改后的《企业会计准则——基本准则》共 11 章 50 条，其内容包括总则、会计信息质量要求、资产、负债、所有者权益、收入、费用、利润、会计计量、财务会计报告、附则。基本准则是制定具体会计准则和会计制度的依据，是企业进行会计核算的依据与指导思想，也是进行会计监督的依据。企业具体会计准则是经济业务核算的具体要求，是企业进行会计核算的直接依据。

为了规范小企业会计确认、计量和报告行为，促进小企业可持续发展，发挥小企业在国民经济和社会发展中的重要作用，2011 年 10 月财政部发布《小企业会计准则》，自 2013 年 1 月 1 日起执行。

3. 会计制度

会计制度是进行会计工作所应遵循的规则、方法和程序的总称。它以《会计法》为依据，根据《企业会计准则》的要求制定，直接对企业会计核算工作发挥规范作用。

企业应根据《会计法》《企业会计准则》及其他会计法规的规定，结合本企业的具体情况和内部管理的需要建立内部会计管理制度。内部会计管理制度一般包括：会计人员岗位责任制度；账务处理程序制度；内部牵制制度；内部稽核制度；原始记录管理制度；定额管理制度；计量验收制度；财产清查制度；财务收支审批制度；成本核算制度；财务会计分析制度；等等。

内部会计管理制度的建立，可以使企业的会计工作在会计法律法规和内部会计管理制度的双重约束下进行，从而进一步提高会计工作质量。

本章习题

简答题

1. 简述组织会计工作的意义和要求。
2. 集中核算与非集中核算的主要区别是什么?
3. 简述会计人员的职责与权限。
4. 会计人员应遵守哪些职业道德?
5. 我国会计规范主要包括哪几个方面?
6. 《会计法》的基本内容是什么?
7. 会计准则的基本内容是什么?

参考文献

[1] 法律出版社法规中心. 中华人民共和国会计法注释本. 北京：法律出版社，2021.

[2] 中华人民共和国财政部. 企业会计准则（2024 年版）[M]. 上海：立信会计出版社，2024.

[3] 中华人民共和国财政部. 企业会计准则应用指南（2024 年版）[M]. 上海：立信会计出版社，2024.

[4] 孙铮. 基础会计[M]. 3 版. 上海：上海财经大学出版社，2007.

[5] 张肃珣，张胜强. 基础会计（修订本）[M]. 北京：清华大学出版社，2012.

[6] 朱小平，秦玉熙，袁蓉丽. 基础会计[M]. 11 版. 北京：中国人民大学出版社，2021.

[7] 邵瑞庆. 会计学原理[M]. 6 版. 上海：立信会计出版社，2021.